国家社会科学基金西部项目"民生福祉视角下中国城市生态效率时空演化与协同提升路径研究"（2022XTJ004）

陕西省软科学研究面上项目"空间关联网络视角下陕西省营商环境高质量发展水平评价及协同提升路径研究"（2024ZC-YBXM-102）

陕西省软科学研究一般项目"空间关联网络视角下陕西城市能源全要素生态效率的评价与提升路径研究"（2022KRM171）

陕西省社会科学基金项目"陕西县域城乡融合发展水平评价、时空演化及协同提升体制机制检验"（2024ES08）

西安理工大学研究生科研资助基金"关中城市群福祉生态效率的时空演进特征及提升路径研究"（105-252082401）

经管文库·管理类
前沿·学术·经典

Research on the Impact of ESG Information Disclosure Quality on the Performance of Listed Companies in China's Energy and Petrochemical Industry

ESG信息披露质量对中国能源石化上市公司绩效的影响研究

王美霞 ◎著

经济管理出版社
ECONOMY & MANAGEMENT PUBLISHING HOUSE

图书在版编目（CIP）数据

ESG 信息披露质量对中国能源石化上市公司绩效的影

响研究／王美霞著. -- 北京：经济管理出版社，2024.11（2025.4重印）.

ISBN 978-7-5096-9952-2

Ⅰ. F426.2

中国国家版本馆 CIP 数据核字第 2024BT2871 号

组稿编辑：杨国强

责任编辑：白　毅

责任印制：许　艳

责任校对：王淑卿

出版发行：经济管理出版社

（北京市海淀区北蜂窝 8 号中雅大厦 A 座 11 层　100038）

网　　　址：www. E-mp. com. cn

电　　　话：（010）51915602

印　　　刷：北京厚诚则铭印刷科技有限公司

经　　　销：新华书店

开　　　本：720mm×1000mm/16

印　　　张：14

字　　　数：248 千字

版　　　次：2024 年 11 月第 1 版　　2025 年 4 月第 2 次印刷

书　　　号：ISBN 978-7-5096-9952-2

定　　　价：98.00 元

前　言

随着全球对可持续发展和企业社会责任的日益重视，ESG（环境、社会和治理）信息披露已成为企业向外界展示其环境、社会和治理绩效的重要途径。高质量的 ESG 信息披露不仅能增强企业与投资者、消费者等利益相关者的信任，还能提升企业形象和声誉，进而对企业财务绩效和企业价值产生积极影响。因此，研究 ESG 信息披露质量对企业绩效的影响机制具有重要的理论和现实意义。本书基于利益相关者理论、信息传导理论、财务透明理论、价值创造理论和可持续发展理论，结合文献分析法、熵权系数法、中介效应模型和 EVA 估值法，系统研究了 ESG 信息披露质量对能源石化行业上市公司的企业财务绩效及企业价值的影响水平，厘清了融资成本、技术创新、非效率投资、企业声誉、绿色信贷等因素在能源石化行业上市公司 ESG 信息披露质量对其企业绩效影响的作用路径及机制，实证分析了 ESG 信息披露质量对能源上市公司财务绩效和石化上市公司企业价值影响的差异性，并从国家层面、企业层面、公司治理层面和利益相关者层面提出了促进企业 ESG 信息披露质量提升及其对企业绩效改善的政策建议。主要的研究结论如下：

（1）本书深入探讨了 ESG 信息披露质量对能源上市公司财务绩效和石化上市公司企业价值的影响，构建了理论分析框架，并基于总效应和中介效应视角提出了多个假设。首先，基于信息传导理论、利益相关者理论和财务透明理论等，分析了 ESG 信息披露如何通过减少信息不对称、增强投资者信心，进而提升企业财务绩效总的影响机理。同时，创新性地引入了融资成本、技术创新和非效率投资作为中介变量，阐述了 ESG 信息披露质量如何通过这些中介路径间接作用于能源上市公司财务绩效。其次，基于价值创造、利益相关者和信息传导等理论，探讨了高质量 ESG 信息披露如何增强利益相关者信任、减少信息不对称，进而提升企业价值总的影响机理。同时，创新性地引入了技术创新、企业声誉和绿色信贷作为中介变量，分析 ESG 信息披露质量如何通过这些中介路径间接作用于石化上市公司企业价值。

（2）能源和石化行业上市公司 ESG 信息披露质量：①能源上市公司的 ESG 信息披露质量评价结果揭示了以下关键发现：首先，超过半数的能源上市公司在 ESG 信息披露上的表现低于行业平均水平，且各公司间的披露质量差异显著。具体而言，煤炭开采和洗选业、石油和天然气开采业在 ESG 信息披露上表现较为突出，而开采辅助活动业则相对滞后。其次，进一步分析显示，公司治理信息的披露质量对能源行业整体 ESG 信息披露质量的贡献最大，但自 2019 年起，环境维度的信息披露质量开始逐渐占据更重要的地位。②石化上市公司在 ESG 信息披露上展现出了对节能减排政策及可持续发展战略的积极响应，战略部署上较为重视 ESG 战略，对员工及社会公众责任的承担也较为积极。然而，在供应商和客户责任的承担方面，石化上市公司仍有待加强。从信息披露质量看，石化上市公司在环境及公司治理方面的披露质量存在显著差异，而在社会方面的披露相对较为一致。值得注意的是，公司治理指标的披露质量整体上高于环境和社会指标，显示出石化上市公司在治理层面的透明度较高。

（3）能源和石化行业上市公司的财务绩效和企业价值评价结果：①能源上市公司财务绩效持续增长，从 2015 年的 0.0290 提升至 2021 年的 0.0376，表明行业整体发展势头强劲。盈利能力、营运能力、偿债能力和发展能力四个维度的财务绩效均呈现积极态势，其中，营运能力和偿债能力（如总资产周转率和现金比率）的权重较高，对企业整体财务绩效具有较大影响。研究数据还显示，能源上市公司拥有较大的投资需求和成长空间，体现了行业良好的发展前景和潜力。②石化上市公司的企业价值评价结果显示，石化上市公司整体企业价值呈上升趋势的同时，企业价值因企业性质、地域和董监高海外背景差异而显现分布不均的特征。就企业性质而言，非国有企业表现出更高的企业价值，均值及最大值均高于国有企业，反映出非国有企业在市场中的竞争力与活力。就地域而言，东部企业价值最高，超过西部和中部企业，体现了地域经济发展差异对企业价值的影响。此外，董监高具有海外背景的企业，其企业价值显著较高，表明国际化视野对企业价值提升具有积极作用。

（4）ESG 信息披露质量对能源上市公司财务绩效的影响：①在总效应层面，ESG 信息披露质量对能源上市公司的财务绩效具有显著的正向影响。这一积极效应主要归因于高质量的 ESG 信息披露能够显著减少企业与投资者之间的信息不对称问题，从而增强投资者信心与信任，进而推动企业整体财务绩效提升。②就中介效应来看，实证研究发现，融资成本、技术创新和非效率投资在 ESG 信息披露质量与企业财务绩效之间扮演了重要的中介角色。具体而言，ESG 信息披露质量的提升有助于降低企业的融资成本，有助于增加企业知识资源、促进产品创新与流程创新、激发员工创新思维以促进企业技术创新能力提升，有助于减少企业非效率投资的发生、降低企业的经营风险、把握最佳发展时机，从而对企业财务绩效产生积极影响。③异质性分析结果显示，ESG 信息披露质量对财务绩效的影响在第一大股东持股比例小于 40.59% 的能源上市公司中更为显著，这表明在不同股权结构下，ESG 信息披露质量对企业财务绩效的影响可能存在差异性。

（5）ESG 信息披露质量对石化行业上市公司企业价值的影响：①在总效应层面，ESG 信息披露质量对石化上市公司的企业价值具有显著的正向影响。这一结果源于高质量的 ESG 信息披露能够加强企业与利益相关者的联结，通过提升企业的社会责任感和透明度，从而塑造出更加积极的企业形象和声誉，最终促进企业价值的提升。②就中介效应来看，实证研究发现，技术创新、企业声誉和绿色信贷在 ESG 信息披露质量对石化上市公司的企业价值的影响中发挥了中介作用。具体而言，ESG 信息披露质量的提升能够激发企业进行技术创新的意愿和动力，增强了公众、投资者和消费者对企业的信任度和忠诚度，有助于企业提升品牌价值和企业声誉，并促进企业获得更多绿色信贷支持，进而提升企业价值。③就异质性来看，我们从企业性质、地理位置和制度环境三个维度进行分析，研究发现，ESG 信息披露质量对石化上市公司企业价值的影响在非国有企业、东部地区以及董监高具有海外背景的企业中更为显著。

（6）本书基于多维度视角，提出了提升 ESG 信息披露质量、公司财务绩效和企业价值的一系列建议。首先，针对 ESG 信息披露质量的提升，建议企业应完善信息披露机制，特别是加强环境与社会治理方面的信息披露，以减少信息不对称,增强投资者信心。其次,为提高财务绩效,企业需关注融资成本、技术创新及非效率投资等关键中介变量,通过优化融资结构、加大创新投入及提高投资效率,促进财务绩效增长。再次,为提升企业价值,企业应重视技术创新、企业声誉和绿色信贷的积极作用,通过技术创新增强竞争力,通过良好声誉吸引资源,通过绿色信贷支持可持续发展。最后,政府、行业协会等利益相关者加强政策引导与监管,推动 ESG 信息披露标准化、规范化,助力企业实现财务绩效与企业价值的双重提升。

目　录

第一章 绪论

第一节 研究背景与问题

一、研究背景

在当前经济高速发展的背景下，人类面临着全球气候变暖、生态环境恶化以及非再生资源过度消耗等多重挑战。这些挑战要求企业在追求经济效益的同时，更加注重环境、社会等方面的可持续发展。在这种背景下，中国政府出台了一系列重大政策，旨在引导企业转向高质量发展，重视绿色治理和经济的转型升级。2019 年，党的十九届四中全会审议通过的《中共中央关于坚持和完善中国特色社会主义制度 推进国家治理体系和治理能力现代化若干重大问题的决定》，特别对生态文明建设和生态环境保护提出了新的、更高的要求，从制度上确定了环境规制的重要性，提出坚持和完善生态文明制度体系；也确立了未来环境保护事业的重要指导思想和发展方向，以实现人与自然和谐共生。2021 年，《中华人民共和国国民经济和社会发展第十四个五年规划和 2035 年远景目标纲要》发布，其中"推动绿色发展，促进人与自然和谐共生"以专篇的形式对生态环境保护问题进行了阐述，对污染物排放、森林覆盖率、清洁能源体系、环境基础设施建设、城乡环境治理、重点区域治理等内容进行了翔实的阐述。党的二十大报告提出"推动绿色发展，促进人与自然和谐共生""推进美丽中国建设"等多个重要任务，并强调中国式现代化是人与自然和谐共生的现代化，尊重自然、顺应自然、保护自然是全面建设社会主义现代化国家的内在要求。这一系列政策和规划体现了中国政府对于实现可持续发展，推进经济社会全面绿色转型，以及建设人与自然和谐共生的现代化强国的坚定决心。

能源作为推动经济发展的关键动力源，其当前消费占据世界各国总体能源消费的多半江山。国家统计局数据显示，2021 年，中国能源消费总量 52.4 亿吨标准煤，比上年增长 5.2%。在庞大的能源消费量背后，能源企业在发展中的问题不断涌现。传统非再生能源开发造成的生态破坏问题越来越突出；新增的清洁能源消费量虽不断增加，但资源浪费却越来越严重。为了应对这些挑战，中国政府提出了一系列重要政策和战略部署，如"双碳"目标、加快推动绿色低碳发展、实现能源体系绿色转型等。这些政策旨在引导企业实现绿色转型，推动经济社会全面绿色转型。同时，石油和化工行业作为承载着国民经济基础性和支柱性产业的重要使命，也面临着环境风险关注度高的挑战。一方面，石化行业作为国民经济的基础和支柱产业，石油化工行业不仅为人们的日常生活提供了必需的能源和化工产品。中国石油和化学工业联合会公布的数据显示，2021 年，石油化工全行业营收利润率为 8.04%，为 2010 年以来最高水平，同比上升 3.43 个百分点，比全国规模工业高出 1.23 个百分点，这显示出我国对石油化工产品需求的持续增加。另一方面，石化行业也是环境风险关注度最高的领域之一，其生产过程中的能源消耗和对自然环境的影响，特别是在我国提出"双碳"目标背景下，石化行业需要加快绿色转型的步伐，以实现自身竞争力的提升和助力实现"双碳"目标的双赢局面。这一点在"十四五"规划期间尤为重要，不仅因为这是中国朝着第二个百年奋斗目标迈进的关键起点，也是石化行业由大向强的重要阶段。

为了实现企业由"利益化"向"可持续发展化"转型的目标，ESG（Environmental，Social and Governance）信息披露从环境（Environmental）、社会责任（Social）和公司治理（Governance）这些非财务信息方面考虑企业投资和绩效的概念开始出现在大众面前。进一步地，在中国共产党和政府的大力倡导和规范指引下，ESG 理念的引入和积极实践将成为推动能源上市公司和石化上市公司实现可持续发展和低碳战略转型的关键。将 ESG 信息应用于能源行业和石化行业与中国的"双碳"目标以及能源绿色革命规划高度契合，对于实现我国"双碳"战略目标和能源结构转型升级具有重大意义。例如，企业在披露财务信息的同时积极进行环境、社会和公司治理（ESG）这些非财务信息方面的披露，可以提高企业信息透明度，传递企业经营良好的信号，有助于企业建立紧密的利益相关者网络，进而降低融资成本、提高投资效率，从而减少非效率投资、获得企业创新所需的资金和知识资源。这时，企业有足够的能力和优势进行产品和工艺升级，挖掘新的利润增长点，获得良好的生产经营绩效，更有动力加大环境、社会和公司治理方面的投入和信息披露，那么，ESG 信息披露的质量也就越高。企业通过高质量 ESG 信息披露极大可能实现良性的生产经营循环，促进企业可持续发展，推动能源和石化企业低碳化转型。同时，将 ESG 这种新的价值观和标准融入到企业整个发展模式中，与国家倡导的可持续发展理念高度一致，有益于企业管理绩效提升，可以得到内部利益相关者和外部利益相关者的支持，进而获得企业发展所需的各类资源，从而增强企业竞争优势，实现企业价值的稳步增长（Li等，2018）。

　　然而，企业价值如何进行衡量呢？在构建以国内大循环、国内国际双循环相互促进的新发展格局以及世界市场经济环境迅速变换的大环境下，以财务指标作为衡量企业价值的传统方法在一定程度上失去了其适用性。因此，国务院国有资产监督管理委员会（以下简称国务院国资委）在 2009 年 11 月明确宣布，从2010 年起将全面推行经济增加值（Economic Value Added，EVA）考核制度于中央企业，对企业的价值进行规范和量化，从而适应大环境的改变。国务院国资委于 2010 年 1 月对 EVA 计算方法进行了标准化，并将其列为企业价值考核的基本指标之一。这一举措使得 EVA 指标逐渐成为主流市场关注的焦点，为企业价值评估提供了更为准确和全面的工具。李江涛和潘移江（2022）用EVA 衡量 A 股上市公司的企业价值，研究了企业 ESG 信息披露对企业价值具有正向促进作用。表明用 EVA 代表的企业价值与 ESG 信息披露间有较为明显的影响以及较大的研究空间，从 EVA 代表的企业价值角度出发，ESG 信息披露主要通过影响企业未来盈利能力和投入资本而对企业价值产生影响。ESG 信息披露质量的高低直接影响企业的投入资本，投入资本关乎企业自由现金流的多少，牵涉企业举债等决策，从而影响公司的企业价值。ESG 信息披露质量也会影响企业的风险，ESG 信息披露质量越高，企业经营效益越好，将影响税后净经营利润，从而影响企业价值。

因此，未来我国能源、石化行业上市公司的企业信息披露将不仅仅在于财务绩效的披露，更要求将企业为环境、社会所作贡献等相关非财务信息进行披露，这种新的价值观和标准需要嵌入到企业整个发展模式中，ESG 管理范式是一种新的借鉴。能源、石化上市公司进行 ESG 信息披露不仅利于企业长期可持续发展，同时响应了国家的政策变革，对中国 ESG 信息披露标准的形成与推广具有重要意义。对于能源、石化企业来说，对其 ESG 信息进行准确的披露在促进企业可持续发展中扮演着重要角色。能源、石化上市公司进行绿色治理并积极披露 ESG 信息可以降低交易成本，提升市场流动性，也可降低收益不确定风险，降低权益资本成本，进而影响企业价值。那么，能源行业的企业该如何进行高质量 ESG 信息披露？ESG 信息披露质量对能源上市公司的财务绩效产生何种影响？又通过何种路径实现？石油化工企业该怎样进行高质量 ESG 信息披露？ESG 信息披露质量对石油化工企业的企业价值有什么影响？本书通过中介效应法实证研究 ESG 信息披露质量对能源上市公司财务绩效和石化上市公司企业价值的影响。

二、研究问题

基于上述研究背景，我国企业 ESG 信息披露已呈现出快速发展趋势。ESG 信息披露的快速健康发展无疑在助力我国绿色经济的发展、推动经济社会全面绿色转型等方面发挥至关重要的作用。本书以中国能源、石化行业为例，综合考虑环境、社会责任、公司治理等因素信息披露质量对上市公司的企业绩效影响。本书立足于企业真实信息披露表现，探究 ESG 信息披露质量如何为企业营造良好的声誉、促进技术创新，改善非效率投资、提升自身价值和提高市场竞争力。有助于增强企业对自身 ESG 信息披露的关注度，提高企业 ESG 信息披露的积极性，推动更多企业将环境、社会责任和公司治理融入到企业文化和治理中。基于此，本书旨在绿色战略、双碳目标背景下，探讨环境、社会责任、公司治理三方面的信息披露对企业绩效的影响机制和路径，具体包括以下问题：

1. 如何对能源上市公司和石化上市公司两个不同行业的 ESG 信息披露质量进行准确、客观评价？

本书针对不同行业的特点和差异性，分别构建了 ESG 信息披露质量的体系，相同点是两个行业我们都从 E（环境）、S（社会）、G（公司治理）三个维度出发展开 ESG 披露质量评价。在对能源行业进行 ESG 信息披露质量评价时，本书结合国内已有评价环境绩效的相关文献以及能源行业的行业特点，引入环境信息披露水平（EDI）的评价指标来度量。能源上市公司 ESG 信息披露中的环境（E）维度，定性分析能源上市公司环境信息披露质量，我们将环境（E）从环境财务信息和环境非财务信息两方面进行考量；能源上市公司的社会（S）信息披露质量的评价，从利益相关者的维度设计指标，从企业对员工、供应商与客户、政府与社会公众给予的利益保护和贡献方面入手，更加强调企业在生产过程中对人的价值的关注，促使企业将自身发展与社会可持续发展相结合；公司治理（G）信息质量评价主要基于信息传导理论，考察能源上市公司自身经营管理水平，整体原则紧扣企业高质量发展理念。

另外，本书采用了 CSMAR 数据库中的环境信息披露指标，结合石化企业特性，将环境（E）按照是否货币化对企业环境信息的披露进行分类；对社会（S）信息披露质量的评价中，本书对社会评价指标的设计不仅关注了企业创造利润、对股东和员工给予回报等经济责任和法律责任层面，更强调企业在生产过程中对人的价值的关注，对消费者和客户的利益保护、对社区和社会的责任和贡献等方面，争取更全面地评价石化上市公司的社会责任；对公司治理（G）信息披露质量评价，主要从治理结构、治理行为以及治理结果这一治理过程来评价。

2. ESG 信息披露质量如何影响中国能源、石化上市公司的企业绩效？

本书在研究 ESG 信息披露质量对能源上市公司财务绩效影响时，考虑了融资成本、技术创新和非效率投资的影响分析，通过中间变量进一步厘清 ESG 信息披露质量对财务绩效的影响路径。第一，由于高质量的 ESG 信息披露更容易获得消费者和客户的青睐，提升市场份额和品牌价值，从而降低企业的融资成本，企业可以较低的资金成本获得资金，从而提高净利润率和整体财务绩效。第二，通过技术创新，企业可以提升其竞争力，获得市场优势。例如，开发独特的技术专利可以形成技术壁垒，阻止竞争对手进入，从而巩固市场地位。既有研究表明，重视 ESG 信息披露的企业在技术创新方面表现更为突出。上市公司通过引入环保技术，不仅减少了对环境的影响，还大幅降低了运营成本，提升了市场竞争力。第三，ESG 信息披露质量可以通过减少非效率投资，从而正面影响企业的财务绩效。这一机制涉及企业资源配置、风险管理和治理结构等方面的优化。高质量的 ESG 信息披露提高了企业运作的透明度，使得投资者、管理者和消费者能够更准确地了解企业的实际情况和潜在风险，信息对称性可以防止不必要和不合理的投资。

另外，本书在研究 ESG 信息披露质量对石化上市公司企业价值的影响时，引入技术创新、企业声誉和绿色信贷三个中介变量，旨在阐明 ESG 信息披露质量如何通过间接途径影响企业价值的机制。首先，技术创新可以帮助企业开发新的产品和服务，满足市场需求变化。例如，环保技术和产品的研发可以满足日益增长的绿色消费需求，开拓新的市场机会。具有高质量 ESG 披露的企业，其研发投入和创新产出（如专利申请数量）显著高于同行。这些创新成果最终转化为企业价值的提升，包括收入增长和利润率提高。其次，企业通过 ESG 信息披露显著提升了其声誉和品牌价值。例如，企业通过披露其可持续发展目标和成就，赢得了大量忠实客户和投资者支持。企业声誉的提升，能够增强投资者信任、增加客户忠诚度、吸引优秀人才和提升风险管理能力，从而显著改善企业的市场价值。企业应重视 ESG 信息披露，以实现声誉和企业价值的双重提升。这不仅有助于企业的长期可持续发展，还能在竞争激烈的市场中树立良好的品牌形象和竞争优势。最后，通过 ESG 信息披露显著降低了公司风险，公司风险的降低会促进银行向企业提供更多信贷，因为较低的经营风险和较好的公司治理能力意味着企业能够按时偿还银行贷款，银行坏账风险较低。

3. 不同行业的上市公司在 ESG 信息披露质量对企业绩效影响是否存在显著差异？这些差异背后的原因是什么？

通过分析 2015~2021 年 A 股 136 家能源上市公司的 ESG 信息披露质量对其财务绩效的影响，得到的结果如下：ESG 信息披露质量对能源上市公司财务绩效有显著的正向影响，且 ESG 信息披露质量对能源上市公司财务绩效的影响在第一大股东持股比例小于 40.59% 时更显著。

另外，通过对 2015~2021 年 A 股 137 家石化上市公司的 ESG 信息披露质量对其企业价值的影响进行评价，研究发现：石化上市公司的企业价值的差异显著变大，结合全部样本公司看，说明石化上市公司的企业价值整体呈上升趋势。

虽然能源、石化行业 ESG 信息披露质量对企业绩效都呈正向影响，但影响程度并不完全相同，二者产生差异的原因可能在于不同国家、地区对各行业的 ESG 信息披露有不同的法规和标准。例如，在一些地区，能源和重污染行业可能有更严格的环境信息披露要求，而在其他地区，重污染行业的公司治理和社会责任方面可能受到更多监管。另外，公司规模也是影响因素之一，大型公司通常拥有更多资源进行 ESG 管理和信息披露，它们可以投入更多资金和人力确保 ESG 披露报告的质量。而中小型企业可能由于资源限制，在 ESG 信息披露方面不如大型公司详细和及时。

通过研究上述问题，可以系统地分析 ESG 信息披露质量对中国能源、石化上市公司财务绩效和企业价值的影响，并为企业管理层、投资者和政策制定者提供有价值的参考意见。

第二节 研究意义

一、理论意义

首先，在 ESG 信息披露质量评价方面，本书根据我国能源行业与石化行业的特点，基于数据的可得性、全面性和客观性，构建了符合中国国情的能源行业和石化行业上市公司的 ESG 信息披露质量评价指标体系，着眼于从环境、社会责任和公司治理多维度、综合性的 ESG 信息披露质量，弥补了以往多数研究大多聚焦在环境绩效、企业社会责任或公司治理某一单因素评价，丰富了 ESG 信息披露质量评价研究。

其次，本书在研究能源上市公司 ESG 信息披露质量对财务绩效的影响的过程中，总结国内外研究经验及体系，针对能源行业特点重新构建了 ESG 信息披露质量评价指标，并且依据 EVA 估值模型测度石化上市公司的企业价值，能更准确地根据行业特性评价企业价值，丰富了该领域的相关研究。

最后，本书系统梳理并刻画了 ESG 信息披露质量分别对能源上市公司财务绩效和石化上市公司企业价值的中介作用机理，实证分析了融资成本、技术创新、非效率投资因素在 ESG 信息披露质量对能源上市公司财务绩效影响中的中介效应，探究了 ESG 信息披露质量通过技术创新、企业声誉、绿色信贷影响企业价值的内在作用机理，拓展了相关理论研究成果。

二、现实意义

首先，对推动 ESG 标准制定和推广具有价值和实践指导意义，激励甚至倒逼能源企业关注节能环保与承担社会责任。能源行业由于其生产特点和产品的特殊性，在职工权益保护、环境保护、安全生产等方面，应比其他行业承担更大的责任。本书在研究 ESG 信息披露质量对企业财务绩效的影响时，将企业 ESG 非财务信息与企业最关注的经营绩效相关联，可以促使能源企业减少对环境、社会的负面影响，提升能源企业的环境效益与社会效益。同时，促进能源企业 ESG 信息披露水平提升，对我国研究和发展 ESG 信息披露质量评价体系有巨大的推动作用，并能加快我国在国际标准领域的步伐。

其次，通过实证研究分析 ESG 信息披露质量对公司绩效影响的总效应和中介效应的正向、抑制等作用，提出促进能源企业实现可持续、绿色化发展的路径和措施。具体讲，能源企业通过高质量的 ESG 信息披露可以建立良好的企业形象，不仅增强了在激烈竞争中的影响力，还可以对企业的环境维度发展、社会维度发展、公司治理能力进行详细的信息分析并提出解决方案；企业利用 ESG 信息披露质量对企业财务绩效的总效应以及融资成本、技术创新、非效率投资的中介效应，促进企业财务绩效的提升，从而实现能源企业的可持续发展。拥有高质量 ESG 信息披露的能源企业不再是为了短期内提高经济利益，使其呈现开采资源、破坏环境、浪费能源、剥削员工、欺骗消费者等灰色形象，而是拥有"绿色底色"的可持续发展企业。

再次，本书通过深入探讨 ESG 信息披露质量对石化上市公司企业价值的影响，将石化企业的环境责任与其企业价值紧密结合，致力于推动石化企业降低对环境和社会的负面影响，提升其环境和社会效益，有助于激发、倒逼石化企业关注节能环保与社会责任，促进企业可持续发展。通过构建积极的企业形象，企业得以在竞争激烈的市场环境中提升自身的影响力和竞争力。这一研究成果强调企业不再局限于追求短期经济利益，而是着眼于公司治理发展、自然环境及社会责任承担的可持续发展目标。

最后，本书通过分析石化企业 ESG 信息披露质量如何影响企业价值的机制、路径和异质性，为石油化工企业提升其企业价值提供经验启示和方向指引。ESG 信息披露质量作为衡量企业非财务绩效的重要指标，反映了企业在环境、社会和公司治理方面的表现。对于石化上市公司而言，高质量的 ESG 信息披露能够提升企业的透明度和公信力，使投资者、消费者和其他利益相关者能够更全面地了解企业的运营状况和社会责任履行情况。这有助于增强企业的品牌形象和声誉，提升企业的市场竞争力。在"双碳"目标约束下，由于其行业特性，石化行业的发展受到了极大挑战，其企业价值的进一步增长也受到较大制约。本书通过实证研究发现，技术创新、企业声誉和绿色信贷在 ESG 信息披露质量对石化上市公司企业价值的影响中具有中介作用，且技术创新、企业声誉和绿色信贷均发挥正向促进效应。进一步地，通过异质性分析发现，ESG 信息披露质量对石化上市公司企业价值的影响在非国有企业、东部地区以及董监高具有海外背景时更显著。基于此，有针对性地从企业层面、社会层面和国家层面提出如何有益于提升石化行业上市公司企业价值的可行路径和对策建议。

第三节　研究内容

第一章：绪论。本章阐述了能源上市公司 ESG 信息披露质量对财务绩效影响以及石化上市公司 ESG 信息披露质量对企业价值影响的研究背景及意义，明确研究问题、内容与方法，并提出研究思路与研究框架。

第二章：理论基础与文献综述。首先，详细阐述了 ESG 信息披露、ESG 信息披露质量、财务绩效以及企业价值的概念；其次，介绍了本书利益相关者理论、信息传导理论、财务透明理论、价值创造理论、可持续发展理论等主要的理论基础；最后，从环境信息披露、社会责任信息披露、公司治理信息披露、ESG 信息披露质量对企业绩效的影响四个层面梳理国内外文献，进行文献述评，提出本书的研究思路与视角。

第三章：ESG 信息披露质量对企业绩效的影响机理。在 ESG 信息披露质量对企业财务绩效影响机理方面，首先分析了 ESG 信息披露质量对财务绩效影响的总效应机理，并提出假设 1，即 ESG 信息披露质量对企业财务绩效具有正向影响；其次分析了融资成本、技术创新以及非效率投资的中介作用机理，并提出假设 2~假设 7，通过中介变量进一步厘清 ESG 信息披露质量对企业财务绩效的影响。在 ESG 信息披露质量对企业价值影响机理方面，首先对 ESG 信息披露在企业价值的整体效应机理方面进行了深入分析，提出 ESG 信息披露质量在石化上市公司企业价值的衡量中具有正向影响，即假设 8；其次探究了技术创新、企业声誉以及绿色信贷在 ESG 信息披露质量对企业价值的影响中的中介作用机理，并提出假设 9~假设 11。

第四章：能源上市公司 ESG 信息披露质量评价。首先，构建我国能源上市公司 ESG 信息披露质量评价指标体系，具体阐述了样本选取、评价方法以及指标选取依据，并确定了 ESG 信息披露质量评价体系三个方面的量化指标，即环境维度指标、社会维度指标和公司治理维度指标；其次，依据已建立的我国能源上市公司 ESG 信息披露质量评价指标体系，对 31 个细分指标进行描述性统计，分析当前能源上市公司 ESG 信息披露现状；最后，运用熵权系数法度量 ESG 信息披露质量。

第五章：能源上市公司 ESG 信息披露质量对财务绩效影响的实证。首先，利用熵权系数法构建了能源上市公司财务绩效评价体系，得到财务绩效的综合得分。其次，构建了中介效应模型并确定变量，在变量选取方面以第四章测度的 ESG 信息披露质量为解释变量，第五章第一节得到的财务绩效综合得分为被解释变量，融资成本、技术创新以及非效率投资为中介变量，并选取企业规模、股权集中度、成长性和企业上市年限作为控制变量。再次，展开能源上市公司 ESG

信息披露质量对财务绩效影响的实证分析，包括描述性统计分析、相关性分析、总效应分析、中介效应分析、内生性检验，以及基于第一大股东持股比例的异质性分析。最后，进行了 Boostrap 组间系数检验和置换因变量的稳健性检验。

第六章：石化上市公司 ESG 信息披露质量与企业价值评价。首先，根据既有研究成果和我国石化行业的特点，构建了适用于我国石化上市公司的 ESG 信息披露质量评估指标体系。其次，系统阐述了样本选择、评估手段及指标选取的依据，并基于环境、社会与企业治理三个维度的评价指标。进一步地，基于此评价体系对 28 项具体指标进行了统计描述，以揭示石化上市公司在 ESG 信息公开方面的当前状况。再次，通过应用熵权法对石化企业 ESG 信息披露质量进行了量化评估。最后，选取 EVA 估值法作为测度石化上市公司企业价值方法，并进行会计项目调整和适用性分析，测度石化行业上市公司的企业价值，分析石化上市公司企业价值现状，进一步按照企业性质、企业所在地区和企业董监高①是否具有海外背景分别对 EVA 价值进行分年度描述性统计分析，分析石化企业 EVA 价值的年度变化趋势和在异质性企业中的分布情况。

第七章：石化上市公司 ESG 信息披露质量对企业价值影响的实证。首先，进行了模型构建、变量的选取与定义；其次，展开实证分析，进行了描述统计分析、相关性分析、总效应分析以及中介效应分析，并基于企业性质、地理位置及董监高是否具有海外背景三个指标进行了异质性分析；最后，进行了稳健性检验、内生性检验及本章小结。

第八章：ESG 信息披露质量和企业绩效的提升建议。针对能源、石化上市公司的 ESG 信息披露现状、ESG 信息披露质量现状、公司财务绩效和企业价值情况，从国家层面、行业层面、企业治理以及利益相关者四个层面对提升 ESG 信息披露质量和公司绩效方面提出针对性的建议。

第九章：研究结论与展望。对研究成果进行总结概括，在可预见方向对本研究领域作出展望。

---

① 董监高指上市公司的董事、监事和高级管理人员，其中高级管理人员包括总经理、副总经理、财务负责人、合规负责人、董事会秘书以及实际履行上述职务的人员。

第四节　研究方法

依据本书的研究内容与目标，综合运用利益相关者理论、信息传导理论、财务透明理论等会计学、经济学等学科的理论知识，结合我国 ESG 发展现状，采用归纳演绎法、定性与定量相结合、理论分析与实证检验相结合等方法研究 ESG 信息披露质量对企业价值以及财务绩效的影响。

一、文献分析法

通过文献的调研和分析，可以较好地把握所研究领域的最新进展情况，本书在阐述 ESG 信息披露质量对企业绩效的影响机理、分别构建能源上市公司和石化上市公司 ESG 信息披露质量评价体系、实证模型构建及变量选取等方面借鉴了大量文献资料，为本书的撰写提供了坚实的理论支撑。

二、归纳演绎法

在梳理国内外研究成果的基础上，归纳 ESG 信息披露对企业价值的影响机理，并结合我国 ESG 规范与管理现状分析，将理论研究与现状研究相结合构建面板数据模型，深入分析 ESG 信息披露对石化上市公司企业价值以及能源上市公司财务绩效的影响。

三、熵权系数法

本书在构建能源上市公司和石化上市公司的 ESG 信息披露质量评价体系和能源上市公司财务绩效评价体系时均运用了熵权系数法，采用上市公司面板数据，对指标体系中各维度变量进行总结归纳，测算上市公司 ESG 信息披露质量、财务绩效的综合得分。

四、中介效应模型

在研究 ESG 信息披露质量对能源和石化上市公司企业绩效的影响时，分别构建了以融资成本、技术创新、非效率投资为中介变量和以技术创新、企业声誉和绿色信贷为中介变量的中介效应模型，采用中介效应三步法回归和 Boostrap 模型检验中介效应是否成立，进而解释 ESG 信息披露质量对能源和石化上市公司财务绩效和企业价值的影响路径。

五、理论分析与实证检验相结合

本书第三章从理论上分析企业 ESG 信息披露质量对财务绩效和企业价值的影响机理，经过理论分析阐述后提出相关假设。在第四章到第八章分别基于 2015~2021 年 136 家能源上市公司面板数据和 2015~2021 年 137 家石化上市公司的面板数据构建回归模型，实证分析 ESG 信息披露质量对能源和石化企业的财务绩效和企业价值的影响，实证检验了 ESG 信息披露质量对公司绩效影响的效应及潜在作用机制。最后，根据理论分析和实证检验的结论，提出推动我国能源石化上市公司提升 ESG 信息披露质量和公司绩效的对策建议和路径。

第五节　研究框架

本书的具体研究框架和技术路线如图 1-1 所示。

研究步骤	研究内容	研究方法

绪论

理论基础与文献综述

理论分析，国内外研究进展

研究背景及意义
研究内容及方法
创新之处

相关概念界定

理论基础

国内外文献综述

环境(E) 社会(S) 公司治理(G)

ESG信息披露质量对能源石化企业的影响

文献分析法、归纳分析法

ESG信息披露质量对企业绩效的影响机理

机理分析，提出假设

ESG信息披露质量对能源上市公司财务绩效的影响机理

ESG信息披露质量对石化上市公司企业价值的影响机理

ESG信息披露质量对财务绩效的总效应影响机理（H1）	融资成本的中介作用机理（H2、H3）	技术创新的中介作用机理（H4、H5）	非效率投资的中介作用机理（H6、H7）	ESG信息披露质量对企业价值的总效应影响机理（H8）	技术创新的中介作用机理（H9）	企业声誉的中介作用机理（H10）	绿色信贷的中介作用机理（H11）

文献分析法、归纳分析法

现状分析

能源上市公司ESG信息披露质量评价

能源石化上市公司ESG信息披露质量评价

评价指标体系构建	上市公司ESG信息披露现状	分指标信息披露质量结果	ESG信息披露质量综合得分	评价指标体系构建	能源上市公司财务绩效、石化上市公司企业价值披露现状	分指标信息披露质量结果	财务绩效和企业价值综合得分

熵权系数法

实证分析

能源上市公司ESG信息披露质量对企业绩效影响的实证

模型构建	实证结果分析	稳健性检验	内生性检验
变量选取 / 样本选择与数据来源	总效应分析 / 中介效应分析 / 异质性分析	Boostrap组间系数检验	置换因变量

熵权系数法、中介效应模型、固定效应模型、Boostrap组间系数检验

提出对策建议

结论及对策建议

研究结论	对策建议	研究不足与展望

企业 国家 社会

归纳分析法

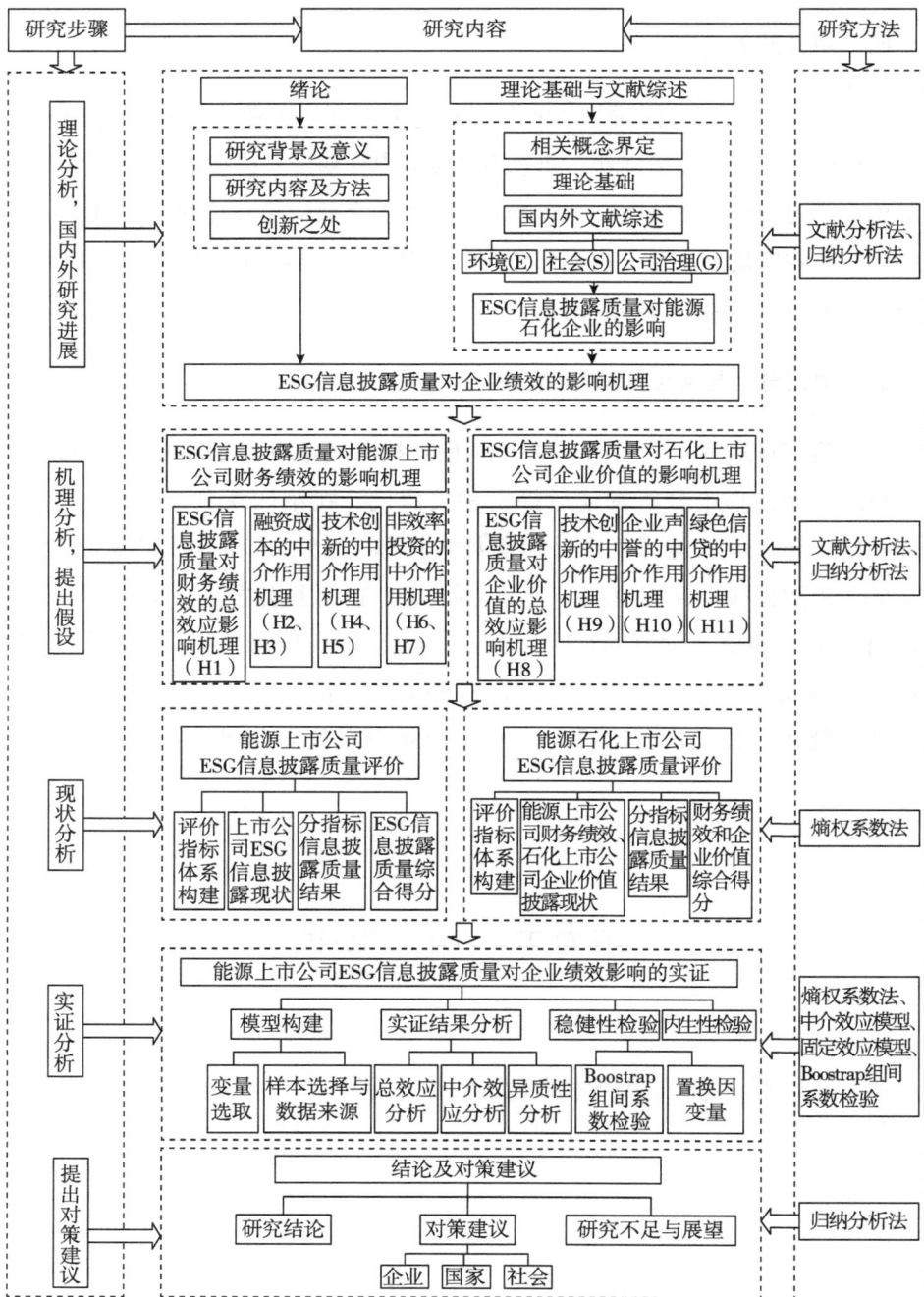

图 1-1　本书的具体研究框架和技术路线

第二章　理论基础与文献综述

第一节　相关概念界定

一、ESG 信息披露

ESG 信息披露是指环境（Environmental）、社会（Social）和公司治理（Governance）信息的披露，是非传统财务绩效的信息披露。这一概念首次提出于联合国全球契约 2004 年发布的 Who Cares Wins 研究报告中，建议将环境、社会和公司治理因素引入资产管理、证券交易所和有关研究机构中，推动企业披露环境和社会信息并对 ESG 三方面的内容进行大致描述。但对于 ESG 信息披露所涉及的三个方面的准确概念解释，各国并未达成统一共识（杨蕙宇，2020）。ESG 信息披露概念被提出后，世界各国纷纷助推 ESG 信息披露的发展。欧盟、新加坡交易所、美国纳斯达克证券交易所以及日本交易所集团分别于 2014年、2016 年、2019 年、2020 年颁布了有关 ESG 报告的指引。ESG 信息披露体系逐渐形成了一批代表性框架，GRI 准则、SASB 五维度报告与 TCFD 四要素气候信息披露是目前被高频引用的信披参考框架（黄世忠，2021），如表 2-1 所示。

表 2-1 国际主流信息披露指引

国际组织	报告/指引	指标体系	侧重点	应用范围
全球报告倡议组织（GRI）	可持续发展报告指引	由 79 项指标组成	可持续发展绩效	涵盖 38 个行业，范围覆盖全球
国际标准化组织（ISO）	ISO26000 社会责任指引	七大项下设有 37 个核心议题和 217 个细化指标	社会责任问题	普遍适用于任何形式的组织
可持续发展会计准则委员会（SASB）	相关会计准则	26 个可持续发展总议题类别（GIC）	实现可持续发展问题与财务绩效的衔接	涵盖 11 个领域 77 个行业

资料来源：根据可持续发展报告指引、ISO26000 社会责任指引、SASB 相关会计准则等资料整理。

在国内，香港联合交易所 2012 年发布了首部《环境、社会及管治报告指引》，倡导上市公司自愿披露 ESG 信息。此后，香港联合交易所有限公司先后于 2015 年、2019 年修订该指引，对于 ESG 信息披露的规定由企业自愿披露到规定半强制披露，再到强制披露。2020 年又实施新规，不仅对 ESG 信息强制披露提出新的指标要求与更严格的披露标准，同时强调董事会对 ESG 信息披露的参与度，要求公司治理层面明确 ESG 管理架构、战略与计划以及章程与制度。中国证券投资基金业协会于 2018 年发布了《中国上市公司 ESG 评价体系研究报告》。2020 年，中国化工情报信息协会发布了《中国石油和化工行业上市公司 ESG 评价指南》，这些指引的陆续发布标志着我国 ESG 信息披露开始系统性发展。

但我国 ESG 信息披露制度尚不完善，我国企业披露 ESG 相关信息不足，ESG 信息披露发展相对滞后且规模有限（马喜立，2019），存在无规范标准、无明确指引、无完善政策体系、无监管服务部门的显著问题，我国上市公司的 ESG 发展实际上仍处于较为初级的阶段（冯佳林等，2020）。

二、ESG 信息披露质量

信息披露质量的概念主要涉及企业或其他组织向公众或特定利益相关者提供信息的充分性、可靠性、相关性和及时性，这些信息可能包括财务状况、经营成果、投资者关系、企业社会责任等内容。披露质量的优劣直接影响到投资者或社会公众对公司现状的理解程度，因此，如果企业具有良好的信息披露质量，那么资本市场中将具有良好的秩序，其运行将更加稳定，投资者利益将受到更好的保护，进而促进资本市场的可持续发展。具体来说，披露质量的充分性意味着所提供的信息应该足够全面，能够充分反映公司的实际情况；可靠性要求信息真实准确，不得有虚假记载或误导性陈述；相关性意味着所披露的信息应该与投资者的决策需求紧密相关；及时性强调信息应该及时发布，以便投资者和其他利益相关者能够及时了解公司的最新状况。在实际操作中，不同企业往往具有差异性的信息披露方式，其信息披露意愿也存在较大差异。信息披露意愿一般包括两种类型，即自愿主动进行信息披露，以及法律规定的强制进行信息披露。前者是上市公司为了吸引投资而采取的自愿行为，后者是基于监管部门规定的相关披露政策进行的。无论哪种方式，都需要遵循相关法律法规和规章制度，确保信息披露的合规性和有效性。

ESG 信息披露质量指运用质量评价模型度量 ESG 信息披露指标。ESG 信息披露质量越高，ESG 的表现越优秀。如环境维度表现优秀的企业，其环境信息披露质量越高（沈洪涛等，2014）。而对于质量评价模型的选择，主流的方法是熵权系数法以及 KV 指数法。谢帮生等（2019）利用熵权系数法构建评价指标对林木资产信息披露质量进行了度量。扈文秀等（2021）构建了信息披露质量的 KV 指数。由于 KV 指数反映的是市场信息，而本书主要评价 ESG 信息披露质量，因此，本书采用熵权系数法，借鉴主流的 ESG 报告指引中的基础指标构建了能源上市公司的 ESG 信息披露质量评价体系，度量能源上市公司的 ESG 信息披露质量。在能源上市公司的 ESG 信息披露质量评价体系中，以环境（E）、社会（S）、公司治理（G）为分类，其中环境（E）指标下设 13 个二级指标；社会（S）指标下设 10 个三级指标；公司治理（G）指标下设 8 个三级指标，共 31 个指标。

三、企业绩效

本书的被解释变量为企业绩效。已有研究对于企业绩效的分类和测度方式有很多，例如李维安等（2010）认为，企业绩效可从内部财务和外部市场两方面反映。王雪莉等（2013）将企业绩效按照时间划分为短期绩效和长期绩效，因此，本书参考已有研究，按照长期的可持续发展能力和整体价值创造能力将企业绩效内涵理解为企业价值和财务绩效。

企业绩效不仅仅通过单一的财务指标衡量，还需要考虑其长期的可持续发展能力和整体价值创造能力。综合评价企业绩效的一些常用方法：经济增加值

（EVA）衡量企业在扣除资本成本后的真实经济利润；可持续发展报告，即披露企业在环境、社会和治理（ESG）方面的绩效，帮助利益相关者全面了解企业的可持续发展能力。通过全面考虑企业价值和财务绩效，可以更准确地评估企业的整体表现，帮助企业制定更加科学的发展战略，提高其市场竞争力和长期可持续发展能力。

四、财务绩效

财务绩效指企业战略及其实施和执行是否对最终的经营绩效有贡献。目前，对于财务绩效的衡量大致分为两类指标：一类是以 Tobin's Q 值为代表的市场指标；另一类是数据可从财务报表中获得的会计指标。

Tobin's Q 值指资产的市场价值与重置价值之间的比值，从市场角度反映了公司的成长性。Tobin's Q 是描述公司绩效最常用、最完整的财务指标之一，Tobin's Q 值越高，公司成长性越好，也即企业财务绩效越高（Minutolo 等，2019），计算公式（2-1）如下：

$$\text{Tobin's Q} = \frac{\text{流通股市值} + \text{优先股市值} + \text{负债}}{\text{总资产的账面价值}} \tag{2-1}$$

会计指标主要体现在：①盈利能力。它是指企业获得利润的能力，又称企业的资本或资本增值能力，通常用企业在一定时期内的收入的多少和水平来表示。②营运能力。它可以促进企业加强资产管理，提高资产使用效率，增强盈利能力。③偿债能力。它既是企业经济实力和财务状况的主要体现，也是评价企业经营稳健性的方法。④发展能力。它指企业扩大规模和提高实力的潜在能力，又称成长能力。

本书利用熵权系数法构建能源上市公司财务绩效评价体系，以此衡量企业财务绩效的总体水平。

五、企业价值

迄今为止，对于企业价值的界定存在多种不同的观点和计量方法，因此，企业价值的内涵并没有得到一致的定义，经济学界尚未就企业价值的内涵达成统一的共识。Miller 最早将企业价值定义为债权价值与股权价值之和，这一定义强调了债权人和股东在企业价值中的权益。与此不同的是，Myers 提出了一种更加综合的观点，认为企业价值不仅应考虑历史价值，还应该充分考虑未来的潜在价值。这种观点强调了企业未来发展潜力对企业价值的重要性，其与企业管理者的经营决策密切相关。因此，企业价值的界定和理解需要考虑到不同利益相关者的视角以及企业未来发展的潜力和风险。基于此，结合利益相关者理论分析企业价值的定义，大致可分为以下角度：

从股东角度来说，作为企业的资本提供者，股东通过向企业注入资金并获得相应的股权来分享企业所有权。他们承担了与企业共同成长和衰退的风险，并通过行使与其股权相对应的投票权参与到企业的重大决策中，其利益主要是公司成长引发的股权价值的上升。因此，股东的利益与企业的价值创造密不可分，他们期望企业在最大程度上满足其利益需求，实现更多的价值增长，从而提升企业的总体价值。在资本市场中，企业价值的重要评估指标或来源是公司的股票市值。同时，当股东意识到企业经营风险提升时，股东会根据情况调整其投资策略以保护自身利益，这直接影响了股东从企业获得的收益。综上所述，股东的利益与企业价值之间存在着密切的关联，二者相辅相成。

从债权人的角度来说，债权人主要与企业形成债权债务关系，通过企业的还本付息来提升自身债权的价值。与股东的情况不同，债权人拥有资本的使用权而非所有权，在企业出现经营危机时享有优先权，无须承担与股东相同的经营风险。为了能够确保企业还本付息，债权人积极参与企业经营管理和战略决策，并通过与企业保持良好关系，与银行等债权人进行密切地合作，以促进企业价值的提升，进而实现双赢局面。因此，如果企业能够满足债权人的相关要求，企业将获得充足的资源，促进其实现持续经营的目标。此外，企业实现价值创造还需要大量资金支持，而债权人提供的资金能够帮助企业缓解资金压力，增强企业的竞争力，进而使得企业的经营风险降低。

从管理者的角度来说，企业价值的含义涉及多个层面的综合考量，既包括财务表现，也涵盖了更广泛的战略和运营层面。管理者通过制定和实施有效的业务策略，提高企业的市场竞争力，从而增加企业的经济价值。这包括优化产品或服务以满足市场需求，创新业务模式以适应不断变化的市场环境，以及通过有效的资本管理提高财务效率。此外，管理者必须关注企业的社会责任和可持续性，这些因素对于维护企业的长期声誉和实现长远目标至关重要。企业价值还体现在其对员工的投资上，包括提供培训和发展机会，以及建立积极的工作环境，这有助于吸引和保留人才，进一步增强企业的内在价值。在与外部利益相关者的关系管理上，如客户、供应商和投资者，管理者需要建立强大的合作伙伴关系，这些关系有助于企业在不断变化的市场中保持竞争力和稳定增长。综上所述，企业价值的实现是一个多维度的过程，需要管理者在财务、战略、操作、社会责任和人力资源等方面进行综合考量和平衡，将管理者作为企业价值的一环是非常重要的。

从消费者角度来说，消费者是市场的主要参与者，处于企业销售和价值链的终端位置，是企业最为重要的利益相关者。同时，消费者购买企业的产品，提高了企业的营业收入，进而提升了企业价值。具体来说，企业提供的商品和服务满足消费者的需求，由消费者购买或者消费，而由此产生的销售收入会对企业的发展能力和企业规模产生显著影响。因此，企业为了提升自身的价值，其在提供产品和服务时需要充分将消费者的多样需求纳入其考虑范围。但是，企业如果过多地从消费者身上掠夺价值，消费者可能会对企业产生负面评价，降低企业的市场份额，进而对企业价值产生负面影响。在与消费者的价值交互过程中，企业需遵循消费者剩余、自身竞争优势和抢占市场份额等要素，这是合理配置资源在价值链中的关键。此外，消费资本化理论强调消费者是企业价值的主要驱动因素。依据该理论，企业利润并非单纯是消费者价值的反应，而是在满足消费者需求的基础上，企业通过资本化实现价值创造。因此，企业价值的实现和资本化主要来自于企业促进生产和消费的协同，故企业有必要与消费者共享其获得的收益。综上所述，消费者作为企业价值链中的关键因素，将其视为企业价值创造过程中不可或缺的一环是至关重要的。

从员工角度来说，员工是实现企业正常经营的基础。具体来说，员工所具有的人力资本是企业生产中的重要投入要素。高素质的人力资本能够促进企业更高效率地执行管理层的决策，进而带动企业价值的提升。为了对员工进行激励，抑或保持员工能够稳定地留在企业中，企业需要与员工共享其发展成果，并关注员工的相关利益诉求。当员工的利益诉求与企业具有一致的目标时，企业生产效率将显著提升，实现"一加一大于二"的效果。在这种情况下，员工是人力资本的直接供给者，作为人力资本需求者的企业能够使用这些资本进行价值创造。因此，员工作为企业价值中最关键的人力资本因素之一，其重要性不可忽视。

从政府角度来说，政府作为企业权益的守护者和监管者，为企业提供制度环境的保障和支持。虽然政府的投入并非单纯的经济价值，也无法用货币价值进行准确衡量，但企业按时足额缴纳税款反映了政府对企业合法权益的维护。对企业来说，政府一般具有强制约束力，不仅影响企业的利润分配，也会约束企业的一些非合规和非诚信行为。当企业存在偷税漏税等违法行为时，政府会采取相应的制裁措施，通过报告或媒体曝光不法行为，影响企业的社会声誉和消费者信任度，进而可能导致市场份额的损失和经济价值的下降。因此，企业应积极响应政府政策，与政府合作，创造积极的社会效应，传播正面形象和价值观，以扩大在社会中的影响力，提升在行业中的地位，从而实现企业的价值增长。

总的来说，企业价值主要来自于企业的利益相关者，即企业与消费者、债权人、政府等利益相关者所进行的价值互动，以及企业与这些利益相关者的合作。企业稳定的收入来自于消费者对企业产品和服务的购买，而企业提供相关产品和服务，以满足消费者的需求。员工作为企业生产的重要投入要素，维持了企业的正常经营与生产，而企业为消费者提供劳动报酬和未来发展空间。股东作为企业的投资者，为企业发展提供所需的资源，企业需要通过股利分红向股东提供企业成长的收益。债权人为企业提供必要的资金支持，为企业发展提供充足的资源，而企业需要按时为债权人偿还本金和利息。政府保障企业发展所需要的营商环境，企业需要通过社会责任、缴纳税款等方式承担对政府的社会责任。这些利益相关者之间的合作与交流构建了统一的价值理念，为企业的持续发展和价值增长奠定了坚实的基础。

第二节　理论基础

一、利益相关者理论

探讨企业应向哪些主体负责，以及其应履行的社会责任，可以从股东至上主义（Shareholder Supremacy）和利益攸关者主义（Stakeholder Doctrine）两个角度进行分析。股东至上主义认为企业只需要对股东进行负责，即企业的唯一目标是实现股东利润最大化，其他与股东利润最大化无关的行为均是不必要采取的。利益攸关者主义认为企业在日常生产经营中还存在着诸多利益相关者，企业不能仅仅关注股东的利益，还需要对其他利益相关者的利益提供相应的保护或满足。正是由于企业在经营管理中，关于企业是否应该承担社会责任，以及承担社会责任的范围从股东至上主义向利益攸关者主义转变，这使 ESG 理念得到了认可，企业在生产经营中更加重视环境、社会和治理层面的相关内容。由于企业管理理念的转变，也使管理层在关注股东利益的同时，开始将其他利益相关者纳入企业的经营管理目标中，这导致企业治理结构发生了质的变化。由于利益攸关者在企业管理理念中的推广和认可，企业在发布日常的财务报告后，往往需要编制 ESG 报告。与企业财务报告不同的是，ESG 报告并非以提供财务信息为主要目标，而是以利益攸关者为中心，评估企业的相关行为是否符合利益攸关者的利益。

利益相关者理论指企业是不同利益相关者利益的集合，它不仅要对资本的主要提供者股东负责，还要对要素提供者和产品消费者等其他利益相关者负责。企业社会责任潮流的涌起将股东至上主义转化为利益相关者主义，为 ESG 理念的普及和发展提供了有力的理论基础，推动企业更加重视环境问题、社会问题和治理问题。同时，鼓励公司治理和管理层以前所未有的态度考虑股东和其他利益相关者的诉求，很可能会导致公司治理结构的改革。利益相关者主义的兴起，要求企业在财务报告的基础上，编制并提供以利益相关者为中心的 ESG 报告，以满足利益相关者评估企业是否有效履行 ESG 责任的信息需求。

二、信息传导理论

信息传导理论，作为经济学中的一个重要理论框架，主要研究在信息不对称的市场环境中，如何通过信号的发送和接收来减少信息的不平衡状态，从而提高市场交易的效率。该理论最早在 20 世纪 70 年代提出，用以分析就业市场中雇主和求职者之间的信息不对称问题，后逐渐应用于金融市场、企业治理等领域。在信息不对称的背景下，市场参与者面临着选择和评估难题，如何区分高质量和低质量的商品或服务成为关键问题。信息传导理论认为，信息优势方可以通过采取一些有成本的行为，如获取高等教育证书、获得行业认证、发布详尽的财务报告等作为信号，向市场传递有关其质量或信誉的信息。这种行为确保只有真正具有相应质量的主体才会选择发送此类信号，因而信号具有区分效应，有助于缓解逆向选择问题，并从根本上减少双方之间的信息不对称。

另外，信息传导理论的侧重点在于尽可能降低交易双方间的信息不对称程度。该理论的研究起始于对逆向选择的关注，发现由于逆向选择的存在而导致无法达到帕累托最优。该理论强调，掌握信息强的一方通过接受教育等特殊方式，以此彰显其相较于掌握信息弱的一方的优势地位。故而，有良好业绩与发展预期的公司为了在市场中取得优势，通常会通过在市场中披露利好消息以此达到目的。

三、财务透明理论

财务透明理论指企业、组织或政府公开披露其财务状况和经营情况，以确保信息的透明度和公开性，使利益相关者能够更全面、准确地了解其经济活动和财务状况。财务透明性对不同的利益相关者（如投资者、债权人、员工、政府和公众）都非常重要。透明的信息有助于各方做出更明智的决策，增加对企业或组织的信任度。财务透明理论强调信息公开的重要性，以提高各方的信任和决策的有效性。

财务透明理论涵盖了会计领域信息质量准则、信息披露监管等要求，是个综合性概念。财务透明的核心在于信息公开。企业或组织应及时、全面地披露财务报告、经营情况和其他相关信息。这些信息应易于理解，并能够反映真实的财务状况。透明度越高，代表公司财务状况、发展方向、经营水平等方面的公开程度越高，可以让外界更加有效地了解到公司发展的真实状况，公司也可以利用该种方式扩大信息披露，增强市场信任。财务透明信息标准特质包括全面、相关和及时、可靠、可比、重大。

四、价值创造理论

价值创造理论（Value Creation Theory）指通过创新、优化资源配置和提高效率等方式，为企业、客户和社会创造价值的一系列理论和方法。首先，价值创造的核心在于识别和实现能够带来利益的机会。价值可以体现在产品或服务的质量、成本效益、客户满意度、社会影响等方面。其次，客户是价值创造的中心。企业需要深入了解客户需求，提供能够解决客户问题的产品和服务，从而提升客户满意度和忠诚度。价值创造理论的目标是通过不断提升产品和服务的质量、效率和创新能力，最大化企业和社会的整体利益。这需要企业在战略、运营、管理等层面进行系统性规划和执行。

价值创造理论是经济学中的一个重要理论框架，旨在解释企业如何通过其活动为社会创造经济价值。该理论认为，企业通过有效地组织和整合生产要素，包括劳动力、资本和资源等，以生产具有更高价值的产品或服务。这一过程涉及生产、分配、交换和消费等环节，而企业在其中扮演着核心角色。价值创造理论强调企业在市场经济中的重要性，将其视为价值创造的主体和资源配置的关键机构。企业通过不断的创新、提高生产效率和优化管理等手段，有效地利用有限资源，从而创造出更多的经济价值。在这一过程中，企业与各种利益相关者（如股东、员工、消费者、供应商等）进行合作与交换，共同推动了价值的创造和实现。

五、可持续发展理论

可持续发展理论（Sustainable Development Theory）是一种在经济增长、环境保护和社会进步之间寻求平衡发展的理论。可持续发展是全球性问题，需要国际社会的共同努力。通过国际合作，可以分享经验和技术，共同应对全球性挑战，如气候变化、贫困和资源短缺。该理论强调的是实现既能够满足当前人类需求，又不会损害后代人满足其需求的发展能力，其基本原则包括公平性、持续性和共同性。自 1987 年《我们共同的未来》报告首次明确提出"可持续发展"概念以来，这一理论逐渐成为全球范围内政策制定、企业经营以及社会活动的重要指导原则。其核心思想围绕三大支柱：经济可持续性、社会可持续性和环境可持续性，强调在推动经济增长、提升社会福祉和保护环境三者间寻找到一个平衡点。最终目的是达到共同、协调、公平、高效、多维的发展。一般来说，技术创新是实现可持续发展的重要手段。通过开发和应用新技术，可以提高资源利用效率、减少污染和废物排放，并为绿色经济的发展提供新的机会。黄世忠（2021）指出，大部分 ESG 报告框架将重点放在提供有助于利益攸关者评估企业可持续发展的风险和机遇信息上，许多 ESG 报告框架在设计指标体系时吸取了可持续发展理论的核心思想。

第三节　国内外文献综述

一、环境信息披露对企业绩效的影响研究

1. 环境信息披露对财务绩效的影响研究

国内外学者的多数研究结果表明环境信息披露对财务绩效有正向影响。谢宜章（2022）提出，样本企业环境信息披露能有效促进财务绩效。曾国安等（2021）选取重污染行业上市公司的数据，从环境信息传递效率角度分析得出，我国企业的环境信息披露与财务表现具有正向相关关系。原因主要体现在四个方面：第一，享受更多政府补助、税收等方面的支持和优惠政策（李莉和林钰颜，2021）；第二，增强投资者的信心，更易获得投资者的资源投入（许慧和张悦，2020）；第三，可以优化资源利用率，获得竞争优势（Yang Yong-liang 等，2020）；第四，为企业积累良好声誉，降低环境诉讼风险（朱清香等，2020）。

但是，并不是所有的既有研究都表明环境信息披露与财务绩效都呈正相关性。Alareeni 等（2020）对 2009～2018 年美国标准普尔 500 指数上市公司的研究发现，ESG 披露提高了绩效，但环境披露降低了公司绩效。王文寅和贾子璇（2020）研究发现，化工企业环境表现越好财务绩效反而越低。尹建华和王森等（2020）发现，我国部分重污染企业环境信息披露对财务绩效有消极作用。吕靖烨和韩珂（2020）认为，从短期看，样本企业环境表现好会降低财务绩效。

2. 环境信息披露对企业价值的影响研究

已有研究大都发现 ESG 信息披露质量越高，企业的价值越会相应有所提升。任力和洪喆（2017）发现，在 ESG 信息中关于环境信息的披露质量主要通过影

响企业的预期现金流,进而对企业价值产生了影响。如果企业的预期现金流为负,那么企业此时对环境信息披露的概率较低。张荣光(2018)等在高污染、高耗能行业的上市公司中发现,之所以环境规制会对企业价值产生正面影响,主要原因是环境规则加强了企业的环保行为,导致企业形象提升,增加了利益相关者对企业价值的正面评价。吴梦云(2018)发现,当企业管理层年龄提升,并且具有更为专业的职业背景时,企业对于环境信息的披露会进一步提升企业价值。唐勇军和夏丽(2019)进一步发现,企业环保投入和企业价值之间存在"U"型关系。而企业对环境信息更为高质量的披露,会使得二者的"U"型关系变得更加缓和。杨广青、杜亚飞和刘韵哲(2020)发现,环境绩效主要通过影响企业的组织可见度,进而对企业价值产生了显著影响。唐勇军、马文超和夏丽(2021)实证发现,重污染行业上市公司的环境信息披露质量的提升对企业价值具有显著的促进作用。

也有研究认为,环境绩效与企业价值呈负相关关系。单春霞等(2018)将企业环境绩效对价值的影响分为长期和短期考虑,结果发现,短期内的企业环保投入会对企业价值产生负面影响,但长期的影响则是正向的,并且这种正向存在显著的规模效应,即规模越大的企业,环境保护投入对其价值的影响相对越大。王德发和曹素文(2020)在此基础上进一步将企业的产权属性和公司治理纳入研究框架,发现产权属性异质性和公司治理异质性企业,对于环境的社会责任在短期内均对企业价值有负面影响,但长期影响为正向的。

二、社会责任信息披露对企业绩效的影响研究

1. 社会责任信息披露对财务绩效的影响研究

一些研究表明,社会信息披露与企业财务绩效存在正相关性(陈琳和刘俊,2020;臧雪晴和刘俊,2022;鹿立阳等,2022)。Lajnef 和 Ellouz(2020)用 ESG评分评判企业社会责任得出,采取积极的社会责任措施能够提高财务绩效。钟鹏等(2021)发现,企业积极披露社会责任报告并且披露水平较高时,企业社会责任承担情况越好,企业财务绩效越高。从影响因素来说,企业拥有高质量的社会信息披露可以提高技术创新水平(孟猛猛等,2019)、正面反馈企业声誉(Para González Lorena,2020),降低企业权益资本成本(魏卉等,2020),获取高层次的人力资源（陈莞，2021），从而提高企业财务绩效。此外，企业积极承担慈善责任也可以充分发挥其与财务绩效的正相关关系（贾娟娟和李健，2022）。

同时，一些研究发现，社会信息披露与企业财务绩效之间并不总是正相关。张亚连和高雅伦（2020）发现，采矿业企业社会责任与企业财务绩效呈负相关关系。李砾（2020）发现，食用菌公司的企业社会信息披露对财务绩效并不相关。冯锋和张燕南（2020）发现，企业社会责任与财务绩效呈现倒 U 型关系。

2. 社会责任信息披露对企业价值的影响研究

多数学者发现，企业社会责任与企业价值正相关。张璇（2019）等通过结合事件研究和多元回归分析技术，从投资者的角度出发，实证分析了企业社会责任（CSR）履行质量对公司市值的正面影响。研究结果表明，当企业投入于高水准的社会责任实践时，其市场价值显著提升。张多蕾和胡公瑾（2020）发现，承担社会责任的企业往往能有效减轻融资限制带来的不利影响，这有助于解决企业在获取资金时面临的困难和成本问题，从而改善融资渠道的畅通性。吴良海等（2021）认为，公益捐赠将对企业价值存在显著的正向影响，这种提升的效果在国有企业以及在非严重污染地区更显著。Okafor（2021）通过对美国标准普尔500 指数所包含的 100 家科技公司进行实证分析，研究发现，企业履行社会责任与其市场价值之间呈现出正相关关系。Poornima（2021）等在使用印度化工行业上市公司作为研究样本时，也发现了企业社会责任对企业价值存在显著的提升效果。也有学者发现，企业社会责任与企业价值负相关。顾湘、徐文学（2011）从利益相关者理论出发，发现对不同利益相关者承担的社会责任对企业价值的影响存在显著的异质性，其中对股东承担的社会责任能够显著提升企业的价值，但其他社会责任会对企业价值产生显著的挤出效应。Fahad 和 Showkat（2021）以印度企业作为研究对象，分析结果表明，环境和社会责任信息公开得分是影响企业社会责任信息的公开程度的重要因素，但综合来看，企业社会价值的信息披露对公司的盈利性及市场价值产生了负面效应。

三、公司治理信息披露对企业绩效的影响研究

1. 公司治理信息披露对财务绩效的影响研究

公司治理表现良好可以显著提高企业财务绩效（Dewri 和 Carayannis，2021）。

在董事会方面，董事会独立性越好（Tosun，2020），董事会性别越多样（Azeem 等，2020），企业财务绩效越高。在公司战略方面，加入可持续发展理念的公司治理，其对财务绩效的影响较好（Aguilera 等，2021）。在股权结构方面，提升股权集中度可以使大股东主动地参与到企业管理中，督促企业承担社会责任，形成有利外部环境（冯晓晴等，2020），同时促进企业加大研发投入力度（王莉莉等，2021），形成核心竞争力（郭倩文等，2020），增强企业风险承担能力（高磊等，2020），从而提高企业财务绩效。

2. 公司治理信息披露对企业价值的影响研究

多数学者研究发现，公司治理水平越高，企业的价值也会相应越高。代飞（2018）从国有企业高管个人动机的视角出发，研究发现，如果高管存在政治关联，那么企业的价值将相应较低，公司的治理水平较高，反而会强化政治关联与企业价值之间的负向作用。杨洪波和段钰（2019）研究发现，企业价值如果要实现最大化，那么企业需要拥有较为良好的内部治理程度。马茵和李妍（2019 年）扩展了对公司治理结构因素如何影响企业价值的研究，特别考虑了监事会的持股情况。通过对 2015 ~ 2017 年中国 A 股市场的上市公司数据进行多元回归分析，他们观察到董事会的规模、主要股东的持股比重以及监事会的持股比重均与企业价值呈现出显著的正相关性。与此同时，独立董事的人数与企业价值之间存在负向关联。Kartikasari（2019）以印度尼西亚制造业上市公司为研究对象，结果发现，公司治理水平越高，企业价值越高，但管理层权力的分化不会对企业价值产生显著影响。在 Ridwan（2020）的研究中，通过应用多元线性回归模型对 2017 ~ 2018 年制造业企业的数据进行分析，揭示了公司治理结构对企业市场价值的显著影响。研究特别指出，机构投资者的持股比例在这一影响中扮演了更为关键的角色。Wahidahwati（2021）在以韩国 205 家企业作为研究对象后发现，企业公司治理水平越高，企业价值相应越高。

四、ESG 信息披露质量对企业绩效的影响研究

1. ESG 信息披露质量对财务绩效的影响研究

大部分学者认为，ESG 信息披露质量与财务绩效之间存在正向的关系（王贺佳，2021）。ESG 信息披露越多，企业价值越好（Mohammad 等，2021），主要体现在 ESG 信息披露对企业盈利能力具有正向影响（Alda，2020；Ebru 等，2021；Bahadori 等，2021；Kim 等，2021）。首先，良好的 ESG 信息披露能够减少信息不对称（徐光华等，2022），传递企业经营状况良好的信号，提高投资者对企业的信任度（吾买尔江·艾山等，2021）。其次，高质量的 ESG 信息披露可以促使投资者的积极投资（王思薇和姜黎黎，2021）。较好的 ESG 有利于引导金融机构的资金流向，将更多的资金投到绿色企业中（饶淑玲和陈迎，2020），ESG 评级较高的企业便更容易获得较好的超额收益率（李瑾，2021）。最后，较高的 ESG 信息披露质量可以提高企业的风险把控能力，通过降低财务风险而获得更好的财务绩效（王琳璘等，2022）。

2. ESG 信息披露质量对企业价值的影响研究

关于 ESG 信息披露与企业价值之间的关系，已有研究得到了相对丰富的结论。Ruhaya Atan 等（2018）研究发现，ESG 表现作为非财务信息的一种，并不会对企业价值产生显著影响，但 Li 等（2018）发现，ESG 信息披露质量会提高利益相关者对企业的关注度，进而对企业价值产生正向影响。同时，大量研究发现，ESG 信息披露质量会显著提升企业的价值，但二者的关系存在显著的异质性，如在非国有企业和非污染行业企业中，这种正向促进作用会更加显著（张琳和赵海涛，2019；马喜立，2019；徐明瑜等，2021；郝毓婷和张永红，2022）。张佳康（2019）在分析了明晟（MSCI）的环境、社会和治理（ESG）投资评价框架后，认为现有的评级机构倾向于过分强调环境因素，而相对忽略了社会责任和公司治理的重要性，故需要构建一个更加贴合中国国情的 ESG 评级系统，同时，他提出可以根据不同行业的特定需求，定制行业特定的 ESG 指数。袁利平（2020）基于利益相关者理论，认为更透明的信息公开能够更有效地向公众展示企业的可持续发展潜力，因此需要将环境、社会和治理（ESG）信息公开整合到公司治理结构中，以增强企业在环境保护和社会责任方面的意识。伊凌雪等（2022）以 2008～2019 年沪深 A 股上市公司数据为研究对象，从长期视角出发，检验了 ESG 对企业价值的影响，结果发现，ESG 对于企业长期价值存在滞后效应，即短期内 ESG 信息披露质量对企业价值的影响不显著。

五、文献评述

在对 ESG 信息公开披露与企业价值的相互关系进行细致审视的过程中，尽管已有广泛的学术探讨集中在环境、社会和治理因素如何塑造企业价值，然而，关于 ESG 信息公开的质量如何具体作用于企业价值的深入研究仍然稀缺，且在研究领域中尚有缺陷，具体可以概括为以下关键点：

（1）尽管当前在环境、社会责任或公司治理对企业价值的研究领域已有较为丰富的文献积累，但关于企业 ESG 信息披露质量对企业价值影响的文献相对较为有限，并且在样本选择的策略、指标的量化方法、模型构建的路径以及数据分析的技术等研究环节，由于这些环节在不同研究中展现出各自的差异性，学者们对各个指标与企业价值之间的关系持有不同的观点，缺乏一致的结论。

（2）石油化工行业是环境风险关注度最高的领域，将 ESG 聚焦到石油和化工行业，探究其对企业价值的影响可形成示范引领作用，但目前 ESG 作用于企业价值的研究并未针对这一行业展开大量探讨。

因此，针对目前存在的局限性，本书从两个方面进行改进：

（1）基于 ESG 信息披露的框架体系，专门针对石油化工上市公司进行 ESG 信息披露质量与企业价值关系的研究。现有研究多集中在发达市场，如欧美、澳大利亚和韩国等国家及地区，而对于新兴市场，特别是中国市场的探索相对较为有限。同时，从行业角度看，在石油化工行业这一特定环境下的研究尚未充分展开，对于该领域的研究仍然存在着较大的空白和挑战。通过在这一行业中开展更多基于本土化背景和行业特性的 ESG 研究，不仅可以丰富现有的理论框架，也有助于为石油化工行业的可持续发展提供实证支持和政策建议。

（2）运用系统论的视角探究企业 ESG 信息披露质量如何作用于企业价值，不只停留在单一因素的研究，同时加入了技术创新、企业声誉及绿色信贷三个指标作为中介变量，以讨论 ESG 信息披露质量通过何种机制影响到了企业的 EVA 价值，并利用中介模型进行实证分析，探究其在 ESG 信息披露质量对企业价值的影响中的作用，丰富了 ESG 领域的研究方向，弥补了目前研究的不足。

目前，关于 ESG 信息披露与财务绩效关系的相关研究，对于探究环境、社会和公司治理三个指标分别与财务绩效的关系相关研究成果较多，而 ESG 信息披露质量与财务绩效的相关研究相对较少，这使我们忽略了 ESG 信息披露质量对财务绩效的影响。现有研究虽然领域覆盖面广，但可能存在着一定的局限性，主要包括两个方面：

第一，由于 ESG 理念近年来才得到重视，大多数学者研究 ESG 对财务绩效的研究略微浅显，并没有评价 ESG 信息披露质量高低对财务绩效的影响。同时，国内现有的 ESG 信息披露质量评价缺少较为统一的评价标准与更具行业针对性的评价体系，使得对企业 ESG 信息披露质量评价工作的开展存在一定的困难。

第二，ESG 信息披露质量对财务绩效的影响机理较少研究。ESG 信息披露质量对财务绩效的影响需要通过中间变量实现，但许多有关研究并没有深入分析这一影响机理，而厘清 ESG 信息披露质量对财务绩效的影响机理可以为后续进行实证分析提供理论支撑，也为企业应用 ESG 管理范式提供思路。例如，在研究 ESG 信息披露质量对财务绩效的影响时，考虑融资成本因素，环境、公司治理表现较好的企业其融资成本会显著降低，进而提高经营绩效；考虑技术创新因素，环境、社会、公司治理信息的透明披露要求企业通过技术创新来提高相关能力，进而促进财务绩效提升，节约成本；考虑非效率投资因素，ESG 信息透明度越高越能抑制非效率投资现象，进而减少沉没成本促进财务绩效。这几个因素在探究 ESG 信息披露质量对财务绩效的影响时应统一被考虑在内。

基于上文所述，本书一方面对 ESG 信息披露质量进行了评价，不再拘泥于从单一的环境、社会或公司治理某个维度研究其对财务绩效的影响，而通过构建能源上市公司 ESG 信息披露质量评价体系，结合能源行业特色全面评价 ESG 信息披露质量；另一方面引入融资成本、技术创新以及非效率投资这三个中介变量，分析 ESG 信息披露质量对财务绩效的影响机理，并利用中介效应模型进行实证分析，丰富了 ESG 信息披露领域的研究，弥补了当前的研究不足。

第三章 ESG 信息披露质量对企业绩效的影响机理

由文献梳理可知，现有学者们的研究重点聚焦于 ESG 信息披露与财务绩效两者关系的研究上，关于影响机制的研究较少。本书在前文的研究基础上，试图理清两者间的关系，同时引入中介变量（融资成本、技术创新和非效率投资），探索变量间的影响机制与路径。

第一节 ESG 信息披露质量对能源上市公司财务绩效的影响机理

一、ESG 信息披露质量对企业财务绩效的总效应影响机理

根据文献综述可以看出，ESG 信息披露质量与财务绩效之间存在很强的关联性（王贺佳，2021；Mohammad 等，2021）。虽然目前就二者关系没有形成普遍的共识，但多数研究人员倾向于认为高质量的 ESG 信息披露正向作用于财务绩效（王思薇和姜黎黎，2021）。

从信息传导理论出发，企业拥有高质量的 ESG 信息披露可以降低与投资者之间的信息不对称。在投资者看来，缺乏非财务表现信息的企业往往具有较大的不确定性，而拥有高质量 ESG 信息披露的企业更愿意向外界展现其在 ESG 方面

的显著优势，以此传递企业具有可持续发展的经营能力的信号（王波和杨茂佳，2022）。这样，投资者不仅会获得企业在财务方面的经营业绩，同时可以看出企业是否具有长期可持续增长的潜力，不会导致投资者错误地判断企业的长期发展趋势，增强了投资者对企业的投资信心，进而提升企业绩效（Preeti 等，2020）。

从利益相关者理论出发，企业优异的 ESG 信息披露质量促进了企业与利益相关者之间的积极互动，加深了利益相关者的信任程度（薛姣，2021），进而强化企业与利益相关者的联结。同时，高质量的 ESG 信息披露加深了利益相关者对企业"绿色底色"形象的印象，企业形象和声誉得到进一步的提高（陈煦江和刘婷婷，2021）。利益相关者会自然而然降低门槛以加大对企业的友好程度，企业更易于获得所需资源达到提高销售收入、降低经营成本的目的。

从财务透明理论出发，高质量的 ESG 信息披露提高了企业信息透明度，企业及时披露准确的 ESG 信息可以更好地评估企业经营状况以及进行风险把控，进而促进财务绩效。Giese 等（2019）认为，高质量的 ESG 信息披露对于企业财务绩效的促进作用主要是通过降低财务风险、缩小财务风险敞口进行传递。比如，企业环境信息披露的缺乏通常意味着高环境风险和治理成本（孔东民等，2021）。

综上所述，从信息传导理论、利益相关者理论以及财务透明理论出发，可以合理推测 ESG 信息披露质量能够促进企业财务绩效，故提出如下假设：

H1：ESG 信息披露质量对企业财务绩效具有正向影响。

二、ESG 信息披露质量对企业财务绩效的中介作用机理

本节引入融资成本、技术创新和非效率投资这三个中介变量来阐述 ESG 信息披露质量对财务绩效的间接影响机制（见图 3-1）。具体来讲，ESG 信息披露质量对融资成本有负向作用（Eliwa 等，2021；Chen 和 Zhang，2021），进而削弱融资成本对财务绩效的消极影响，从而实现 ESG 信息披露质量对财务绩效的正向影响（张亚洲，2020）；ESG 信息披露质量对技术创新有正向作用（李井林等，2021），进而促进技术创新对财务绩效的积极影响，从而实现 ESG 信息披露质量对财务绩效的正向影响；ESG 信息披露质量对非效率投资有负向作用（高杰英等，2021），进而削弱非效率投资对财务绩效的消极影响，从而实现 ESG 信息披露质量对财务绩效的正向影响。

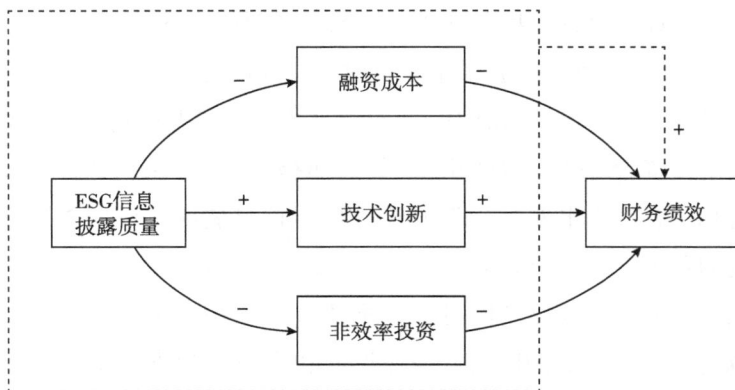

图 3-1　影响机制

1. 融资成本的中介作用机理

（1）ESG 信息披露质量与融资成本。国内外研究学者发现，企业 ESG 信息披露质量与融资成本呈负相关关系（Eliwa 等，2021；Chen 和 Zhang，2021）。这是因为，首先，依据信息传导理论，由于企业与债权人信息不对称，债权人为保障自身的收益所要求的风险溢价高，从而导致企业融资成本越高（李健等，2021）。企业积极披露 ESG 方面的信息，会传递自身经营发展良好的信息，降低债权人的投资风险，提高企业融资效率，进而降低企业融资成本（赵莉和何朋飞，2021）。利益相关者认为，只有经营状况较好的企业才更愿意主动提升 ESG 表现，经营困难的企业较难在 ESG 表现方面投入更多支持。因此，积极披露 ESG 信息的企业可以增加企业生产经营的信息透明度，提高企业融资效率（陈若鸿等，2022）。其次，ESG 信息披露质量高的公司能在更好情况下获得第三方融资（Raimo 等，2021），降低交易费用，在竞争中脱颖而出。企业在不断发展壮大的过程中，需要不断地与市场中多元主体进行互利互惠的资源置换，当投资者发现在众多企业中存在积极进行 ESG 信息披露的企业时，会产生资源倾向性（Cornell 和 Damodaran，2020），要求的回报就有可能降低，那样，企业会拥有比竞争对手更有优势的融资便利，从而降低融资成本（Xu 等，2019，Yeh 等，2020）。最后，企业积极进行高质量的 ESG 信息披露，将进一步提升企业融资声誉，消除负面事件对企业带来融资上的危害，从而降低企业的融资成本。当企业因 ESG 表现不佳（如环境处罚或社会责任方面罚款等）可能面临法律制裁时，融资成本会相应地增加（Eliwa 等，2019），若企业积极地进行高质量 ESG 信息披露，可以体现企业良好的 ESG 责任意识，从而起到减少融资成本的作用（Gong 等，2020）。

因此，高质量的 ESG 信息披露，可以提高企业融资效率、削减融资交易支出、提升企业融资声誉，进而减少融资成本，故提出如下假设：

H2：ESG 信息披露质量对抑制融资成本有积极作用。

（2）融资成本与财务绩效。当企业获得融资的成本越低时，其直观反映到生产经营数据上便是财务绩效更好。李金凯（2018）实证分析了融资成本对财务绩效的抑制作用。究其原因：一方面，过重的融资成本意味着巨大的财务风险。当企业面临负债规模越大，企业的财务风险会相应增大，最终对企业价值产生负面效应。当企业融资成本较高时，意味着企业要想获得维持生产发展所需的资金，只能选择退出部分尚有盈利的生产链。另一方面，企业拥有过重的融资压力会抑制企业的成长性，对财务绩效产生消极作用（梁晓琳等，2019），而一旦融资成本减少，融资压力得到缓解，企业财务绩效将相应提高（沈飞等，2021）。

（3）ESG 信息披露质量、融资成本与财务绩效。由前文可知，融资成本可由企业 ESG 信息披露质量抑制，同时对财务绩效有负向影响。较高的 ESG 信息披露质量，可以提高企业融资效率、削减融资交易支出、提升企业融资声誉、进而减少融资成本；较低的融资成本使企业面临较低的财务风险、促进企业成长性，进而提高企业财务绩效。

企业承担 ESG 责任并积极进行 ESG 披露，为消除因信息不对称带来的融资成本较高的问题提供了可能性，提高企业融资效率的同时更有可能降低融资交易费用，进而提升了财务信息透明度，降低财务风险。尽可能地消除信息不对称带来的不利影响，需要企业提供高质量的有效信息披露。ESG 信息披露质量更真实有效地向利益相关者反映了企业对外披露的信息数量和信息质量以及企业经营状况。投资方更偏好有较高 ESG 信息披露质量的公司，融资过程中要求的回报有可能降低。这样，不仅提升了企业的融资效率，也可能会削减融资交易支出，有助于企业降低融资成本，而企业较低的融资成本会避免负债规模过大，从而降低财务风险，提升财务绩效。企业处于融资困境时，积极履行 ESG 责任可以有效缓解融资压力，提高财务绩效（张朦等，2021）；在公司治理层面进行有效的 ESG 内部控制管理，同样可以达到这样的效果（张亚洲，2020）。

企业承担 ESG 责任并积极进行 ESG 披露，可以提升企业融资声誉，避免因 ESG 信息披露质量不佳而面临法律制裁，以及拥有更高的融资成本导致财务绩效不佳的多米诺骨牌效应。再者，从 ESG 信息披露表现上看，消费者可能更倾向于选择 ESG 信息披露质量更好的公司的产品，从而促进企业长期可持续的创造企业财务绩效。

基于上述分析，本书认为，当企业有较高 ESG 信息披露质量时，会减少企业融资成本，最终对企业财务绩效的提升产生积极影响，故提出如下假设：

H3：融资成本在 ESG 信息披露质量对财务绩效的影响中有中介效应。

融资成本对 ESG 信息披露质量的中介作用机理如图 3-2 所示。

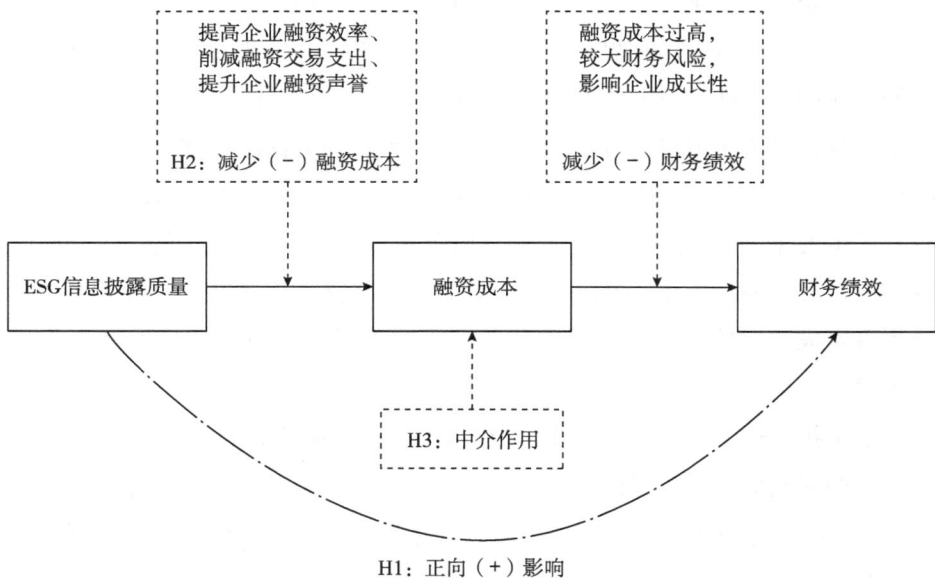

图 3-2　融资成本的中介效应及假设提出

2. 技术创新的中介作用机理

（1）ESG 信息披露质量与技术创新。企业 ESG 表现能显著提升企业创新水平（李井林等，2021），如高质量的 ESG 信息披露能够增加企业技术创新专利的数量与质量（金宇等，2021；Xu 等，2021）。究其原因，首先，良好的 ESG 信息披露质量可以为企业获取技术创新所需的知识资源扩宽潜在空间（王站杰和买生，2019）。企业进行技术创新要保障知识资本的充足，而这部分知识资源大部分是从利益相关者掌握的资源中获得，因此，企业拥有良好的 ESG 信息披露质量可以加强企业与利益相关者之间的联结与信任，更有效地帮助企业获得企业技术创新所需的资金（Zhang 等，2020）和知识支持（张弛等，2020），有效增加知识资本，避免企业在新技术研发过程中的无效投入（季桓永等，2019），从而提高企业技术创新。其次，高质量的 ESG 信息披露可以促进企业产品创新和流程创新。高质量的 ESG 信息披露能够有效减少信息差，为企业与利益相关者编织更广、更深的联系网提供支撑，有助于企业增加技术领域的生产技术知识储备，对产品和流程进行升级，从而提高企业的技术创新（Suzuki，2018）。再次，有利于企业触发创新思维，引导企业贯彻 ESG 理念和创新发展理念，激励企业进行绿色技术创新。企业通过高质量的 ESG 信息披露，便于企业外部新的绿色发展和创新发展理念流入，有利于重塑企业内部技术创新体系，触发创新思维，进而加强企业技术创新（李井林等，2019）。最后，良好 ESG 信息披露质量有助于吸引人才，提高员工认同感，激发员工创新。企业进行技术创新的关键是研发人员的创新能力（金宇等，2021）。拥有高质量 ESG 信息披露的企业往往拥有良好的企业形象，更有利于吸引优秀人才（白旻和王仁祥，2020）。不仅如此，拥有高质量 ESG 信息披露的企业基本遵循以人为本的理念，对于员工的福利、培训和晋升渠道都有较高的保障。在这种氛围下，企业拥有了开放性、创新性的轻松良好环境，容错率较高，可以增加员工的认同感、职业安全感（顾群等，2019），提高员工的积极参与度，进而降低员工离职率，激发员工潜在创新能力，从而促进企业技术创新。

综上所述，本书认为，企业拥有高质量 ESG 信息披露，可以获取知识资源增加知识资本，促进企业产品创新和流程创新，触发创新思维，激发员工创新，进而提高企业技术创新，基于以上分析，故提出如下假设：

H4：ESG 信息披露质量对提高企业技术创新有积极作用。

（2）技术创新与财务绩效。企业进行技术创新有助于企业实现持续性经营并创造最大企业价值，其最直观的数据反映是企业财务绩效优良。换句话说，企业积极进行技术创新能够显著提升财务绩效（刘宇嘉，2019）。这可能是因为，一方面，企业技术创新投入越大，企业创新产品和升级工艺的能力和需求越大，更有利于形成企业的核心竞争能力（尹美群等，2018），帮助企业提升实力，提高企业财务绩效（葛菁，2019）。另一方面，企业创新需求增多时会加大技术创新投入，在创新需求和创新投入的驱动下，企业会自然而然地提升知识资本水平，积累知识资源与经验，从而开拓思维探求新的利润增长点。将知识资源应用于企业日常生产经营活动中，可以规避大部分经营风险，降低经营成本，进而改善企业财务绩效（李瑞雪等，2019）。

（3）ESG 信息披露质量、技术创新与财务绩效。根据前文所述，我们推测技术创新很可能在企业 ESG 信息披露质量与企业财务绩效之间存在中介效应。较高的 ESG 信息披露质量，可以获取知识资源增加知识资本、促进企业产品创新和流程创新、触发创新思维、激发员工创新，进而提高企业技术创新；较高的技术创新使企业提高创新产品和升级技术的能力、增加知识资本、助推企业探求新的利润增长点，进而提高企业财务绩效。

企业通过优异的 ESG 信息披露质量，可以进行产品和流程创新并激发员工创新性（Suzuki，2018），提高创新产品和升级技术的能力，满足消费者多元化需求，进而达到提高财务绩效的目的（尹美群等，2018）。高质量的 ESG 信息披露为企业与利益相关者搭建了更为密切互通的信息网，企业可以更高效地拓展产品属性及生产流程，提高创新产品和升级技术的能力，满足消费者多元化需求；而且，人员在技术创新中是极为重要的人力资本，优异的 ESG 信息披露质量不仅可以实现吸引优秀人才，还可以为员工营造更为积极的创新环境，潜移默化地刺激员工进行创新，提高员工创新技术和研发能力，完善升级现有工艺、产品。产品升级与效率优化为企业实现财务绩效的提高提供了直接支持。

企业通过优异的 ESG 信息披露质量，可以获取知识资源增加知识资本（张弛等，2020）、触发创新思维，有利于企业积累知识资源与经验，促进企业探求新的利润增长点，进而提高财务绩效（李瑞雪等，2019）。在高质量发展的时代背景下，企业对技术创新的需求和积极性正在不断提升，而技术创新对知识资源有着很强的依赖性。良好的 ESG 信息披露质量可以在与利益相关者密切的关系网中获取所需的知识资源，增加知识资本，进一步积累知识与经验，挖掘新的利润增长点，提高企业财务绩效；创新思维是企业发展中不可或缺的能力。高质量的 ESG 信息披露代表着企业对绿色发展和创新发展理念的关注，更有利于触发创新思维，增加对知识与经验的积累，进而更有效地探求新的利润增长点，提高企业财务绩效。

基于上述分析，本书认为，当企业有较高 ESG 信息披露质量时，会促进企业技术创新最终对企业财务绩效产生积极的正面影响，故提出如下假设：

H5：技术创新在 ESG 信息披露质量对财务绩效的影响中有中介效应。

技术创新对 ESG 信息披露质量的中介作用机理如图 3-3 所示。

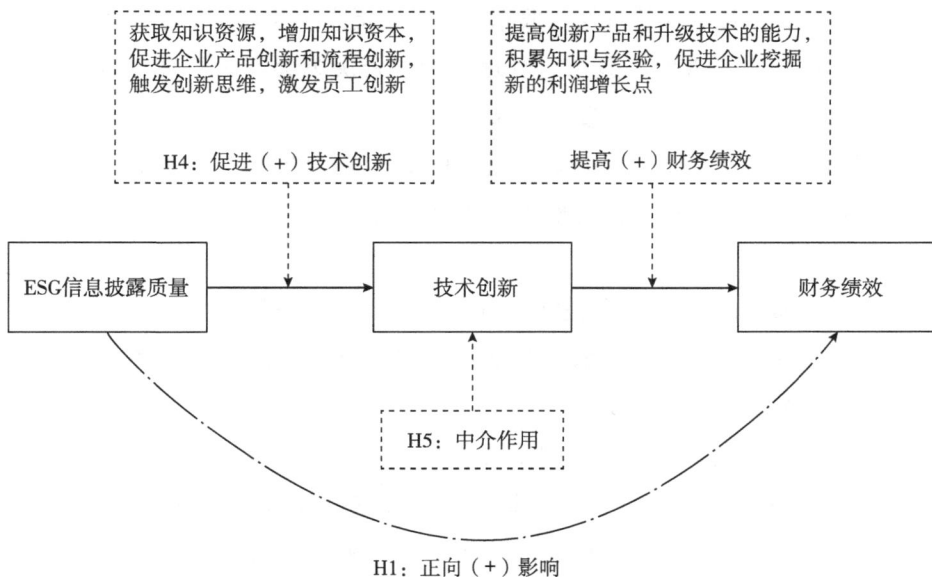

图 3-3　技术创新的中介效应及假设提出

3. 非效率投资的中介作用机理

（1）ESG 信息披露质量与非效率投资。非效率投资对企业进行持续经营来说是难以忽视的痛点，而近些年机构投资者对企业的投资评估增加了企业 ESG 信息披露质量这一要素（周方召等，2020）。这意味着存在一种可能：高质量的 ESG 表现可以减少代理成本促进投资效率，减少企业过度投资和投资不足（高杰英等，2021）。这是因为，首先，根据信息传导理论，企业 ESG 信息披露质量高，能够更好地传递企业经营良好的信号，可以吸引机构投资者产生倾向参与投资，从而降低企业投资代理成本，此时企业会谨慎选择投资项目，进而缓解企业非效率投资（陈明利和伍旭川，2018）；也可以使利益相关者对企业的经营情况更加了解，从而增加对企业投资的信心，有益于企业提升自身的投资效率（李江涛和潘移江，2022）。其次，高质量的 ESG 信息披露可以抑制管理者的非正常投资活动，迫使管理者更加注重利益相关者权益（韩金红和姜云燕，2020）。当企业高管为确保个人利益优势而放弃企业价值最大化时，会导致企业投资效率低下（郑盛荣，2022），而高质量的 ESG 信息披露可以有效避免这一问题，要求企业要注重利益相关者的权益，有效改善非效率投资现象。再次，企业进行高质量的 ESG 信息披露，可以加深管理层与股东的信任，提高企业投资效率。当股东对企业管理层的信任度不够时，股东对管理层的投资决策会产生质疑。而高质量的 ESG 信息披露增加了信息透明度，要求充分保障股东权益，消除了股东疑虑，提高管理层的投资效率。最后，企业高质量的 ESG 信息披露可以助推人才的集聚与创新，提升员工效率进而正向推动企业投资效率（王蓉，2022），缓解非效率投资。

因此，高质量的 ESG 信息披露，可以促使谨慎的投资行为，注重利益相关者权益而非个体利益，加深股东与管理层之间的信任，提升员工效率，进而减少非效率投资，故提出如下假设：

H6：ESG 信息披露质量对抑制非效率投资有积极作用。

（2）非效率投资与财务绩效。非效率投资主要分为投资不足和投资过度，两种情况都会减少企业投资回报，最终导致企业财务绩效损失（张力派等，2020）。投资过度的产生原因是当企业处在资金储备充足的高速发展时期，可能会因过度自信不谨慎或者市场环境分析不深入，而发生投资时机判断失误或投资方式选择不佳的非效率投资。投资不足的产生主要原因是企业处于资金不足的紧张时期，或管理层投资决策过于保守而导致企业投资活动的价值无法达到最大化。非效率投资会导致企业丧失发展良机，降低企业投资回报，进而损害财务绩效（童红霞，2021）。

（3）ESG 信息披露质量、非效率投资与财务绩效。根据前文所述，我们可以合理推测非效率投资很可能在企业 ESG 信息披露质量与企业财务绩效之间存在中介效应。较高的 ESG 信息披露质量，可以促使谨慎的投资行为，注重利益相关者权益，加深股东与管理层之间的信任，提升员工效率，进而缓解非效率投资；非效率投资越少，可以缓解企业经营风险，把握最佳发展时机，进而提高企业财务绩效。

企业 ESG 信息披露质量高，能够提高企业对投资风险的评估意识，此时，企业倾向于谨慎选择投资项目，有效缓解非效率投资现象，缓解企业经营风险，进而提高财务绩效（陈明利和伍旭川，2018）。同时，企业 ESG 信息披露质量高，表明企业关注利益相关者权益，体现出管理层具有较强的社会责任意识，提高管理层的投资素养，同时增加投资效率与效果，缓解企业管理经营风险，进而提升财务绩效。

企业良好的 ESG 信息披露质量可以助推人才的集聚与创新，提升员工效率，减少非效率投资现象的发生，同时更高效地提高企业竞争力，把握最佳发展时机，提高财务绩效（王蓉，2022）。

基于上述分析，本书认为，当企业有较高 ESG 信息披露质量时，会缓解企业非效率投资，最终对企业财务绩效产生积极的正面影响，故提出如下假设：

H7：非效率投资在 ESG 信息披露质量对财务绩效的影响中有中介效应。

非效率投资对 ESG 信息披露质量的中介作用机理如图 3-4 所示。

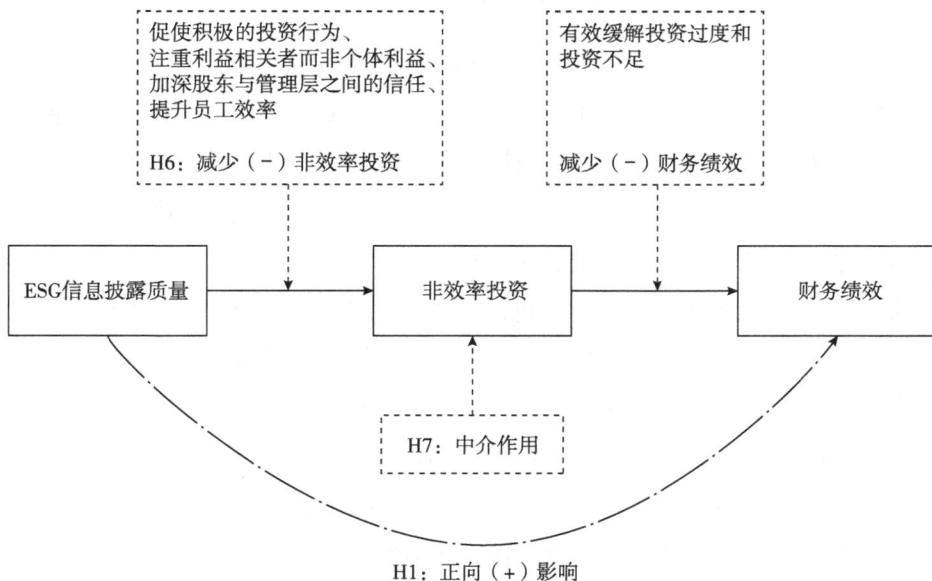

图 3-4　非效率投资的中介效应及假设提出

第二节　ESG 信息披露质量对石化上市公司企业价值的影响机理

尽管已有文献基于环境、社会责任或公司治理对企业价值的影响进行了研究，然而在样本选择的策略、指标的量化方法、模型构建的路径以及数据分析的技术等研究环节展现出各自的差异性，学者们对这些指标与企业价值关系的看法存在着多样化的观点。根据现有研究，这些观点大致可归纳为三类：一是认为环境、社会责任或公司治理与企业价值存在正相关关系；二是认为存在负相关关系；三是认为两者之间没有相关性。本书在前人的研究基础上，加入中介变量技术创新、企业绿色信贷等因素，试图理清两者间直接的关系并探索上述中介变量发挥作用的影响机理。

一、ESG 信息披露质量对公司企业价值的总效应影响机理

根据文献综述可以看出，张琳和赵海涛（2019）、马喜立（2019）、徐明瑜等（2021）研究发现，企业在 ESG 方面表现越出色，其价值越增加，特别是在非污染行业和非国有企业中，这一趋势更为显著。尽管目前关于二者关系的普遍共识尚未形成，但多数学者更倾向于认为更高的 ESG 信息披露质量对企业价值具有正向影响（王思薇和姜黎黎，2021）。

基于利益相关者理论，企业出色的 ESG 信息披露质量能够推动其与利益相关者间的正向互动，增进了利益相关者对企业的信任，进而加强了双方间的联系（薛姣，2021）。同时，较高的 ESG 信息披露质量深化了利益相关者对企业"绿色底色"的认知，有助于提升企业的形象和声誉（陈煦江和刘婷婷，2021）。这样一来，利益相关者自然而然地降低了对企业的抵制，更愿意与企业合作，从而使企业更容易获取所需资源，实现销售收入增加、经营成本降低的目标。

基于信息传导理论，企业若能够提供高质量的 ESG 信息披露，就能够减少与投资者之间的信息不对称。对于投资者来说，那些缺乏非财务表现信息的企业

往往会带来更大的不确定性。相反，具备高水平 ESG 信息披露的企业更愿意向外界展示其在 ESG 方面的明显优势，从而向外界传达其具备可持续发展经营能力的信号（王波和杨茂佳，2022）。同时，通过披露 ESG 信息，企业能够提高透明度，降低信息不对称程度，从而减轻代理问题，缓解融资约束。此外，ESG 信息披露还有助于树立良好的企业社会责任形象，提高企业的信誉，进而产生积极的经济影响（Galbreath，2013；Fatemi 等，2015；任紫娴等，2021；徐光华等，2022）。

综合以上观点，可以推断出从利益相关者理论和信息传导理论角度出发，ESG 信息披露的高质量有望对企业价值产生积极的影响（见图3-5）。

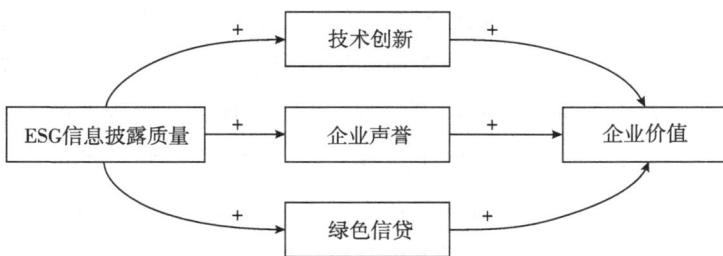

图 3-5　影响机制

基于此，本节提出如下假设：

H8：ESG 信息披露质量对石化上市公司的企业价值具有正向影响。

二、ESG 信息披露质量对企业价值的中介作用机理

本节将技术创新、企业声誉和绿色信贷三个中介变量引入，旨在阐明 ESG 信息披露质量如何通过间接途径影响企业价值的机制。具体来说，ESG 信息披露质量通过促进企业技术创新，进而提升了企业价值；ESG 信息披露质量通过提升企业声誉，进而提升了企业价值；ESG 信息披露质量通过促进企业获得绿色信贷，进而提升了企业价值。

1. 技术创新的中介作用机理

（1）ESG 信息披露质量与技术创新。企业 ESG 信息披露水平高能显著提升企业创新水平（李井林等，2021）。首先，高水准的 ESG 信息披露有助于提升企业的创新水平（李井林等，2021）。其次，针对投资者而言，绿色技术创新活动带来的积极影响在企业 ESG 信息披露质量中能够充分体现，这能够解决投资者的逆向选择问题（赖丹和陈海权，2022）。此外，对于那些 ESG 信息披露质量优良的企业，机构投资者更容易接受其较低的当期股票回报（Cao 等，2022）。再次，在管理者方面，ESG 信息披露质量越高，越可以为企业提供更多的金融支持，尤其是技术创新需要的资金，同时，减轻融资约束，激发管理者进行技术创新的积极性，降低他们以牺牲长期利益为代价来维持短期业绩的行为，进而减轻管理者与股东之间的委托代理问题，推动企业的技术创新水平提高。最后，由于企业的技术创新依赖于研发人员的创新能力（金宇等，2021），因此，良好的 ESG 信息披露质量不仅体现了企业对发展的重视，还树立了企业的积极形象，吸引更多外部创新人才加入企业，使企业的知识资本得到更好的累积，为技术创新提供人才支持，最终促进企业的技术创新。综上所述，技术创新的重要性不仅在于其可以优化企业的运营流程、减少运营支出，使企业获得额外的市场优势，还能提升投资者容忍度，同时缓解管理者为了短期价值而不愿意牺牲当期利益进行创新的行为，以及吸引创新人才促进企业重视技术创新。

（2）技术创新与企业价值。企业积极进行技术创新有助于保持经营的持续性并最大程度增加企业的综合价值。研究表明，技术创新与企业价值之间存在显著的正相关关系，也就是说，企业价值可以通过技术创新战略的实施得到显著提升（金颖颖，2023）。一方面，积极的绿色技术创新可以使企业充分发挥自身的主动性，提升产品的技术水平，并将品牌优势与技术优势相结合，不断提升企业的可持续竞争力，进而提升企业的整体价值（苏利平和魏洁，2021）；另一方面，技术创新水平的提高，有助于减轻环境绩效对企业价值的不利影响（纪成君和薄洋2021）。

（3）ESG 信息披露质量、技术创新与企业价值。根据前文的详尽分析，我们有理由认为技术创新在企业 ESG 信息披露质量与企业价值之间发挥着关键的中介作用。如果企业具有较好的 ESG 信息披露质量，能够增强投资者对短期股票收益波动的容忍性，从而激发企业积极投身技术革新并吸引创新人才的动力，进一步推动企业的技术创新步伐。与此同时，技术创新的卓越水平不仅增强了企业的创新能力和长期竞争优势，还有效缓解了环境绩效对企业价值的潜在威胁，最终促进了企业价值的提升。在当前促进高质量发展的重要目标下，企业对技术研发创新的需求不断提升。而企业的创新活动往往需要依赖于广泛的知识储备、人力资源、资金支持等方面。一方面，如果企业具有高水平的 ESG 信息披露质量，此时企业能够与各利益相关者间建立牢固的联系，从而获取必要的知识资源，这有助于企业增强其知识资产，积累宝贵经验，并持续寻找新的盈利机会，从而增加企业价值。另一方面，战略性和创新性思维对于企业成长至关重要，而优秀的 ESG 信息披露反映了企业对创新和绿色发展的高度关注，这有助于激发创新思维，促进知识和经验的积累，推动企业寻找新的盈利增长点，进一步提升企业价值。另外，企业的高质量发展也受到其 ESG 披露质量的积极影响，而技术创新能够为企业提供更具竞争力且受消费者欢迎的服务和产品，树立企业品牌，提高生产效率，实现差异化竞争，从而扩大市场规模，创造更多的企业价值（吴利霞，2023）。通过以上探讨，我们可以推测出，在企业具备较高水准的 ESG 信息披露质量的情况下，将会推动技术创新，进而对企业的价值产生积极的影响（见图 3-6）。

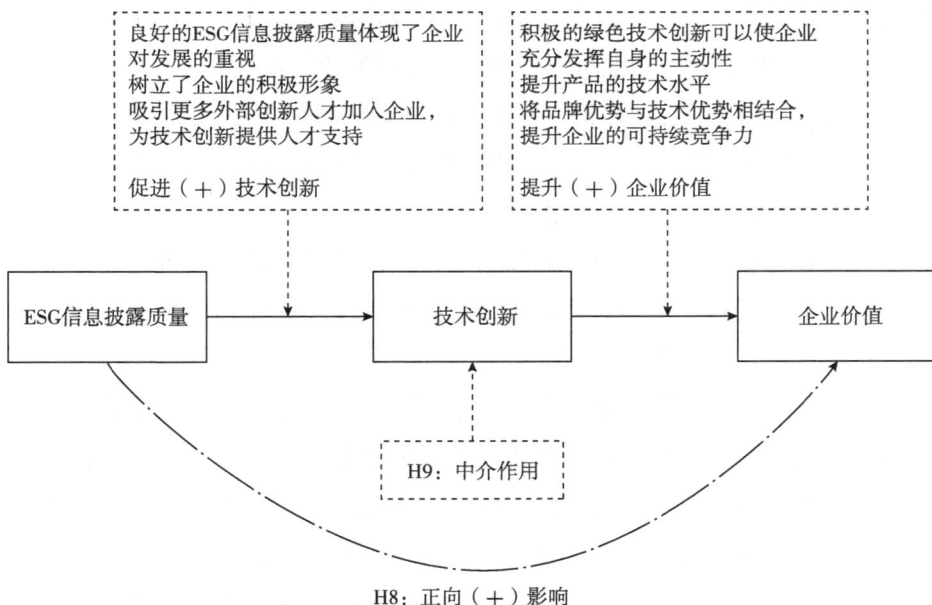

图 3-6　技术创新的中介效应及假设提出

基于此，本书提出如下假设：

H9：ESG 信息披露质量通过促进企业技术创新，进而提升了企业价值。

2. 企业声誉的中介作用机理

（1）ESG 信息披露质量与企业声誉。从利益相关者理论和信息不对称理论出发，与企业相比，利益相关者面临着信息获取渠道较为有限的情况，其掌握的信息相对不足，处于信息获取的劣势地位。通常情况下，他们需要付出相当高的成本才能够获取全面的信息，有时即便投入了大量资源，也难以获得可信赖的信息来源。这种高昂的信息获取成本以及有限的信息途径制约了利益相关者对企业经营状况的准确评估，使其难以做出客观、全面的判断。在这种前提下，企业通过公开披露 ESG 相关信息，增加了信息的可获取性，使得利益相关者能够轻松访问和分析这些信息，而透明度是建立信任的关键，它减少了信息不对称，使外部利益相关者能够对企业的实际表现有更清晰的认识。

从信息传导理论出发，高质量的 ESG 信息披露不仅提供了关于企业的全面信息，还向利益相关者传达了企业积极发展和可持续发展的迹象，从而有助于建立积极的企业形象，并对企业的声誉产生积极影响。通过向利益相关者提供准确、透明和可靠的信息，企业可以加强与利益相关者之间的沟通及信任，进而促进利益相关者对企业的正面评价，并在市场中赢得更多的支持与认可。

从可持续发展理论出发，首先，透明的环境信息披露包括能源使用、温室气体排放、水资源管理等，企业通过公开这些数据，可以展示其对环境保护的认真态度和实际行动；其次，企业通过实施环保措施（如使用可再生能源、减少废物排放）并公开这些努力，可以提高公众对其环境责任感的认可；最后，企业通过积极改善环境治理、践行社会责任可能获得政府部门颁发的荣誉称号，如"社会责任企业""优秀企业"或"品牌企业"。这些荣誉称号不仅是对企业良好行为的认可，也是企业形象建设和维护的重要组成部分。荣誉称号的获得，不仅能够提升企业的声誉和品牌形象，还能够增强企业的市场竞争力和品牌影响力。通过这些荣誉称号，企业可以向外界展示其积极履行社会责任、关注环境保护的决心和成果，从而赢得社会各界的认可和支持，推动企业可持续发展的进程。

（2）企业声誉与企业价值。从相关利益者理论出发，对于投资者来说，企业声誉的提升可增强其对企业的信心，促使更多投资者购买并持有股票，进而提高股票价格的稳定性，从而对企业的价值产生积极影响。就消费者而言，企业的良好声誉有助于增强他们对企业的忠诚度，推动企业生产规模的扩大，同时传递产品卓越和服务质量较高的信息，使得消费者更愿意为此支付额外费用。就员工而言，良好的声誉说明他们更倾向于为企业工作，甚至在薪酬相对较低的情况下也会投入更多的努力。此外，供应商会因为企业的良好声誉减轻对其业务风险的担心，降低契约和监管成本。因此，企业声誉的建立有助于增加企业的竞争优势，并提高其价值。

同时，声誉作为企业的一项重要无形资产，具有极大的价值。然而，企业并非轻而易举地获取声誉，它是企业过去行为的产物，具备独特性和持久性，难以被替代或轻易模仿。这种独特且持久的珍稀资源可以为企业提供竞争优势，带来超额收益，进而提高企业的整体价值。

（3）ESG 信息披露质量、企业声誉与企业价值。由上文分析可知，高质量的 ESG 信息披露对企业声誉有积极影响。从利益相关者的角度看，企业声誉对各利益相关者的影响是多方面的。首先，声誉良好的企业能够吸引更多优秀人才，因为声誉对员工选择企业的意愿有重要影响，并能增强员工长期效力于企业的意愿。其次，声誉良好的企业更具稳健性，投资风险低且收益波动小，因此，投资者更倾向于投资此类企业。最后，消费者更倾向于购买声誉良好企业生产的产品，有助于留住更多忠诚消费者，推动企业扩张并占据更多市场份额。

同时，在一定程度上，企业的信誉水平可以直接反映其诚信程度，而具有良好声誉的企业在面临危机时，往往能够更容易地获取到低息贷款等形式的资金支持，这种支持有助于企业渡过难关，保障企业的稳定发展和持续成长，进而对企业的整体价值产生积极影响。另外，获得良好声誉的企业通常能够建立起核心竞争优势，这种优势能够带来更为丰厚的经济回报，包括但不限于增加的市场份额、更高的客户忠诚度以及更为稳固的盈利能力，从而推动企业的价值不断提升。

根据以上研究，我们可以合理推断，企业若拥有较高水平的 ESG 信息披露质量，将有助于提升其声誉，从而对企业价值产生积极影响（见图 3-7）。

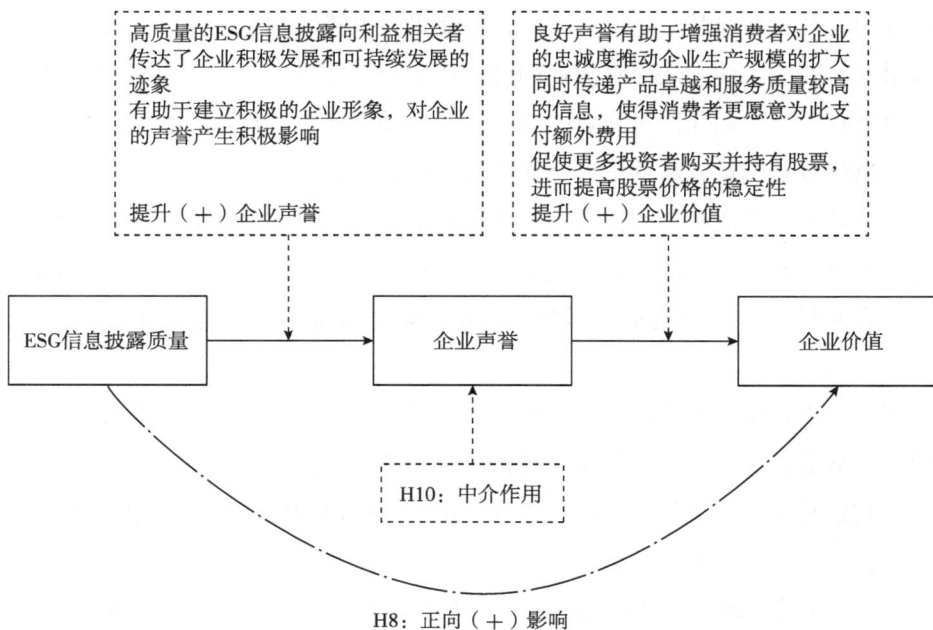

图 3-7　企业声誉的中介效应及假设提出

基于此，本书提出如下假设：

H10：ESG 信息披露质量通过提升企业声誉，进而提升了企业价值。

3. 绿色信贷的中介作用机理

（1）ESG 信息披露质量与绿色信贷。绿色信贷作为一种新兴的绿色金融工具，其主要功能在于引导资金流向环保和绿色生产领域，为这些企业提供获得贷款的机会，同时降低它们的资金成本。这一政策举措刺激了节能环保企业和从事绿色生产活动的企业提高了绿色创新的力度，有助于降低资源的使用和减少污染物的排放，进一步减轻了它们在融资方面的压力，同时降低了因环境规定而产生的成本。此外，通过绿色信贷的推动，这些企业能够维护其良好的企业形象，进一步增强其在社会和市场中的声誉，为其可持续发展提供有力支持。

关于 ESG 信息披露质量与绿色信贷的关系可以从两个角度分析。首先，ESG 信息披露显著降低了公司风险，公司风险的降低会促进银行向企业提供更多信贷，因为较低的经营风险意味着企业能够按时偿还银行的贷款，银行坏账风险较低。具体来说，从风险管理视角看，良好的 ESG 信息披露质量意味着企业对于其运营中可能遇到的环境、社会和治理风险有着深刻的认识和全面的理解。这种认识使企业能够提前采取预防措施，避免可能的负面影响。例如，一个在环境保护方面表现出色的企业，通过高标准的 ESG 信息披露，能够展示其对环境可持续性的承诺，从而减少因环境问题引起的法律诉讼和监管罚款的风险。从合规角度看，随着全球对于企业社会责任和可持续发展标准的日益关注，合规成为企业不可忽视的重要部分。高质量的 ESG 信息披露反映了企业对于遵守相关法律法规的重视，有助于建立企业的良好公众形象和品牌声誉。在合规标准日益严格的市场环境中，这种积极的品牌形象可以大大降低潜在的合规风险。从投资者视角看，高质量的 ESG 信息披露对于吸引和保持投资至关重要。投资者越来越倾向于选择那些社会责任感强、环境保护意识高、治理结构健全的公司进行投资。这些公司因其较低的运营风险和较强的市场竞争力而被视为更可靠的投资选择。因此，高质量的 ESG 信息披露可以帮助企业吸引更多的长期和稳定资本，从而降低企业的财务风险和提高市场竞争力。此外，ESG 信息披露直接影响到企业与其利益相关者间的关系。良好的社会绩效展示了企业对于员工福利、社区发展和客户满意度的重视，有助于建立稳固的合作和信任关系。这种关系在经济不确定性增加时尤为重要，因为它有助于企业在面对市场波动和经济逆境时保持稳定的客户基础和供应链。因此，高质量的 ESG 信息披露能够降低公司面临的各类风险，使得公司经营更加稳健，进而增加银行为其提供贷款的概率。

其次，企业披露更多关于 ESG 信息使得银行获得更多企业关于环保、低碳等信息，银行可能会给企业提供更多的绿色信贷。进一步地，《银行业保险业绿色金融指引》提出，银行保险机构应当制定针对客户的环境、社会和治理风险评估标准，对客户风险进行分类管理与动态评估。高质量的 ESG 信息披露降低了银行与企业间的信息不对称程度，使得银行能够更加准确地评估企业风险，特别是关于环境、社会和治理的风险，准确的风险评估提升了银行为企业提供绿色信贷的概率。

综上所述，高质量的 ESG 信息披露能够帮助企业更容易获得绿色信贷。

（2）绿色信贷与企业价值。根据资源依赖理论，企业发展需要依靠各类资源，特别需要充足的资金。银行作为资本市场中最为重要的资金提供者，能够为企业发展提供其所需的资金。企业获得充足的资金支持，能够保证企业的正常经营，确保企业在面临各类投资机遇时，可以迅速把握投资机遇，进而提升了企业价值。企业获得充足的资金也有助于企业在激烈的市场竞争中保持竞争优势。在不断变化的市场环境中，资金相对充足的企业更能迅速适应市场变化，抓住新的商业机会。此外，企业获得绿色信贷的能力也向市场传递了企业经营状况良好和企业具备较强资金获取能力的信号，进而增强企业的品牌声誉和客户信任，这对于企业的长期成功和市场地位的稳固至关重要。

从风险管理的视角看，充足的资金获取对于企业价值提升至关重要。当企业具备较强的资金获取能力时，能够提升企业应对各类风险的能力，减少企业经营中可能遇到的意外损失，保护企业免受市场波动和外部冲击的影响。各类风险的降低能够提高企业的盈利稳定性和预测性，吸引更多的投资者进行投资，以此提升企业的市场价值。

企业的各类绿色低碳类投资往往与企业长期发展能力密切相关。如企业进行技术和设备的升级改造，降低能耗等，这些行为对企业未来的增长具有显著的促进作用。企业获得绿色信贷支持，可以促进企业向这类领域投资，银行也会对企业的资金使用行为监管，确保从绿色信贷获取的资金投资于专门的项目，而这些项目的顺利实施能够为企业带来长期的、稳定的现金流，抑或降低成本，进而能够显著提升企业价值。

进一步地，绿色信贷的利率往往相对较低，如在中国人民银行推出"碳减排支持工具"中，明确规定在碳减排重点领域内的相关企业将获得贷款支持，这种支持的资金比例达到贷款本金的 60%，并且享有较低的利率，仅为 1.75%。这一政策旨在鼓励金融机构向致力于碳减排的企业提供更多的资金支持，从而推动这些企业在环保领域的发展，促进低碳经济的建设。根据浙商证券的研究报告，目前绿色信贷定价利率低于普通贷款，绿色贷款加权平均利率约为 4.10%，介于 LPR1Y 和 LPR5Y 中间。较低的利率也意味着企业面临较低的融资成本，企业能够以较低的成本获得充足的资金，在一定程度上提升了企业价值。

综上所述，从资源获取、风险管理、绿色信贷的使用和成本看，企业获得绿色信贷能够显著提升企业价值。

（3）ESG 信息披露质量、绿色信贷与企业价值。根据前文所述，绿色信贷的可得性可能是企业 ESG 信息披露质量与其价值之间的中介变量，即 ESG 信息披露质量会通过促进企业提高获取绿色信贷的可能性，进而提升企业价值。

首先，高质量的 ESG 信息披露意味着企业面临的风险较低，较低的风险意味着银行无法收回贷款的可能性较低，银行因此更加愿意向企业提供绿色信贷，而资金作为影响企业发展的重要资源，充足的信贷获取为企业长期发展提供了资金保障，进而对企业价值产生显著的正向影响。具体来说，较高质量的 ESG 信息披露意味着企业在环境保护、社会责任和内部治理上采取了积极措施，这些措施能够帮助企业识别、评估并减轻潜在的风险。环境保护的措施能够降低因环境污染引起的法律诉讼风险，社会责任的履行能够减少因不良劳工政策引起的品牌声誉风险，良好的内部治理能够降低因管理不善引发的运营风险。当企业通过高质量的 ESG 信息披露显著降低了其企业风险时，不仅提高了自身对利益相关者，特别是投资者和监管机构的吸引力，而且增强了市场对企业未来表现的信心。这种增强的信心反过来提升了企业的市场评价和投资吸引力，从而直接提高了企业的市场价值。从合规的角度看，随着全球对于企业社会责任和可持续发展的要求日益提高，合规已成为企业运营的必要部分。高质量的 ESG 信息披露表明企业对于遵守相关法律和行业标准的承诺，有助于降低因违规所带来的法律和财务风险。这种合规性不仅能够保护企业免受罚款和诉讼的影响，还能够提高企业在业界的竞争力，进而提升企业价值。在当前经济环境中，企业面临着来自市场、技术和政策的多重不确定性。有效的风险管理，特别是通过 ESG 信息披露展现出来的风险管理，能够帮助企业更好地适应这些不确定性，保持业务的稳定性和持续性，这种稳定性和持续性对于企业价值的创造至关重要。

其次，从绿色信贷的角度看，一方面，高质量 ESG 信息的披露能够帮助银行识别企业具体的投资项目，降低银行与企业之间的信息不对称，特别是企业投资项目的各类信息，银行在获得更为充足的关于企业 ESG 项目的投资信息后，会增加向企业提供绿色信贷的概率。另一方面，高质量的 ESG 信息披露能够帮助银行对企业进行合理的风险评估，能够更好地满足监管要求，银行也更加愿意向这些企业提供绿色信贷。进一步地，结合绿色信贷本身具备的长期投资效应和较低的利率，企业的价值因此提升。

经过以上分析，本书认为，在企业具有较高水平的 ESG 信息披露质量时，可能会降低其面临的各种风险，提高了企业获取绿色信贷的可能性，进而促进了企业价值的提升（见图 3-8）。

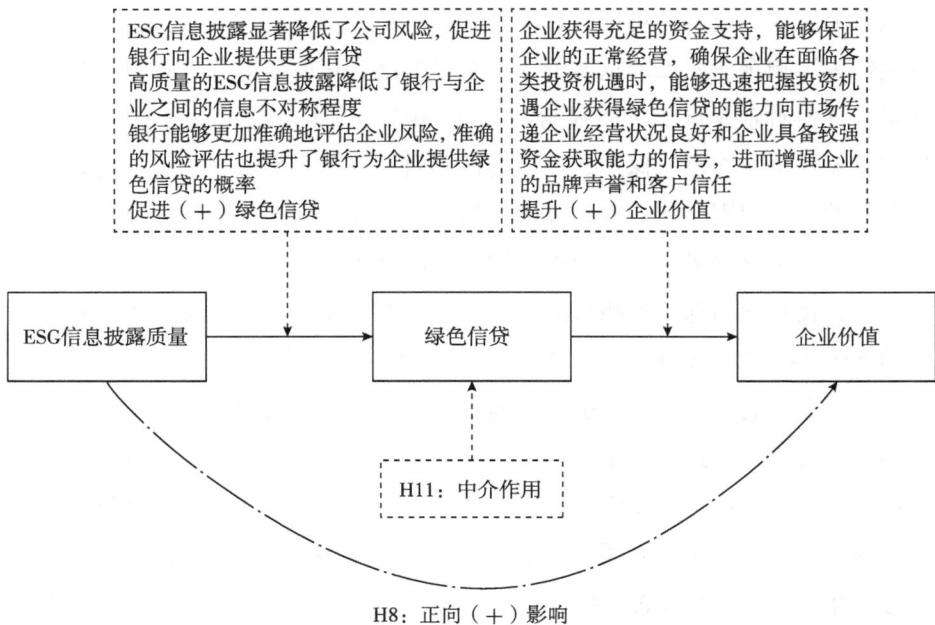

图 3-8　绿色信贷的中介效应及假设提出

基于此，本书提出如下假设：

H11：ESG 信息披露质量通过促进企业获得绿色信贷，进而提升了企业价值。

第三节　本章小结

本章阐述了 ESG 信息披露质量对财务绩效的影响机理，首先从总效应角度进行机理分析和假设提出，其次分别从三个中介作用因素进行影响机理分析并提出假设。具体如下：

（1）总效应上，提出假设1：ESG信息披露质量对企业财务绩效具有正向影响。从信息传导理论出发，高质量的ESG信息披露可以降低企业与投资者之间的信息不对称，增强投资者信心，进而提升财务绩效；从利益相关者理论出发，企业优异的ESG信息披露质量强化促进了企业与利益相关者的联结，企业形象和声誉得到进一步的提高，进而提升财务绩效；从财务透明理论出发，高质量的ESG信息披露提高了企业信息透明度，更好地评估企业经营状况以及进行风险把控，进而促进财务绩效。

（2）中介效应上，从融资成本、技术创新以及非效率投资三个中介变量的角度出发，具体如下：①提出假设2：ESG信息披露质量对抑制融资成本有积极作用。较高的ESG信息披露质量，可以提高企业融资效率、削减融资交易支出、提升企业融资声誉，进而减少融资成本；较低的融资成本使企业面临较低的财务风险、促进企业成长性，进而提高企业财务绩效。据此提出假设3：融资成本在ESG信息披露质量对财务绩效的影响中有中介效应。②提出假设4：ESG信息披露质量对提高企业技术创新有积极作用。较高的ESG信息披露质量，可以获取知识资源增加知识资本、促进企业产品创新和流程创新、触发创新思维、激发员工创新，进而提高企业技术创新；较高的技术创新使企业提高创新产品和升级技术的能力、增加知识资本、助推企业探求新的利润增长点，进而提高企业财务绩效。据此提出假设5：技术创新在ESG信息披露质量对财务绩效的影响中有中介效应。③提出假设6：ESG信息披露质量对抑制非效率投资有积极作用。较高的ESG信息披露质量，可以促使谨慎的投资行为、注重利益相关者权益、加深股东与管理层之间的信任、提升员工效率，进而缓解非效率投资；非效率投资越少，可以缓解企业经营风险，把握最佳发展时机，进而提高企业财务绩效。据此提出假设7：非效率投资在ESG信息披露质量对财务绩效的影响中有中介效应。

本章详细阐述了ESG信息披露质量对企业价值的影响机制。先从ESG信息披露的整体视角进行深入分析，提出ESG信息披露对企业价值影响的总效应假设；再以ESG信息披露对企业价值影响的作用机制为出发点，对ESG信息披露对企业价值的中介效应进行了分析，同时提出了相关的假设。具体如下：

（1）总效应上，本书根据相关理论分析和逻辑推演，得到企业价值如何受到 ESG 信息披露质量的影响，并据此提出假设8，分析 ESG 信息披露质量影响企业价值的总效应，即 ESG 信息披露质量对石化上市公司的企业价值具有正向影响。随着企业 ESG 信息披露质量的提高，企业的价值会随之提升。

（2）中介效应上，从技术创新、企业声誉、绿色信贷三个中介变量出发，分析其 ESG 信息披露质量如何通过技术创新、企业声誉和绿色信贷提升企业价值，并根据理论分析和逻辑推演，提出以下假设：①假设9：ESG 信息披露质量通过促进企业技术创新，进而提升了企业价值。②假设10：ESG 信息披露质量通过提升企业声誉，进而提升了企业价值。③假设11：ESG 信息披露质量通过促进企业获得绿色信贷，进而提升了企业价值。

第四章 能源上市公司 ESG 信息披露质量评价

第一节 能源上市公司 ESG 信息披露质量评价体系的构建

一、评价方法及样本选取

1. 熵权系数法

熵权系数法是根据熵特性构建多指标评价体系的赋权法。近年来，陈家伟（2019）等以熵权系数法测度生物资产信息披露质量。刘楠等（2021）通过熵权系数法衡量保险业上市公司的财务绩效水平。滕熙玉、李石新（2022）利用熵权法判断 JK 文化的财务风险程度。种种研究表明，熵权系数法用于建立评价模型有它独特的优势，一方面可以弥补主观赋权的一些不足，另一方面可以较为全面测度样本企业信息披露质量。

熵权系数法的计算步骤如下：

（1）建立初始矩阵。设上市公司集 $S = \{s1, s2, s3, \cdots, sn\}$，指标集 $T = \{t1, t2, t3, \cdots, tn\}$，$m$ 家上市公司对应 n 个评价指标，构成指标初始矩阵 X^*：

$$X^* = \begin{bmatrix} X_{11}^* & \cdots & X_{1n}^* \\ \vdots & \ddots & \vdots \\ X_{n1}^* & \cdots & X_{nn}^* \end{bmatrix} \quad\quad\quad (4-1)$$

（2）数据无量纲化处理。对 X^* 进行无量纲化处理，得到：$X_{ij}^n = (X_{ij}^n)mn$，X_{ij}^n 是第 i 家上市公司在指标 j 上的值。

$$X_{ij}^n = \begin{cases} \dfrac{X_{ij}^n - \min j\{X_{ij}^n\}}{\max j\{X_{ij}^n\} - \min j\{X_{ij}^n\}}, & X_{ij}^n \in R1，R1 \text{ 表示正指标} \\ \dfrac{\max j\{X_{ij}^n\} - X_{ij}^n}{\max j\{X_{ij}^n\} - \min j\{X_{ij}^n\}}, & X_{ij}^n \in R1，R1 \text{ 表示负指标} \end{cases} \quad X_{ij}^n \in [0, 1] \quad (4-2)$$

为了避免取对数时无意义，在此采用标准化法，将数据进行平移 3 个单位，即 $X_{ij} = X'_{ij} + 3$。

（3）计算第 j 项指标下第 i 家上市公司指标值的比重 p_{ij}：

$$p_{ij} = \dfrac{X_{ij}}{\sum\limits_{i=1}^{m} X_{ij}}，i = 1, 2, \cdots, m；j = 1, 2, \cdots \quad\quad (4-3)$$

（4）计算第 j 项指标的熵值 e_j：

$$e_j = \sum p_{ij} ln^{p_{ij}} \quad\quad\quad (4-4)$$

其中 e_j 反映指标 j 的不确定性，若 p_{ij} 全部相等时，那么 $p_{ij} = \dfrac{1}{m}$，则 e_j 取极大值，即 $e_j = e_{\max} = ln^m$。

（5）$e_{\max}$ 对 e_j 进行归一化处理，得到：

$$E_j = \dfrac{e_j}{ln^m} \quad\quad\quad (4-5)$$

（6）计算第 j 项指标的差异性系数 δ_j：

$$\delta_j = 1 - E_j \quad\quad\quad (4-6)$$

（7）计算第 j 项指标的权数 W_j：

$$W_j = \dfrac{\delta_j}{\sum\limits_{j=1}^{m} \delta_j} \times 100 \quad\quad\quad (4-7)$$

2. 样本选取

对于信息披露质量的评价方法，大部分研究采用专家打分法、问卷调查法等方法对指标赋权，但这类方法测度信息披露质量可能不够全面，同时具有较强的个人主观因素。本书从客观信息角度出发，采用熵权系数法对能源上市公司 ESG 信息披露质量进行测度，通过熵权系数法得到差异系数，熵值，进而赋予权重，得到综合评分。

样本数据主要来源于能源上市公司的年报和社会责任报告。本书以国家能源局发布的能源领域行业标准化工作范围为依据，国民经济行业分类为标准选取能源上市公司，通过国泰安数据库、Wind 数据库收集数据，部分数据通过东方财富网、公司网站、巨潮咨询、新浪财经等网站手工收集，并以 2015～2021 年能源上市公司数据作为样本数据。为保障样本有效性，本书依据以下标准对企业进行剔除：①剔除被 ST、*ST 的企业；②剔除数据异常的企业；③剔除数据不连续的企业。经过筛选后，136 家样本公司的行业分类及样本数量如表 4-1 所示。

表 4-1　样本公司行业分类及数量　　　　　　　　单位：家

国民经济行业分类	能源领域行业标准化工作范围	样本数量
煤炭开采和洗选业（B06）	煤炭	23
石油和天然气开采业（B07）	石油、天然气、煤层气（煤矿瓦斯）	7
开采辅助活动（B11）	煤炭、石油、天然气	12
石油、煤炭及其他燃料加工业（C25）	燃料（炼油、煤制燃料和生物质燃料）	11
废弃资源综合利用业（C42）	能源节约与资源综合利用	3
电力、热力生产和供应业（D44）	电力（常规电力）、核电、新能源和可再生能源	66
燃气生产和供应业（D45）	天然气、煤层气（煤矿瓦斯）	14

二、构建 ESG 信息披露质量评价体系

依据前文 ESG 信息披露概念部分的相关 ESG 指引，本书从环境、社会、公司治理三个维度对 ESG 信息披露质量体系进行考量，参考香港联合交易所《环境、社会及管治报告指引》的重要性、量化、平衡、一致性原则，根据能源行业特色，构建了能源上市公司 ESG 信息披露质量评价体系，具体指标如表 4-2 所示。

表 4-2 能源上市公司 ESG 信息披露质量评价指标体系

分类	一级指标	二级指标	三级指标	度量方法	代码	指标类型
环境（E）	环境财务信息	排污费、环保税	—	定量披露 2，定性描述 1，未披露 0	E1	正向
		重大环境问题应急支出	—	披露 1，未披露 0	E2	正向
		环保投资支出或借款	—	定量披露 2，定性描述 1，未披露 0	E3	正向
		降低污染收益	—	定量披露 2，定性描述 1，未披露 0	E4	正向
		废料利用投入	—	定量披露 2，定性描述 1，未披露 0	E5	正向
		环保拨款补助减免奖励收入	—	定量披露 2，定性描述 1，未披露 0	E6	正向
	环境非财务信息	环境管理制度	—	披露 1，未披露 0	E7	正向
		环境管理目标	—	披露 1，未披露 0	E8	正向
		环保措施与改善情况	—	定量披露 2，定性描述 1，未披露 0	E9	正向
		是否执行所通过的认证	—	是 1，否 0	E10	正向
		节约能源的措施及成果	—	定量披露 2，定性描述 1，未披露 0	E11	正向
		污染物种类及数量排放达标情况	—	定量披露 2，定性描述 1，未披露 0	E12	正向
		独立的环境报告	—	披露 1，未披露 0	E13	正向
社会（S）	员工	员工保障	是否有员工安全和保护的制度及措施	是 1，否 0	S1	正向
			人均薪酬	应付职工薪酬本年增加/员工人数	S2	正向
		安全生产	是否披露安全生产内容	披露 1，未披露 0	S3	正向
			安全生产资金投入	万元	S4	正向
			是否披露较大及以上事故次数	披露 1，未披露 0	S5	正向

分类	一级指标	二级指标	三级指标	度量方法	代码	指标类型
社会（S）	供应商与客户	供应商权益	是否披露供应商权益保护	披露 1，未披露 0	S6	正向
		客户权益	是否披露客户及消费者权益保护	披露 1，未披露 0	S7	正向
	政府与社会公众	税收	人均税收	（税金及附加＋所得税）/员工人数（万元）	S8	正向
		帮扶	是否实施帮扶投资项目	是 1，否 0	S9	正向
		社会捐赠	社会捐赠额	万元	S10	正向
公司治理（G）	治理结构与治理行为	董事会结构	独立董事占比	%	G1	正向
			大股东持股比例	%	G2	负向
			管理层女性占比	%	G3	正向
		发展战略	是否推进 ESG 相关战略	是 1，否 0	G4	正向
		ESG 相关信息披露	是否披露社会责任报告或 ESG 信息披露报告	披露 1，未披露 0	G5	正向
	治理结果	每股收益	每股收益	净利润本期值/实收资本本期期末值	G6	正向
		资本回报率	资本回报率	（税后利润＋财务费用）/（净资产/有息负债）	G7	正向
		利息保障倍数	利息保障倍数	息税前利润/利息费用	G8	正向

注："—"代表无。

各指标的衡量方法，一是定性与定量相结合。定量指标主要是财务报告指标和可持续发展报告中的可计量、可比较指标，定性指标主要是可持续发展报告中相关的描述性指标。二是在 ESG 的框架内评价各因素。由于 ESG 的环境、社会、公司治理三个维度间有交集，需要避免重复。如环境的各相关因素，不再纳入 ESG 评价的社会因素、公司治理因素的部分。

1. 环境（E）维度

ESG 信息披露质量评价中，环境（E）维度主要考核能源上市公司对于生态环境的治理和贡献，整体原则紧扣绿色发展理念，财务透明理论，并引入环境信息披露水平（EDI）的评价指标度量能源上市公司 ESG 信息披露中的环境（E）维度。

评价 ESG 指标中的环境维度时，本书结合国内已有评价环境绩效的相关文献以及能源行业的行业特点，引入环境信息披露水平（EDI）的评价指标来度量能源上市公司 ESG 信息披露中的环境（E）维度，定性分析能源上市公司环境信息披露质量。这主要是因为我国上市公司环境绩效的披露数据零散且不系统，一是没有类似于美国 Toxics Release Inventory 数据库（TRI 数据库）这种详细统计企业污染排放数据的数据库；二是对于具体的温室气体排放量、大气污染排放量等污染数据，由于没有要求强制披露，多数企业出于自身效益考虑选择不披露，达不到对具体污染数据计量分析的要求，因此选择定性分析构建指标。对于指标的度量方法采用"定量披露 2，定性描述 1，未披露 0"表示，部分采用"披露 1，未披露 0"、"是 1，否 0"度量。

2. 社会（S）维度

ESG 信息披露质量评价中，社会（S）维度主要考核能源上市公司履行社会维度各责任的水平，整体原则紧扣社会可持续发展理念，利益相关者理论。

企业的社会责任一般从利益相关者的角度界定内涵，因此能源上市公司的社会（S）维度的评价也从利益相关者的维度来设计指标。本书对能源上市公司社会（S）维度的评价尺度，从企业对员工、供应商与客户、政府与社会公众给予的利益保护和贡献方面入手，更加强调企业在生产过程中对人的价值的关注，促使企业将自身发展与社会可持续发展相结合。

（1）员工指标。

1）员工保障指标。评价企业的员工保障主要是从是否有员工安全和保护的制度及措施、人均薪酬方面测度。员工安全和保护的制度及措施衡量上市公司对员工的安全责任，人均薪酬衡量公司对员工的回报。其中，员工安全和保护的制度及措施评分规则是有员工安全和保护的制度及措施为 1，没有为 0；人均薪酬用应付职工薪酬本年增加/员工人数表示，单位为万元。

2）安全生产指标。能源企业的安全生产问题一直是关注的焦点，因此关注员工的安全生产内容是社会（S）维度不可或缺的部分。安全生产指标下细分的三级指标主要有是否披露安全生产内容，安全生产资金投入，是否披露较大及以上事故次数。其中，是否披露安全生产内容用来衡量能源上市公司是否对员工的生产安全信息进行透明化处理，避免忽略漏报、错报以及关注度不高的问题；安全生产资金投入用来量化企业对员工安全生产的重视度以及责任的承担情况；是否披露较大及以上事故次数这一指标度量方法的设计思路是，较大及以上事故次数是较为直观地衡量企业进行安全生产的重要指标，由于企业对负面消息有一定的逃避行为，在这里不采用次数衡量，而选择是否披露指标度量。

（2）供应商与客户指标。供应商与客户处于企业的上游和下游，是较为重要的利益相关者，但由于相关数据披露较少，鉴于数据可得性，立足企业本身，采用是否对供应商以及客户权益进行保护角度衡量企业对其利益保障责任。因此可得出两个细分指标，即：供应商权益指标，是否披露供应商权益保护；客户权益指标，是否披露客户及消费者权益保护。

（3）政府与社会公众指标。从政府与公众角度出发，企业应承担的社会维度的责任主要表现在税收、帮扶以及社会捐赠方面。①税收指标。采用人均税收衡量，即人均税收＝（税金及附加+所得税）/员工人数。②帮扶指标。是否实施帮扶投资项目，包括投资帮扶项目、帮扶资金投入、帮助困难户建档立卡、帮扶就业等方面的举措。③社会捐赠指标。采用社会捐赠额来衡量。

3. 公司治理（G）维度

ESG 信息披露质量评价中，公司治理（G）维度主要考核能源上市公司自身经营管理水平，整体原则紧扣企业高质量发展理念，信息传导理论。

（1）治理结构与治理行为指标。这里主要从 3 个二级指标出发，即董事会结构、发展战略及 ESG 相关信息披露。具体指标如下：①董事会结构指标。包括独立董事占比指标、大股东持股比例指标以及管理层女性占比指标。其中，独立董事占比指标选取原因是独立董事能够保持决策的客观性，从而成为可以避免因个人利益导致董事会不能有效运转的要素之一。大股东持股比例指标选取原因是它可以有效衡量股权的集中程度。管理层女性占比指标选取原因是体现了董事会的多样性。②发展战略指标。是否推进 ESG 相关战略的组织机构和具体制度。

重点关注企业战略是否推进 ESG 的组织机构和具体制度可以帮助企业把握发展机会，把控潜在风险。③ESG 相关信息披露指标。是否披露社会责任报告、ESG 信息披露报告指标选取原因是可以更好地考虑社会责任、可持续发展、ESG 等因素。

（2）治理结果指标。治理结果主要从每股收益、资本回报率以及利息保障倍数三个细分指标出发，其中，①每股收益 = 净利润本期值/实收资本本期期末值。②资本回报率（ROIC） = （税后利润 + 财务费用）/（净资产/有息负债）。③利息保障倍数 = 息税前利润/利息费用。高资本回报率和每股收益率往往表明公司有较好的发展潜力和前景，利息保障倍数是为企业提高杠杆获得资本回报率和每股收益率提供支付利息的保障水平，三者相辅相成共同反映企业的治理成果。

第二节　能源上市公司 ESG 信息披露现状的描述

分析能源上市公司 ESG 信息披露现状主要是对已建立的能源上市公司信息披露质量评价体系（见表 4-2）的 31 个细分指标进行数据收集并取均值来描述，按照一级指标划分为环境（E）信息披露现状、社会（S）信息披露现状以及公司治理（G）信息披露现状，按照二级指标进行具体的分类。

一、能源上市公司环境（E）信息披露现状的描述

1. 环境财务信息的披露现状

能源上市公司环境财务信息披露情况如表 4-3 所示，主要对环境财务信息披露的各二级指标取均值进行描述性统计分析（指标分级见表 4-2）。可知，2015~2021 年，能源上市公司环境财务信息披露水平总体呈上升态势，2018~2021 年基本保持稳定。排污费和环保税的均值由 2015 年的 0.985 上升至 2021 年的 1.066；降低污染收益由 2015 年的 0.044 上升至 2021 年的 0.155；环保投资支出或借款由 2015 年的 1.846 上升至 2021 年的 1.983；重大环境问题应急支出由

2015 年的 0.228 上升至 2021 年的 0.934；废料利用收入由 2015 年的 0.162 上升至 2021 年的 0.360；环保拨款补助减免奖励收入由 2015 年的 1.610 上升至 2021 年的 1.779。能源上市公司 2018 年开始得到改善，逐渐趋于标准化，各能源上市公司对环境的关注度逐年提高。这与近些年践行的"绿水青山就是金山银山"的生态发展理念高度吻合，可见能源行业对国家"双碳"发展目标做出了积极的响应。

表 4-3 能源上市公司环境财务信息披露情况

年份	排污费、环保税	降低污染收益	环保投资支出或借款	重大环境问题应急支出	废料利用收入	环保拨款补助减免奖励收入
2015	0.985	0.044	1.846	0.228	0.162	1.610
2016	1.000	0.059	1.860	0.309	0.191	1.743
2017	0.941	0.059	1.978	0.699	0.221	1.765
2018	1.272	0.140	1.963	0.916	0.346	1.779
2019	1.051	0.143	1.987	0.867	0.346	1.779
2020	1.051	0.147	1.976	0.904	0.346	1.779
2021	1.066	0.155	1.983	0.934	0.360	1.779

注："重大环境问题应急支出"指标度量方法为披露 1，未披露 0，其他指标度量方法为定量披露 2，定性描述 1，未披露 0。

2. 环境非财务信息的披露现状

能源上市公司环境非财务信息披露情况如表 4-4 所示，主要对环境非财务信息披露的各二级指标取均值进行描述性统计分析（指标分级见表 4-2）。可知，2015~2021 年，能源上市公司环境非财务信息披露水平总体呈上升态势，2018~2021 年基本保持稳定。环境信息披露制度的均值由 2015 年的 0.029 上升至 2021 年的 0.197；环境管理目标由 2015 年的 0.897 上升至 2021 年的 1.937；环保措施与改善情况由 2015 年的 1.397 上升至 2021 年的 1.700；是否执行所通过的认证由 2015 年的 0.478 上升至 2021 年的 0.684；节约能源的措施及成果由 2015 年的 0.801 上升至 2021 年的 1.156；污染物种类及数量排放达标情况由 2015 年的 0.485 上升至 2021 年的 0.882；独立的环境报告情况由 2015 年的 0.662 上升至 2021 年的 0.676。能源上市公司近年来环境非财务信息逐渐改善，对环境非财务信息方面的关注度逐渐提高。

表 4-4　能源上市公司环境非财务信息披露情况

年份	环境信息披露制度	环境管理目标	环保措施与改善情况	是否执行所通过的认证	节约能源的措施及成果	污染物种类及数量排放达标情况	独立的环境报告
2015	0.029	0.897	1.397	0.478	0.801	0.485	0.662
2016	0.029	0.949	1.507	0.559	0.801	0.706	0.684
2017	0.096	0.978	1.632	0.522	1.022	0.838	0.647
2018	0.118	1.059	1.654	0.632	0.801	0.926	0.676
2019	0.184	1.079	1.666	0.654	0.801	0.882	0.669
2020	0.186	1.905	1.678	0.669	1.135	0.941	0.676
2021	0.197	1.937	1.700	0.684	1.156	0.882	0.676

注："环境信息披露制度""环境管理目标""独立的环境报告"指标度量方法为披露1，未披露0；"是否执行所通过的认证"指标度量方法为是1，否0；其他指标度量方法为定量披露2，定性描述1，未披露0。

综上所述，能源上市公司在环境（E）信息的披露从 2018 年开始得到改善，逐渐趋于标准化，各能源上市公司对环境财务信息和非财务信息方面的关注度逐年提高。

二、能源上市公司社会（S）信息披露现状的描述

1. 员工指标信息的披露现状

（1）员工保障指标的披露现状。能源上市公司员工利益保障责任的承担水平如表 4-5 所示，主要对员工保障的各三级指标取均值进行描述性统计分析（指标分级见表 4-2）。不难发现，企业承担的员工保障责任水平从 2015～2021年不断提高，员工安全和保护的制度和措施方面，平均值从 2015 年的 0.6912 上升至 2021 年 0.8456，说明整体而言，近 7 年能源上市公司在积极主动地披露员工安全和保护的制度和措施，此态势在稳步上升；人均薪酬方面，虽在 2016 年有所波动，总体上能源上市公司的人均薪酬的分年度平均值从 2015 年的 1.9250逐年上升至 2021 年的 3.9987，说明在员工薪酬方面有良好的保障，从这两个细分指标发现，能源上市公司在承担员工保障责任方面已逐渐改善。

表 4-5　能源上市公司对员工利益保障责任的承担水平

年份	员工安全和保护的制度和措施	人均薪酬（万元）
2015	0.691	1.925
2016	0.691	2.316
2017	0.779	2.677
2018	0.765	3.043
2019	0.757	3.398
2020	0.831	3.860
2021	0.846	3.999
全样本	0.766	3.031

注："员工安全和保护的制度和措施"指标度量方法为是 1，否 0。

（2）安全生产指标的披露现状。能源上市公司安全生产水平情况如表 4-6 所示，主要对安全生产的各三级指标取均值进行描述性统计分析（指标分级见表 4-2）。可以看出，企业的安全生产资金投入除 2017 年较低外，其余各年无较大差异，是否披露安全生产内容方面和较大及以上事故次数披露情况上分布较为平均，说明总体上，能源上市公司对安全生产方面都较为重视。

表 4-6　2015~2021 年能源上市公司安全生产水平情况

年份	是否披露安全生产内容	安全生产资金投入（亿元）	较大及以上事故次数
2015	0.699	0.852	0.257
2016	0.706	0.864	0.265
2017	0.625	0.555	0.294
2018	0.691	0.839	0.272
2019	0.610	0.742	0.316
2020	0.757	1.033	0.324
2021	0.772	1.034	0.302
总计	0.694	0.845	0.290

注："是否披露安全生产内容""较大及以上事故次数"指标度量方法为披露 1，未披露 0。

2. 供应商与客户指标信息的披露现状

能源上市公司对供应商与客户利益保障责任的承担水平如图 4-1 所示，主要对供应商与客户的各三级指标取均值进行描述性统计分析（指标分级见表 4-2）。

不难发现，2015~2021 年对供应商与客户的权益保护均值处于曲折提升的趋势，总体上能源上市公司在近 7 年对供应商以及客户的权益保护重视程度轻重不一，亟须加强对这方面的重视，积极承担对供应商与客户的利益保障责任。

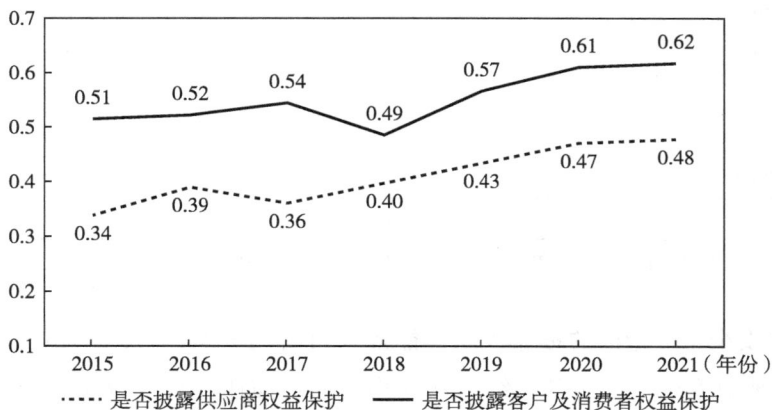

图 4-1　2015~2021 年能源上市公司对供应商与客户利益保障责任的承担水平

注："是否披露供应商权益保护""是否披露客户及消费者权益保护"指标度量方法为披露 1，未披露 0。

3. 政府与公众指标信息的披露现状

能源上市公司对政府与公众利益保障责任的承担水平如表 4-7 所示，主要对政府与公众的各三级指标取均值进行描述性统计分析（指标分级见表 4-2）。可以看出，在是否实施帮扶投资项目上，虽然 2015 年国家开始提出精准扶贫重大战略目标，但由于政策提出到实施存在滞后性，2016 年能源上市公司积极地进行帮扶工作。在人均税收上，总体人均税收 116023.25 元，2018~2021 年与 2015~2017 年相比，人均税收平均值增加，说明企业积极承担纳税责任。在社会捐赠额上，2019 年社会捐赠额达到巅峰，这是因为个别公司在 2019 年社会捐赠额过亿元，其余各年有所投入但总体较为平均。

表 4-7　2015~2021 年能源上市公司对政府和公众社会利益保障责任的承担水平

年份	是否实施帮扶投资项目	人均税收（元）	社会捐赠额（万元）
2015	0	84559.551	343.437
2016	0.309	90923.116	8413.740

续表

年份	是否实施帮扶投资项目	人均税收（元）	社会捐赠额（万元）
2017	0.368	96152.003	185.714
2018	0.382	138262.670	9261.144
2019	0.404	134364.200	159519.368
2020	0.449	132308.806	232.058
2021	0.419	135592.401	215.901
总计	0.333	116023.250	178171.362

注："是否实施帮扶投资项目"指标度量方法为是 1，否 0。

综上所述，能源上市公司近年逐渐开始积极承担企业社会（S）维度的责任，但有一些细节和应被关注的信息未必给予足够的重视，能源上市公司应加强对企业社会（S）维度细分领域的关注度，进而提高社会（S）信息披露质量。

三、能源上市公司公司治理（G）信息披露现状的描述

1. 治理结构与治理行为指标信息的披露现状

（1）董事会结构指标的披露现状。能源上市公司分行业董事会结构平均值如图 4-2 所示，主要对董事会结构的各三级指标取均值进行描述性统计分析（指

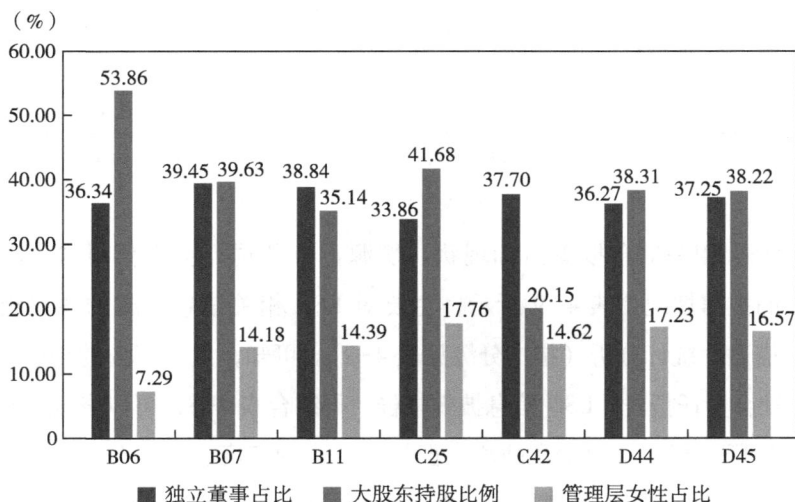

图 4-2　2015～2021 年能源上市公司分行业董事会结构平均值

标分级见表 4-2)。可以明显看出,独立董事占比、大股东持股比例以及管理层女性占比,各行业基本在同一水平线上下波动。独立董事占比接近 40%;煤炭开采和洗选业大股东持股比例较高,而管理层女性占比很少,其余行业都较为平均,说明煤炭开采和洗选业董事会结构较不均衡,多样化程度不高。

(2) 发展战略指标的披露现状。能源上市公司 ESG 相关战略的推进情况如表 4-8 所示,主要对发展战略的各三级指标取均值进行描述性统计分析(指标分级见表 4-2)。不难看出,总体上 2015~2021 年,平均值仅为 0.183 并且标准差在 0.387,说明绝大多数能源上市公司没有采用 ESG 相关战略,甚至可以说对 ESG 信息披露知之甚少,亟须向各能源上市公司灌输 ESG 信息披露理念,促使它们积极地进行 ESG 信息披露。

表 4-8　2015~2021 年能源上市公司 ESG 相关战略的推进情况

年份	平均值	标准差
2015	0.162	0.370
2016	0.169	0.376
2017	0.199	0.400
2018	0.184	0.389
2019	0.169	0.376
2020	0.191	0.395
2021	0.206	0.406
总计	0.183	0.387

注:ESG 相关战略的推进情况的指标为"是否推进 ESG 相关战略",度量方法为是 1,否 0。

(3) ESG 相关信息披露指标现状。能源上市公司社会责任报告、ESG 信息披露报告的披露情况如表 4-9 所示,主要对 ESG 相关信息披露的各三级指标取均值进行描述性统计分析(指标分级见表 4-2)。可知,大约 40% 的企业都积极披露了企业社会责任报告、ESG 信息披露报告,再结合表 4-8,可以发现仅有少数企业积极推进 ESG 相关公司治理战略,但战略推进的广度、深度有限,且对于 ESG 信息披露报告也不局限于环境报告,更多地开始关注于企业社会责任报告,说明虽然 ESG 信息披露理念在能源上市公司并未全面遍及,但普及的难度不大。

表 4-9　2015~2021 年能源上市公司社会责任报告、ESG 信息披露报告的披露情况

年份	平均值	标准差
2015	0.426	0.496
2016	0.434	0.497
2017	0.382	0.488
2018	0.434	0.497
2019	0.412	0.494
2020	0.426	0.496
2021	0.434	0.497
总计	0.421	0.494

注：社会责任报告、ESG 信息披露报告的披露情况的指标为"是否披露社会责任报告或 ESG 信息披露报告"，度量方法为披露 1，未披露 0。

2. 治理结果指标信息披露现状

能源上市公司治理结果的水平如表 4-10 所示，主要对治理结果的各三级指标取均值进行描述性统计分析（指标分级见表 4-2）。不难看出，2015~2021 年，资本回报率基本在 0.04 水平上波动，较为稳定；每股收益由 2015 年的 0.090 上升至 2021 年的 0.385，基本呈现上升态势；利息保障倍数除 2020 年有极端值 18.451 外，基本上在 2015~2021 年处于稳步上升状态。

表 4-10　2015~2021 年能源上市公司治理结果的水平

年份	每股收益	资本回报率（ROIC）	利息保障倍数
2015	0.090	0.024	5.701
2016	0.260	0.036	7.151
2017	0.307	0.052	7.146
2018	0.363	0.047	8.216
2019	0.365	0.053	8.673
2020	0.333	0.038	18.451
2021	0.385	0.028	12.353
总计	0.300	0.040	9.670

注：具体度量方法详见表 4-2。

综上所述，能源上市企业公司治理信息披露现状较为不理想，但仍充满上升的空间。首先，虽然能源上市公司 ESG 理念尚未普及，但对相关的社会责任报告内容有了较为普遍的认识，这有利于进一步加强引导 ESG 信息披露理念融入能源上市公司的经营管理中。其次，企业近些年对 ESG 的关注已较 2015 年有很大提高，随着政府管制与约束的不断加强，多数能源上市公司开始积极主动地披露 ESG 相关信息。

第三节　能源上市公司 ESG 信息披露质量评价结果

本节采用熵权系数法，对已建立的能源上市公司 ESG 信息披露质量评价体系（见表 4-2）进行 ESG 信息披露质量测算。首先对环境（E）、社会（S）以及公司治理（G）三个分指标的信息披露质量进行计算，其次对总体的 ESG 信息披露质量进行计算。由于数据较为庞大，本节对分指标信息披露质量结果、ESG 信息披露质量综合得分进行描述性统计分析。

一、分指标信息披露质量评价结果

1. 环境（E）信息披露质量

（1）分年度描述性统计。

从表 4-11 中不难看出，全样本环境（E）信息披露质量的均值为 0.2253、中位数为 0.1981，对比两个数值可以明显发现超过一半的能源上市公司环境（E）信息披露质量低于平均水平。标准差为 0.1591，表明样本公司在环境（E）信息披露质量方面存在较大差异，总体而言，环境（E）信息披露质量仍有待进一步提高。而从分年度统计结果看，2015～2021 年，我国能源上市公司的环境（E）信息披露质量稳步上升，均值从 2015 年的 0.1609 上升至 2021 年的 0.2641；同时不难看出，样本公司各年度的最小值从 2015 年的 0 变为 2021 年的 0.0027，最大值也从 2015 年的 0.6656 增加到 2021 年的 1，样本公司间的差异不断增大。因此，大部分能源上市公司环境（E）信息披露质量不高。

表 4-11　2015~2021 年环境（E）信息披露质量结果（分年度）

年份	样本量	均值	标准差	最小值	中位数	最大值
2015	136	0.1609	0.1399	0.0000	0.1089	0.6656
2016	136	0.1772	0.1305	0.0017	0.1521	0.6364
2017	136	0.2073	0.1267	0.0018	0.1975	0.6004
2018	136	0.2432	0.1739	0.0026	0.2248	1.0000
2019	136	0.2614	0.1684	0.0026	0.2333	1.0000
2020	136	0.2630	0.1667	0.0027	0.2272	1.0000
2021	136	0.2641	0.1670	0.0027	0.2394	1.0000
全样本	952	0.2253	0.1591	0.0000	0.1981	1.0000

（2）分行业描述性统计。全部样本公司环境（E）信息披露质量评价得分的均值为 0.2253、中位数为 0.1981，煤炭开采和洗选业（B06）、石油和天然气开采业（B07）、废弃资源综合利用业（C42）以及电力、热力生产和供应业（D44）的 ESG 信息披露质量均值均高于平均水平，其中，煤炭开采和洗选业（B06）和废弃资源综合利用业（C42）的环境（E）信息披露质量最高，分别达到 0.2673 和 0.2556，超过平均值 18.64% 和 13.45%。石油、煤炭及其他燃料加工业（C25）、开采辅助活动业（B11）、燃气生产和供应业（D45）的环境（E）信息披露质量低于总体平均水平，开采辅助活动业（B11）低于平均水平 53.48%，环境（E）信息披露质量不高，仍有待提升。如表 4-12 所示。

表 4-12　2015~2021 年环境（E）信息披露质量结果（分行业）

行业	样本量	均值	标准差	最小值	中位数	最大值
煤炭开采和洗选业（B06）	161	0.2673	0.1583	0.0077	0.2622	0.6656
石油和天然气开采业（B07）	49	0.2255	0.1488	0.0204	0.1766	0.5589
开采辅助活动业（B11）	84	0.1048	0.0795	0.0000	0.0877	0.3082
石油、煤炭及其他燃料加工业（C25）	77	0.2157	0.1701	0.0154	0.1949	0.7488
废弃资源综合利用业（C42）	21	0.2556	0.0456	0.1836	0.2253	0.3358
电力、热力生产和供应业（D44）	462	0.2415	0.1714	0.0017	0.2211	1.0000
燃气生产和供应业（D45）	98	0.1844	0.0951	0.0329	0.1503	0.4560
全样本	952	0.2253	0.1591	0.0000	0.1981	1.0000

2. 社会（S）信息披露质量

（1）分年度描述性统计。全部样本公司社会（S）信息披露质量评价得分的均值为 0.1558、中位数为 0.1371、标准差为 0.1267，说明最大值与最小值之间存在的差异较大，超过一半的样本公司社会（S）信息披露质量低于平均水平，能源上市公司社会（S）信息披露质量差异较大。而从分年度统计结果看，均值从 2015 年的 0.1040 波动上升至 2021 年的 0.1560，而各年度的中位数均低于平均值。此外，样本公司各年度的最小值从 2015 年的 0.0004 变为 2021 年的 0.0011，最大值也从 2015 年的 0.4216 增加到 2021 年的 0.7374，具体如表 4-13 所示。

表 4-13　2015~2021 年社会（S）信息披露质量结果（分年度）

年份	样本量	均值	标准差	最小值	中位数	最大值
2015	136	0.1040	0.0938	0.0004	0.0845	0.4216
2016	136	0.1566	0.1311	0.0008	0.1306	0.5790
2017	136	0.1703	0.1358	0.0016	0.1535	0.5811
2018	136	0.1468	0.1167	0.0004	0.1221	0.5608
2019	136	0.1566	0.1244	0.0009	0.1299	0.6399
2020	136	0.2004	0.1419	0.0016	0.1776	0.6617
2021	136	0.1560	0.1199	0.0011	0.1371	0.7374
全样本	952	0.1558	0.1267	0.0004	0.1371	0.7374

（2）分行业描述性统计。全部样本公司社会（S）信息披露质量评价得分的均值为 0.1558、中位数为 0.1371，煤炭开采和洗选业（B06）、石油和天然气开采业（B07）、废弃资源综合利用业（C42）以及电力、热力生产和供应业（D44）的 ESG 信息披露质量均值均高于平均水平，其中，煤炭开采和洗选业（B06）、石油和天然气开采业（B07）的社会（S）信息披露质量最高，分别达到 0.2057 以及 0.1786，分别超过平均值 32.03%、14.63%。石油、煤炭及其他燃料加工业（C25）、开采辅助活动业（B11）、燃气生产和供应业（D45）的社会（S）信息披露质量低于总体平均水平，开采辅助活动业（B11）低于平均水平 34.72%，燃气生产和供应业（D45）低于平均水平 24.01%，社会（S）信息

披露质量不高。具体如表 4-14 所示。

表 4-14　2015~2021 年社会（S）信息披露质量结果（分行业）

行业	样本量	均值	标准差	最小值	中位数	最大值
煤炭开采和洗选业（B06）	161	0.2057	0.1551	0.0008	0.1894	0.6617
石油和天然气开采业（B07）	49	0.1786	0.1411	0.0016	0.1748	0.575
开采辅助活动业（B11）	84	0.1017	0.0900	0.0008	0.0833	0.3196
石油、煤炭及其他燃料加工业（C25）	77	0.1120	0.1162	0.0006	0.0469	0.3846
废弃资源综合利用业（C42）	21	0.1714	0.1388	0.0011	0.1737	0.3775
电力、热力生产和供应业（D44）	462	0.1604	0.1191	0.0004	0.1363	0.7374
燃气生产和供应业（D45）	98	0.1184	0.094	0.0004	0.1101	0.3757
全样本	952	0.1558	0.1267	0.0004	0.1371	0.7374

3. 公司治理（G）信息披露质量

（1）分年度描述性统计。对比全样本公司治理（G）信息披露质量的均值为 0.2601、中位数为 0.1115，对比两个数值可以看出超过一半的样本公司治理（G）信息披露质量低于平均水平。同时，标准差为 0.2604，表明公司治理（G）信息披露质量方面的差异极大。而从分年度统计结果看，2015~2021 年，我国能源上市公司的公司治理（G）信息披露质量均值基本维持在 0.25~0.30。各年度的中位数除 2021 年差异较小外，均远低于平均值，表明极少数能源上市企业公司治理（G）信息披露质量高于平均水平；各年度最小值从 2015 年的 0.0307 变为 2021 年的 0.0265，最大值从 2015 年的 0.8698 下降到 2021 年的 0.7654，标准差从 2015 年的 0.2711 下降至 2021 年的 0.2194，说明虽然样本公司之间披露质量的差异相对较大，但标准差在减小，样本公司之间的差异正在不断缩小。具体如表 4-15 所示。

表 4-15　2015~2021 年公司治理（G）信息披露质量结果（分年度）

年份	样本量	均值	标准差	最小值	中位数	最大值
2015	136	0.2550	0.2711	0.0307	0.1017	0.8698
2016	136	0.2660	0.2933	0.0254	0.0841	0.9114
2017	136	0.2812	0.2872	0.0300	0.0982	0.8931

年份	样本量	均值	标准差	最小值	中位数	最大值
2018	136	0.2742	0.2706	0.0402	0.1221	0.8956
2019	136	0.2443	0.2442	0.0290	0.0996	0.8189
2020	136	0.2481	0.2316	0.0353	0.1223	0.8526
2021	136	0.2521	0.2194	0.0265	0.2276	0.7654
全样本	952	0.2601	0.2604	0.0254	0.1115	0.9114

（2）分行业描述性统计。全样本公司治理（G）信息披露质量均值为0.2601、中位数为0.1115，煤炭开采和洗选业（B06）、石油和天然气开采业（B07）的公司治理（G）信息披露质量均值高于平均水平，分别达到0.3342以及0.4009，超过平均值28.49%以及54.13%。石油、煤炭及其他燃料加工业（C25）、开采辅助活动业（B11）、燃气生产和供应业（D45）、电力、热力生产和供应业（D44）以及废弃资源综合利用业（C42）的公司治理（G）信息披露质量低于总体平均水平，废弃资源综合利用业（C42）低于平均水平42.52%，开采辅助活动业（B11）低于平均水平41.56%。如表4-16所示。

表4-16　2015~2021年公司治理（G）信息披露质量结果（分行业）

行业	样本量	均值	标准差	最小值	中位数	最大值
煤炭开采和洗选业（B06）	161	0.3342	0.3137	0.0254	0.2766	0.8956
石油和天然气开采业（B07）	49	0.4009	0.2689	0.0468	0.3227	0.9025
开采辅助活动业（B11）	84	0.1520	0.1756	0.0283	0.0733	0.8607
石油、煤炭及其他燃料加工业（C25）	77	0.2387	0.2760	0.0368	0.0814	0.8920
废弃资源综合利用业（C42）	21	0.1495	0.1055	0.0599	0.0840	0.3182
电力、热力生产和供应业（D44）	462	0.2594	0.2447	0.0290	0.1610	0.9042
燃气生产和供应业（D45）	98	0.2047	0.2423	0.0427	0.0770	0.9114
全样本	952	0.2601	0.2604	0.0254	0.1115	0.9114

二、ESG 信息披露质量综合得分

1. 熵权权重计算

熵权系数的大小反映了指标间的差异程度，熵权系数越大，说明该评价指标在 136 个样本公司之间的差异性越大，权重也相应不同。表 4-17 是依据能源上市公司 ESG 信息披露质量评价指标体系（见表 4-2）利用熵权系数法计算得到的熵权权重、熵值以及差异系数。可以看出，对于社会捐赠额（S10）、安全生产资金投入（S4）、降低污染收益（E4）和利息保障倍数（G8）赋予的权重较高，这是因为根据熵值和差异系数看，S10、S4、E4、G8 这几个指标包含的信息熵较大，差异较大，换句话说，能源上市公司对社会捐赠额（S10）、安全生产资金投入（S4）、降低污染收益（E4）和利息保障倍数（G8）的投入存在较大差异，因此对这几个指标进行积极投入的企业给予较高的权重。

表 4-17　熵权权重、熵值以及差异系数

代码	权重	熵值	差异系数
E1	0.0219	0.8874	0.1126
E2	0.0035	0.9819	0.0181
E3	0.0013	0.9933	0.0067
E4	0.081	0.5838	0.4162
E5	0.0522	0.7318	0.2682
E6	0.0037	0.9812	0.0188
E7	0.0588	0.6979	0.3021
E8	0.0017	0.9913	0.0087
E9	0.0147	0.9244	0.0756
E10	0.0251	0.8711	0.1289
E11	0.0231	0.8811	0.1189
E12	0.0265	0.8639	0.1361
E13	0.0272	0.8604	0.1396
S1	0.0061	0.9685	0.0315
S2	0.0074	0.9618	0.0382
S3	0.0093	0.9521	0.0479
S4	0.0944	0.5149	0.4851
S5	0.0404	0.7925	0.2075
S6	0.0259	0.8669	0.1331

代码	权重	熵值	差异系数
S7	0.0169	0.913	0.087
S8	0.0308	0.8416	0.1584
S9	0.029	0.851	0.149
S10	0.1896	0.0259	0.9741
G1	0.0067	0.9653	0.0347
G2	0.0036	0.9816	0.0184
G3	0.0085	0.9565	0.0435
G4	0.0561	0.7116	0.2884
G5	0.0293	0.8495	0.1505
G6	0.0184	0.9052	0.0948
G7	0.0128	0.934	0.066
G8	0.074	0.6196	0.3804

注：代码具体含义详见表 4-2。

2. 熵权结果描述性统计分析

熵权结果是依据能源上市公司 ESG 信息披露质量评价体系（见表 4-2），利用熵权系数法对 31 个指标的权重（见表 4-17）计算得到的综合得分，由于数据较为庞大，所以仅在此进行描述性统计分析。

（1）分年度描述性统计。ESG 信息披露质量综合得分结果的分年度统计如表 4-18 所示，对 2015~2021 年的综合得分分别进行均值、标准差、最小值、中位数和最大值的数据分析。全样本 ESG 信息披露质量的均值为 0.1998、中位数为 0.1801，对比两个数值可以明显发现，超过一半的样本 ESG 信息披露质量低于平均水平；而标准差为 0.1182，表明样本公司在 ESG 信息披露质量方面存在较大差异。而从 ESG 信息披露质量综合得分的分年度统计结果看，均值从 2015 年的 0.1479 上升至 2021 年的 0.2381，说明我国能源上市公司的 ESG 信息披露质量总体而言有所上升；同时看出，样本公司各年度的最小值从 2016 年的 0.0100 变为 2021 年的 0.0169，最大值从 2015 年的 0.5354 增加到 2021 年的 0.6606，但标准差在不断缩小，说明样本公司间的差异在缩小。因此，可以发现，从能源上市公司 ESG 信息披露质量总体上来说，虽低于行业平均水平但已出现逐渐缩小差距的现象。

表 4-18 2015~2021 年 ESG 信息披露质量综合得分结果（分年度）

年份	样本量	均值	标准差	最小值	中位数	最大值
2015	136	0.1479	0.1041	0.0125	0.1179	0.5354
2016	136	0.1820	0.1147	0.0100	0.1580	0.5692
2017	136	0.2031	0.1190	0.0184	0.1749	0.5823
2018	136	0.2018	0.1167	0.0283	0.1801	0.6135
2019	136	0.2105	0.1155	0.0126	0.1997	0.5738
2020	136	0.2150	0.1149	0.0146	0.2013	0.5856
2021	136	0.2381	0.1134	0.0169	0.2262	0.6606
全样本	952	0.1998	0.1182	0.0100	0.1801	0.6606

出现这种年度间 ESG 信息披露质量波动变化的情况，可能是由于自 2017 年开始，我国全面实施战略性新兴产业发展规划，强调要全面助推清洁能源的发展，优化能源结构。2018 年，我国煤炭消费比重下降 8.1 个百分点，清洁能源消费比重提高 6.3 个百分点。这在一定程度上影响了能源企业对 ESG 信息的披露，开始有意减少对本企业不利的信息披露，如企业排放物及排放量、职工"五险一金"保障比例等。

（2）分行业描述性统计。ESG 信息披露质量综合得分结果的分行业统计如表 4-19 所示，对 2015~2021 年各行业的综合得分进行均值、标准差、最小值、中位数和最大值的数据分析。全部样本公司 ESG 信息披露质量的均值为 0.1998、中位数为 0.1801，煤炭开采和洗选业（B06）、石油和天然气开采业（B07）、废弃资源综合利用业（C42）以及电力、热力生产和供应业（D44）的 ESG 信息披露质量均值均高于平均水平，其中，煤炭开采和洗选业（B06）、石油和天然气开采业（B07）的 ESG 信息披露质量最高，分别达到 0.2490 以及 0.2315，超过平均值 24.62% 以及 15.88%。石油、煤炭及其他燃料加工业（C25）、开采辅助活动业（B11）、燃气生产和供应业（D45）的 ESG 信息披露质量低于总体平均水平，开采辅助活动业（B11）低于平均水平 44.08%，燃气生产和供应业低

（D45）于平均水平 20.18%，ESG 信息披露质量不高，仍有待提升。

表 4-19 2015~2021 年 ESG 信息披露质量综合得分结果（分行业）

行业	样本量	均值	标准差	最小值	中位数	最大值
煤炭开采和洗选业（B06）	161	0.2490	0.1542	0.0100	0.1179	0.6018
石油和天然气开采业（B07）	49	0.2315	0.1076	0.0425	0.1580	0.5163
开采辅助活动业（B11）	84	0.1117	0.0772	0.0172	0.1749	0.3464
石油、煤炭及其他燃料加工业（C25）	77	0.1738	0.1132	0.0146	0.1801	0.3430
废弃资源综合利用业（C42）	21	0.2103	0.0717	0.1021	0.1997	0.3236
电力、热力生产和供应业（D44）	462	0.2077	0.1098	0.0168	0.2262	0.6606
燃气生产和供应业（D45）	98	0.1595	0.0699	0.0298	0.2013	0.3153
全样本	952	0.1998	0.1182	0.0100	0.1801	0.6606

三、能源上市公司 ESG 信息披露质量评价结果汇总

1. 分年度结果汇总

从表 4-20 中可以看出，对 ESG 信息披露质量贡献最大的分指标是公司治理（G）的信息披露质量，其次是环境（E）维度、社会（S）维度。从 2019 年开始，环境（E）维度的贡献变为最大，这可能是因为自 2018 年开始我国加大了对传统能源行业的环境责任的关注力度，开始要求传统能源行业积极披露环境方面的信息，积极承担环境责任。同时，由于政策的滞后性，从 2019 年开始，能源上市公司环境（E）信息披露质量逐步提高。

表 4-20 2015~2021 年 ESG 信息披露质量结果汇总（分年度）

年份\指标	环境（E）维度		社会（S）维度		公司治理（G）维度		ESG 信息披露质量	
	均值	中位数	均值	中位数	均值	中位数	均值	中位数
2015	0.1609	0.1089	0.1040	0.0845	0.2550	0.1017	0.1479	0.1179
2016	0.1772	0.1521	0.1566	0.1306	0.2660	0.0841	0.1820	0.1580
2017	0.2073	0.1975	0.1703	0.1535	0.2812	0.0982	0.2031	0.1749
2018	0.2432	0.2248	0.1468	0.1221	0.2742	0.1221	0.2018	0.1801
2019	0.2614	0.2333	0.1566	0.1299	0.2443	0.0996	0.2105	0.1997

指标　　年份	环境（E）维度		社会（S）维度		公司治理（G）维度		ESG 信息披露质量	
	均值	中位数	均值	中位数	均值	中位数	均值	中位数
2020	0.2630	0.2272	0.2004	0.1776	0.2481	0.1223	0.2150	0.2013
2021	0.2641	0.2394	0.1560	0.1371	0.2521	0.2276	0.2381	0.2262
全样本	0.2253	0.1981	0.1558	0.1371	0.2601	0.1115	0.1998	0.1801

2. 分行业结果汇总

从表 4-21 可以看出，从行业上看，煤炭开采和洗选业（B06）的三个维度对于 ESG 信息披露质量的贡献最大，而且 ESG 信息披露质量也最高，说明煤炭开采和洗选业无论在分指标还是总体 ESG 信息披露质量上，其行业贡献较高。开采辅助活动业的行业贡献较低。

表 4-21　2015~2021 年 ESG 信息披露质量结果汇总（分行业）

维度　　行业	环境（E）维度		社会（S）维度		公司治理（G）维度		ESG 信息披露质量	
	均值	中位数	均值	中位数	均值	中位数	均值	中位数
煤炭开采和洗选业（B06）	0.2673	0.2622	0.2057	0.1894	0.3342	0.2766	0.2490	0.1179
石油和天然气开采业（B07）	0.2255	0.1766	0.1786	0.1748	0.4009	0.3227	0.2315	0.1580
开采辅助活动业（B11）	0.1048	0.0877	0.1017	0.0833	0.1520	0.0733	0.1117	0.1749
石油、煤炭及其他燃料加工业（C25）	0.2157	0.1949	0.1120	0.0469	0.2387	0.0814	0.1738	0.1801
废弃资源综合利用业（C42）	0.2556	0.2253	0.1714	0.1737	0.1495	0.0840	0.2103	0.1997
电力、热力生产和供应业（D44）	0.2415	0.2211	0.1604	0.1363	0.2594	0.1610	0.2077	0.2262
燃气生产和供应业（D45）	0.1844	0.1503	0.1184	0.1101	0.2047	0.0770	0.1595	0.2013
全样本	0.2253	0.1981	0.1558	0.1371	0.2601	0.1115	0.1998	0.1801

第四节　本章小结

本章构建了能源上市公司 ESG 信息披露质量评价体系，根据 2015~2021 年 136 家能源上市公司的数据，从 ESG 信息披露质量体系的三个层面即环境（E）、社会（S）和公司治理（G）共 31 个三级指标出发，分析了 2015~2021 年 136 家能源上市公司 ESG 信息披露的现状。然后，利用熵权系数法得出分指标的信息披露质量结果、ESG 信息披露质量综合得分，从分年度、分行业的角度对能源上市公司 ESG 信息披露质量进行了描述性统计，得到结论：超过一半的能源上市公司其 ESG 信息披露质量低于平均水平且样本间差异较大。相较而言，煤炭开采和洗选业、石油和天然气开采业的 ESG 信息披露质量最高。大部分能源上市公司在环境（E）、社会（S）以及公司治理（G）三个分指标上信息披露质量不高，特别是公司治理（G）指标上差异较大。对 ESG 信息披露质量贡献最大的分指标是公司治理（G）信息披露质量，但从 2019 年开始环境（S）维度的贡献变为最大；煤炭开采和洗选业无论在分指标上还是总体 ESG 信息披露质量上，其行业贡献最高。

第五章　能源上市公司 ESG 信息披露质量对财务绩效影响的实证

通过前四章的分析明确了 ESG 信息披露质量的界定与评价，及 ESG 信息披露质量对财务绩效的影响机理，在此基础上还需找寻财务绩效的评价指标以及 ESG 信息披露质量通过哪些中介变量影响财务绩效的实证证据。为此本书拟将融资成本、技术创新和非效率投资作为中介变量，以此为着手点结合能源上市公司 ESG 信息披露质量评价情况，分析 ESG 信息披露质量对财务绩效的影响作用。本章首先构建财务绩效评价体系并测算了财务绩效综合得分，其次选取融资成本、技术创新和非效率投资指标作为中介变量，最后利用中介效应模型进行回归分析和稳健性检验。

第一节　研究设计

一、能源上市公司财务绩效评价体系构建

财务绩效的衡量大致可分为两类指标：一类是以 Tobin's Q 为代表的市场指标，另一类是可从财务报表中获得的会计指标。对于市场指标来说，它侧重于市场交易时衡量对于股东的投资回报、资本溢价，易受到市场投资环境的影响；会计指标主要从企业的财务报告中获得，能够较为直观且准确地用数据衡量某一企

业的生产经营情况，受到市场投资环境的影响较小，相较而言更有利于真实分析企业的经营绩效。因此，本书以会计指标利用熵权系数法构建能源上市公司财务绩效评价体系，以此来衡量企业财务绩效的总体水平。

企业的财务绩效主要体现在四个方面：①盈利能力。选用资产回报率（Return on Assets，ROA）、净资产收益率（Return on Equity，ROE）来衡量能源上市公司的盈利能力。②营运能力。选用总资产周转率（Total Assets Turnover，TAT）、流动资产周转率（Current Assets Turnover，CAT）来衡量能源上市公司的营运能力。③偿债能力。选用资产负债率（Debt to Asset Ratio，DAR）、现金比率（Cash Ratio，Cash）来衡量能源上市公司的偿债能力。④发展能力。选用净利润增长率（Net Profit Growth Rate，NPGR）来衡量能源上市公司的发展能力。

本研究从上述财务绩效的四个维度分类、七个细分指标建立财务绩效评价体系（见表5-1），利用熵权系数法将数据进行标准化处理并得到熵权差异系数、熵值以及权重（见表5-2）。计算得到熵权系数法下财务绩效评价的综合得分，由于数据较为庞大，因此将能源上市公司财务绩效综合得分进行分年度描述性统计分析，如表5-3所示。

表5-1　能源上市公司财务绩效评价指标体系

指标分类	指标名称	符号	指标类型
盈利能力	资产回报率	ROA	正向
	净资产收益率	ROE	正向
营运能力	总资产周转率	TAT	正向
	流动资产周转率	CAT	正向
偿债能力	资产负债率	DAR	负向
	现金比率	Cash	正向
发展能力	净利润增长率	NPGR	正向

表5-2　熵权权重及系数

指标	权重	熵值	差异系数
ROA	0.0108	0.9979	0.0021
ROE	0.0016	0.9997	0.0003

指标	权重	熵值	差异系数
TAT	0.2436	0.9525	0.0475
CAT	0.1758	0.9657	0.0343
DAR	0.0055	0.9989	0.0011
Cash	0.5616	0.8905	0.1095
NPGR	0.0010	0.9998	0.0002

表 5-3　财务绩效综合得分描述性统计分析（分年度）

年份	均值	标准差	最小值	中位数	最大值
2015	0.0290	0.0752	0.0021	0.0142	0.7382
2016	0.0307	0.0771	0.0031	0.0140	0.7382
2017	0.0320	0.0781	0.0032	0.0157	0.7437
2018	0.0334	0.0794	0.0036	0.0162	0.7546
2019	0.0352	0.0876	0.0024	0.0167	0.8444
2020	0.0348	0.0820	0.0038	0.0160	0.7678
2021	0.0376	0.0856	0.0049	0.0180	0.7772
全样本	0.0332	0.0809	0.0021	0.0156	0.8444

可以看出，能源上市公司财务绩效均值从 2015 年的 0.0290 上升至 2021 年的 0.0376，说明能源上市公司发展势头强劲。总体均值为 0.0332、中位数为 0.0156，表明能源上市公司拥有较大的投资需求和成长空间。

二、模型构建

依据第三章提出的假设 1~假设 7，可以知道融资成本、技术创新以及非效率投资在 ESG 信息披露质量对财务绩效影响中发挥中介作用，因此，本书参考温忠麟、叶宝娟（2022）的中介效应检验流程（见图 5-1），构建如下中介效应模型进一步验证融资成本、技术创新以及非效率投资的中介作用。

首先，构建如下模型检验 ESG 信息披露质量对财务绩效的影响：

$$FP_{i,t} = \alpha_0 + \alpha_1 ESG_{i,t} + \alpha_2 Size_{i,t} + \alpha_3 OC_{i,t} + \alpha_4 Gro_{i,t} + \sum Year_{i,t} + \sum Ind_{i,t} + \varepsilon_{i,t}$$

$$(5-1)$$

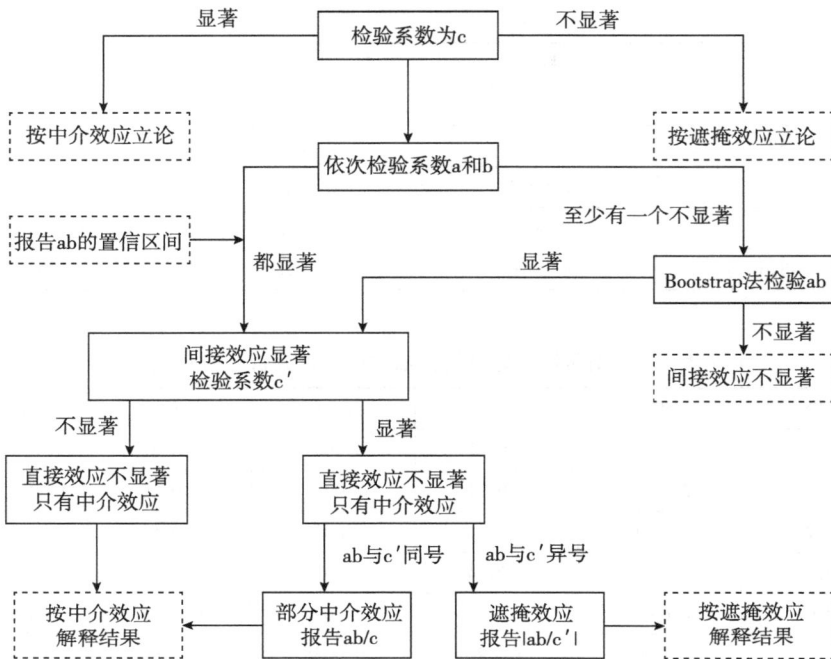

图 5-1　中介效应检验模型

式中，i 表示第 i 个企业，t 表示第 t 个年份，α 为模型的截距项，ε 为随机扰动项。FP 表示财务绩效，为自变量；ESG 表示 ESG 信息披露质量，为因变量；$Size$、OC、Gro、$Year$ 和 Ind 分别是企业规模、股权集中度、成长性、年份和行业，均为控制变量。

其次，构建如下模型检验 ESG 信息披露质量对抑制融资成本有积极作用：

$$FC_{i,t}=\beta_0+\beta_1 ESG_{i,t}+\beta_2 Size_{i,t}+\beta_3 OC_{i,t}+\beta_4 Gro_{i,t}+\sum Year_{i,t}+\sum Ind_{i,t}+\varepsilon_{i,t} \quad (5\text{-}2)$$

构建如下模型检验融资成本在 ESG 信息披露质量对财务绩效的影响中有中介效应：

$$FP_{i,t}=\delta_0+\delta_1 ESG_{i,t}+\delta_2 FC_{i,t}+\delta_3 Size_{i,t}+\delta_4 OC_{i,t}+\delta_5 Gro_{i,t}+\sum Year_{i,t}+\sum Ind_{i,t}+\varepsilon_{i,t}$$
$$(5\text{-}3)$$

构建如下模型检验 ESG 信息披露质量对提高企业技术创新有积极作用：

$$TI_{i,t}=\gamma_0+\gamma_1 ESG_{i,t}+\gamma_2 Size_{i,t}+\gamma_3 OC_{i,t}+\gamma_4 Gro_{i,t}+\sum Year_{i,t}+\sum Ind_{i,t}+\varepsilon_{i,t} \quad (5\text{-}4)$$

构建如下模型检验技术创新在ESG信息披露质量对财务绩效影响中有中介效应：

$$FP_{i,t} = \theta_0 + \theta_1 ESG_{i,t} + \theta_2 TI_{i,t} + \theta_3 Size_{i,t} + \theta_4 OC_{i,t} + \theta_5 Gro_{i,t} + \sum Year_{i,t} + \sum Ind_{i,t} + \varepsilon_{i,t}$$

$$(5-5)$$

构建如下模型检验ESG信息披露质量对抑制非效率投资有积极作用：

$$IN_{i,t} = \varphi_0 + \varphi_1 ESG_{i,t} + \varphi_2 Size_{i,t} + \varphi_3 OC_{i,t} + \varphi_4 Gro_{i,t} + \sum Year_{i,t} + \sum Ind_{i,t} + \varepsilon_{i,t}$$

$$(5-6)$$

构建如下模型检验非效率投资在ESG信息披露质量对财务绩效影响中有中介效应：

$$FP_{i,t} = \mu_0 + \mu_1 ESG_{i,t} + \mu_2 IN_{i,t} + \mu_3 Size_{i,t} + \mu_4 OC_{i,t} + \mu_5 Gro_{i,t} + \sum Year_{i,t} + \sum Ind_{i,t} + \varepsilon_{i,t}$$

$$(5-7)$$

三、变量选取

1. 被解释变量——财务绩效（Financial Performance，FP）

用第五章第一节测度的能源上市公司财务绩效综合得分的数据来表示，描述性统计结果如表5-3所示。

2. 解释变量——ESG信息披露质量（ESG Information Disclosure Quality，ESG）

用第四章测度的ESG信息披露质量综合得分的数据来表示，描述性统计结果如表4-18、表4-19所示。

3. 中介变量——融资成本（Financing Cost，FC）

企业要想维持日常生产经营活动中的资金运作，只靠自有资金远远达不到持续经营的要求，此时企业会选择筹集资金，而企业为此付出的代价便是企业的融资成本。显然，融资成本与企业经营财务绩效息息相关。更值得一提的是，随着可持续发展理论的强化、社会责任浪潮的兴起以及"双碳"目标的提出，银行和金融机构等投资方会倾向于选择ESG信息披露表现良好的企业，实现了融资成本与企业ESG信息披露表现的有机结合。因此，将融资成本作为ESG信息披露质量和财务绩效之间的中介变量具有一定的可靠性。本书借鉴薛天航等（2022）的方法，采用财务费用率衡量融资成本，即：

$$FC = \frac{财务费用}{营业收入} \times 100\% \qquad (5-8)$$

4. 中介变量——技术创新（Technological Innovation，TI）

技术创新指利用现有的科学技术知识资源，重新组合生产要素，创造新的生产技术或应用新技术对原有技术进行升级改造的创新。党的二十大强调科技与创新的重要性，将其应用于企业便是要积极进行技术创新。技术创新对于企业的生产经营财务绩效具有积极的提升作用，同时"双碳"目标以及 ESG 信息披露理念也为企业进行绿色技术创新注入动能。在此背景下，能源行业若想转型升级实现高质量发展，必须充分发挥技术创新的作用，实现 ESG 信息披露与技术创新的驱动效应。从这一角度出发，本书将技术创新作为中介变量引入，借鉴薛天航等（2022）的方法，采用单位为亿元的研发投入的对数衡量技术创新。

5. 中介变量——非效率投资（Inefficient Investment，IN）

投资效率反映了企业在投资时的投入与产出的比例关系，能够很好地衡量企业的发展质量和决策效果。当一个企业的投资效率水平较低时会产生非效率投资，给企业自身运营带来负面影响，同时损害相关利益者的利益。非效率投资分为投资不足和投资过度两类。投资过度主要原因是当企业处在资金储备充足的高速发展时期，可能会因过度自信不谨慎或者市场环境分析不深入，而导致发生投资时机判断失误或投资方式选择不佳的非效率投资。投资不足的产生主要原因是企业处于资金不足的紧张时期，或管理层投资决策过于保守而导致企业投资活动的价值无法达到最大化。无论哪种非效率投资都会损害企业经营财务绩效，且都或多或少地与企业存在较大的信息差有关，若企业积极提高 ESG 信息披露质量，便可有效减少这种信息差。因此本书选取非效率投资作为 ESG 信息披露质量和财务绩效之间的中介变量，借鉴孙瀛等（2022）的方法，选用 Richardson 模型衡量非效率投资。利用模型计算的残差绝对值结果（$|\varepsilon_{i,t}|$）表示非效率投资程度（IN），绝对值越大，非效率投资现象越严重。具体的计算方法如式（5-9）所示，变量含义如表 5-4 所示，回归结果如表 5-5 所示。

$$INV_{i,t} = \rho_0 + \rho_1 Growth_{i,t-1} + \rho_2 Lev_{i,t-1} + \rho_3 Cash_{i,t-1} + \rho_4 Size_{i,t-1} + \rho_5 Age_{i,t-1} + \rho_6 Return_{i,t-1} +$$
$$\rho_7 INV_{i,t-1} + \sum Year + \sum Ind + \varepsilon_{i,t} \qquad (5-9)$$

表 5-4　Richardson 模型中变量及含义

变量	含义
INV	企业在 t 期的投资支出
Growth	企业成长性水平：主营业务收入增长率
Lev	资产负债率
Cash	现金持有量：现金及现金等价物/总资产
Size	企业规模：总资产的自然对数
Age	企业上市年限：企业当年与上市年份差额加 1 的自然对数
Return	股票收益率：个股回报率
INV_{t-1}	企业在 t-1 期的投资支出
Year	年度虚拟变量
Ind	行业虚拟变量

表 5-5　非效率投资模型回归结果

变量	（1）INV
Growth_1	−0.011 **
	(−2.07)
Lev_1	−0.019 **
	(−2.00)
Cash_1	0.054 **
	(2.08)
Size_1	−0.001
	(−1.0)
Age_1	−0.005 **
	(−2.13)
Return_1	−0.000
	(−0.07)
INV_1	0.631 ***
	(19.20)
Constant	0.068 **
	(2.40)
Year	Yes
Ind	Yes

注：括号内为相应的 t 值；*、** 和 *** 分别表示在 10%、5% 和 1% 的水平上显著。

6. 控制变量

本书选择企业规模（Size）、股权集中度（OC）、成长性（Gro）作为模型的控制变量。具体变量定义如表5-6所示。

表5-6　中介效应模型中变量及解释

变量类型	变量名称	变量符号	变量解释
被解释变量	财务绩效	FP	熵权系数法下财务绩效综合得分
解释变量	ESG 信息披露质量	ESG	熵权系数法下 ESG 信息披露质量综合得分
中介变量	融资成本	FC	财务费用/营业收入（%）
	技术创新	TI	研发投入（亿元）的对数
	非效率投资	IN	Richardson 模型回归残差绝对值
控制变量	企业规模	Size	企业总资产（亿元）的对数
	股权集中度	OC	企业前 10 大股东持股比例总占比（%）
	成长性	Gro	营业收入增长率（%）
	年份	Year	年份的虚拟变量
	行业	Ind	行业的虚拟变量

企业规模（Size）通常用企业资产衡量。伴随企业规模扩张，规模优势更加彰显，更加有利于企业发展与财务绩效的提升；但这种正向影响并不是绝对的，也有可能因其体量庞大，不便于管理，从而抑制财务绩效。

股权集中度（OC）的衡量可用前十大股东股权占比表示。伴随股权集中度提升，可以更加方便企业的管理与决策，推动财务绩效提升；但当股权过于集中时，反而可能出现"一言堂"等现象，不利于企业的发展，抑制财务绩效。

企业成长性（Gro）用营收增长率表示，该指标可以充分体现企业的过往发展财务状况以及未来发展潜力，通常与财务绩效呈正向关系。

四、样本选择与数据来源

样本数据主要来源于能源上市公司的年报和社会责任报告。本书以国家能源局发布的能源领域行业标准化工作范围为依据、以国泰安行业分类为标准选取能源上市公司，通过国泰安数据库、Wind 数据库收集数据，部分数据通过新浪财经、公司网站、巨潮咨询等网站手工收集，以 2015~2021 年的数据作为样本数据。为保障样本有效性，本书依据以下标准对企业进行剔除：①剔除被 ST、*ST 的企业；②剔除数据异常的企业；③剔除数据不连续的企业。经过筛选后，确定 136 家公司 952 个样本。

第二节 实证结果分析

一、描述性分析

本书首先对相关变量进行描述性统计分析，结果如表 5-7 所示。通过对 2015~2021 年所有 A 股能源上市公司的数据进行统计，有效样本量为 952 个。从能源上市公司财务绩效来看，在样本期间财务绩效（FP）的平均值为 0.1458，标准差为 0.0954，最小值为 0.0289，最大值为 0.8164，表明样本企业具有较高产业投资回报率。从 ESG 信息披露质量上看，企业 ESG 信息披露质量（ESG）的均值为 0.1998，最小值为 0.0100，最大值为 0.6606，标准差为 0.1182，表明样本公司之间的 ESG 信息披露质量有较大差异。从中介变量上看，融资成本（FC）与非效率投资（IN）标准差分别为 0.0767 和 0.0463，而技术创新（TI）标准差为 1.9451，说明数据之间差异较大，后续将进行缩尾处理以保证数据的准确性，同样的情况也出现在控制变量企业规模（Size）上，也将进行缩尾处理。

表 5-7 能源上市公司、ESG 信息披露质量对财务绩效影响的变量描述性统计分析

变量	观测值	平均值	标准差	最小值	最大值
FP	952	0.1458	0.0954	0.0289	0.8164
ESG	952	0.1998	0.1182	0.0100	0.6606
FC	952	0.0582	0.0767	-0.5394	0.8506
TI	952	-0.6559	1.9451	-9.2736	5.4694
IN	952	0.0319	0.0463	0.0000	0.5696

续表

变量	观测值	平均值	标准差	最小值	最大值
Size	952	5.1240	1.6016	0.6628	10.2158
OC	952	0.6284	0.1718	0.0132	0.9859
Gro	952	0.0981	0.4104	−1.9636	10.0287

二、相关性分析

本节进行了变量间的 Pearson 相关性检验，检验各变量数据之间的有效性，结果如表 5-8 所示。可以看出，被解释变量（FP）与解释变量（ESG）的相关系数为 0.259，在 1% 的水平上显著为正，ESG 信息披露质量与财务绩效正相关，初步说明 ESG 信息披露质量越好，越有利于提高企业的财务绩效。融资成本（FC）、技术创新（TI）和非效率投资（IN）三个中介变量都分别与被解释变量财务绩效（FP）、解释变量（ESG）在 1% 的水平上显著，其中，融资成本（FC）和非效率投资（IN）对被解释变量财务绩效（FP）以及解释变量（ESG）呈负相关，技术创新（TI）对被解释变量（FP）以及解释变量（ESG）呈正相关，可以初步说明三个中介变量与被解释变量（FP）和解释变量（ESG）之间的相关关系。从相关系数看，各变量间共线性可能性较小，控制变量选择较为合理。

表 5-8　能源上市公司、ESG 信息披露质量对财务绩效影响的变量相关系数

变量	FP	ESG	FC	TI	IN	Size	OC	Gro
FP	1							
ESG	0.259***	1						
FC	−0.413***	−0.242***	1					
TI	0.314***	0.470***	−0.477***	1				
IN	−0.394***	−0.206***	0.562***	−0.384***	1			
Size	−0.050*	0.382***	−0.026	0.342***	−0.046	1		
OC	0.014*	0.258***	−0.129***	0.221***	−0.068**	0.622***	1	
Gro	−0.041	−0.024	−0.018	−0.049	0.086***	−0.033*	−0.006*	1

注：***、** 和 * 分别表示在 1%、5% 和 10% 的水平上显著。

三、总效应分析

为了验证假设 1 是否正确，本书首先将 ESG 信息披露质量对财务绩效进行回归，结果如表 5-9 所示，第（1）列是不加入控制变量的回归结果，结果显示 ESG 信息披露质量（ESG）系数为 0.1760，在 1% 的显著水平上对财务绩效（FP）有正向作用。第（2）列是加入了企业规模（Size）、股权集中度（OC）、成长性（Gro）等一系列控制变量后 ESG 信息披露质量对财务绩效的回归结果，ESG 信息披露质量（ESG）系数为 0.2127，在 1% 的水平上显著与财务绩效（FP）正相关。这表明无论是否加入控制变量，ESG 信息披露质量都会正向影响财务绩效，即 ESG 信息披露质量越好，财务绩效越高。这在一定程度上证明了假设 1，即 ESG 信息披露质量对企业财务绩效具有正向影响。从现实意义上看，企业 ESG 信息披露质量反映了企业对于环境效益、社会效益和公司治理绩效的贡献，总体上涵盖非经济效益的绝大部分，财务绩效则代表企业的经济效益，当企业 ESG 信息披露质量较高即对非财务信息披露程度较高时，会促进企业经济效益，这恰好说明了企业 ESG 信息披露质量为企业非经济效益与经济效益提供了可视化平衡点，企业可以通过 ESG 信息披露质量实现二者的统筹发展。

表 5-9　ESG 信息披露质量对财务绩效的回归结果

变量	（1）FP	（2）FP
ESG	0.1760***	0.2127***
	(7.51)	(8.76)
Size		-0.0131***
		(-5.73)
OC		0.0458**
		(2.35)
Gro		-0.0090
		(-1.42)
Constant	0.1171***	0.1511***
	(11.33)	(10.54)

变量	（1）FP	（2）FP
Year	控制	控制
Ind	控制	控制

注：括号内为相应 t 值；＊、＊＊和＊＊＊分别表示在 10%、5% 和 1% 的水平上显著。

控制变量方面，企业规模（Size）、成长性（Gro）抑制能源企业财务绩效，且企业规模（Size）通过了 1% 显著性检验，表明伴随样本企业规模扩张，可能由于体系冗余、管理滞后等原因，阻碍了财务绩效。股权集中度（OC）正向影响能源企业财务绩效，这表明能源企业股权集中度适度的增高，对财务绩效较有利。

四、中介效应分析

1. 融资成本的中介效应

为了验证假设 2、假设 3 是否成立，将 ESG 信息披露质量对融资成本回归，ESG 信息披露质量、融资成本对财务绩效回归，结果如表 5-10 所示。

表 5-10　融资成本的中介效应回归结果

变量	（1）FC	（2）FP
ESG	-0.1826＊＊＊	0.1443＊＊＊
	（-8.50）	（6.06）
FC		-0.3746＊＊＊
		（-10.74）
Size	0.0078＊＊＊	-0.0101＊＊＊
	（3.88）	（-4.67）
OC	-0.0725＊＊＊	0.0186
	（-4.20）	（1.00）
Gro	-0.0091	-0.0124＊＊
	（-1.63）	（-2.07）
Constant	0.0783＊＊＊	0.1804＊＊＊
	（6.17）	（13.07）

变量	（1）FC	（2）FP
Year	控制	控制
Ind	控制	控制

注：括号内为相应的 t 值；＊、＊＊和＊＊＊分别表示在 10%、5%和 1%的水平上显著。

表 5-10 中第（1）列是 ESG 信息披露质量对融资成本的回归结果，结果显示 ESG 信息披露质量（ESG）系数为－0.1826，在 1%的显著水平上与融资成本（FC）负相关，说明高质量的 ESG 信息披露可以减少企业融资成本，证明了假设 2 即 ESG 信息披露质量对抑制融资成本有积极作用。第（2）列是加入融资成本（FC）后 ESG 信息披露质量对财务绩效的回归结果，结果显示 ESG 信息披露质量（ESG）的系数为 0.1443，在 1%的水平上显著，中介变量融资成本（FC）的回归系数为－0.3746，在 1%水平上显著，表明 ESG 信息披露质量和融资成本都对财务绩效产生了显著影响。结合总效应中 ESG 信息披露质量对财务绩效（FP）的回归系数 0.2127 以及第（1）、第（2）列的回归结果看，ESG 信息披露质量对财务绩效的正向作用可以通过减少融资成本而促发，即 ESG 信息披露质量可以提高企业融资效率、降低融资交易费用、提升企业融资信誉，使融资成本得到缓解，从而提高财务绩效，假设 3 得以验证，即融资成本在 ESG 信息披露质量对财务绩效的影响中有中介效应。

上述结果验证了基于信息传导理论的 "ESG 信息披露质量（ESG）—融资成本（FC）—财务绩效（FP）" 的影响机制。企业提升 ESG 表现有助于其提高企业融资效率、削减融资交易支出、提升企业融资声誉进而减少融资成本；较低的融资成本使企业面临较低的财务风险、促进企业成长性，进而提高企业财务绩效。

2. 技术创新的中介效应

为了验证假设 4、假设 5 是否成立，将 ESG 信息披露质量对技术创新回归，ESG 信息披露质量、技术创新对财务绩效回归，结果如表 5-11 所示。

表 5-11　技术创新的中介效应回归结果

变量	（1）TI	（2）FP
ESG	6.8606***	0.1273***
	（14.33）	（4.89）
TI		0.0125***
		（7.74）
Size	0.2069***	-0.0156***
	（4.60）	（-6.99）
OC	0.1979	0.0433**
	（0.52）	（2.29）
Gro	-0.1680	-0.0069
	（-1.34）	（-1.12）
Constant	-2.6881***	0.1846***
	（-9.52）	（12.68）
Year	控制	控制
Ind	控制	控制

注：括号内为相应的 t 值；*、** 和 *** 分别表示在 10%、5% 和 1% 的水平上显著。

表 5-11 中第（1）列是 ESG 信息披露质量（ESG）对技术创新（TI）的回归结果，结果显示 ESG 信息披露质量（ESG）的回归系数为 6.8606，在 1% 的显著水平上与技术创新（TI）正相关。说明高质量的 ESG 信息披露可以提高企业技术创新，假设 4 得以验证，即 ESG 信息披露质量对提高企业技术创新有积极作用。第（2）列是加入技术创新（TI）后 ESG 信息披露质量对财务绩效的回归结果，结果显示 ESG 信息披露质量（ESG）的回归系数为 0.1273，在 1% 的水平上显著，中介变量技术创新（TI）的回归系数为 0.0125，在 1% 的水平上显著，表明 ESG 信息披露质量和技术创新都对财务绩效产生了显著影响。结合总效应中 ESG 信息披露质量对财务绩效（FP）的回归系数 0.2127 以及第（1）、第（2）列的回归结果看，ESG 信息披露质量对财务绩效的正向作用可以通过提高技术创新实现，即高质量的 ESG 信息披露，可以获取知识资源增加知识资本、促进企业产品创新和流程创新、触发创新思维、激发员工创新，进而提高企业技术创新，从而提高财务绩效。假设 5 得以验证，即技术创新在 ESG 信息披露质量对财

务绩效的影响中有中介效应。

上述结果验证了基于信息传导理论的"ESG 信息披露质量（ESG）—技术创新（TI）—财务绩效（FP）"的影响机制。较高的 ESG 信息披露质量，可以获取知识资源增加知识资本、促进企业产品创新和流程创新、触发创新思维、激发员工创新，进而提高企业技术创新；较高的技术创新使企业提高创新产品和升级技术的能力、增加知识资本、助推企业探求新的利润增长点，进而提高企业财务绩效。

3. 非效率投资的中介效应

为了验证假设 6、假设 7 是否成立，将 ESG 信息披露质量对非效率投资回归，ESG 信息披露质量、非效率投资对财务绩效回归，检验结果如表 5-12 所示。

表 5-12　非效率投资的中介效应回归结果

变量	（1）IN	（2）FP
ESG	−0.0702***	0.1787***
	（−5.36）	（7.50）
IN		−0.4851***
		（−8.28）
Size	0.0017	−0.0122***
	（1.37）	（−5.55）
OC	−0.0147	0.0386**
	（−1.40）	（2.05）
Gro	0.0077**	−0.0053
	（2.26）	（−0.85）
Constant	0.0263***	0.1638***
	（3.40）	（11.77）
Year	控制	控制
Ind	控制	控制

注：括号内为相应的 t 值；*、**和***分别表示在 10%、5%和 1%的水平上显著。

表 5-12 中第（1）列是 ESG 信息披露质量（ESG）对非效率投资（IN）的回归结果，结果显示 ESG 信息披露质量（ESG）的回归系数为−0.0702，在 1%

的显著水平上与非效率投资（IN）负相关，说明高质量的 ESG 信息披露可以缓解非效率投资，证明了假设 6 即 ESG 信息披露质量对抑制非效率投资有积极作用。

表中第（2）列是加入非效率投资（IN）后 ESG 信息披露质量对财务绩效的回归结果，结果显示 ESG 信息披露质量（ESG）的系数为 0.1787，在 1% 的水平上显著，中介变量非效率投资（IN）的回归系数为 −0.4851，在 1% 的水平上显著，表明 ESG 信息披露质量和非效率投资都对财务绩效产生了显著影响。结合总效应中 ESG 信息披露质量对财务绩效（FP）的回归系数 0.2127 以及第（1）、（2）列的回归结果看，ESG 信息披露质量对财务绩效的正向作用可以通过缓解非效率投资达成，即高质量的 ESG 信息披露，可以促使谨慎的投资行为、注重利益相关者权益而非个体利益、加深股东与管理层之间的信任、提升员工效率，进而提升企业效率，减少非效率投资，从而提高财务绩效，假设 7 得以验证，即非效率投资在 ESG 信息披露质量对财务绩效的影响中有中介效应。

由上述结果也可验证基于信息传导理论的"ESG 信息披露质量（ESG）—非效率投资（IN）—财务绩效（FP）"的影响机制。较高的 ESG 信息披露质量，可以促使谨慎的投资行为、注重利益相关者权益、加深股东与管理层之间的信任、提升员工效率，进而缓解非效率投资；非效率投资越少，可以缓解企业经营风险，把握最佳发展时机，进而提高企业财务绩效。

五、异质性分析

为了进行异质性分析，将样本的第一大股东持股比例取中位数 40.59%，把能源上市公司划分为第一大股东持股比例不小于 40.59% 和第一大股东持股比例小于 40.59% 两组，进一步探究 ESG 信息披露质量对财务绩效的影响。

1. 总效应下基于第一大股东持股比例的回归结果

在总效应上，基于第一大股东持股比例分组的能源上市公司 ESG 信息披露质量对财务绩效的回归结果如表 5-13 所示。第（1）列为第一大股东持股比例 ≥40.59% 组的回归结果，第（2）列为第一大股东持股比例 <40.59% 组的回归结果。从组间系数差异上看，p 值为 0.0522 通过了检验，可以直接比较 ESG 信息披露质量对能源上市公司财务绩效的分组系数大小。从回归结果上看，ESG 信

息披露质量（ESG）对第一大股东持股比例≥40.59%的企业财务绩效（FP）回归系数为 0.0983；ESG 信息披露质量（ESG）对第一大股东持股比例<40.59%的企业财务绩效（FP）回归系数为 0.2870，说明 ESG 信息披露质量对能源上市公司财务绩效的影响，在第一大股东持股比例<40.59%时更显著。

表 5-13　总效应下基于第一大股东持股比例的回归结果

变量	第一大股东持股比例≥40.59%	第一大股东持股比例<40.59%
	（1）FP	（2）FP
ESG	0.0983**	0.2870***
	（2.23）	（6.28）
Size	0.0006	−0.0026
	（0.32）	（−1.24）
OC	−0.0135	0.0267
	（−0.61）	（1.43）
Gro	−0.0143	−0.0023
	（−0.96）	（−0.53）
Constant	0.0148	0.0278**
	（1.00）	（2.45）
Year	控制	控制
Ind	控制	控制
组间系数差异	0.0522	

注：括号内为相应的 t 值；*、**和***分别表示在 10%、5%和 1%的水平上显著。

2. 中介效应下基于第一大股东持股比例的回归结果

把能源上市公司划分为第一大股东持股比例≥40.59%和第一大股东持股比例<40.59%两组后，分别在融资成本、技术创新和非效率投资中介效应下，基于第一大股东持股比例分组的能源上市公司 ESG 信息披露质量对财务绩效的回归结果如表 5-14 所示。从组间系数差异上看，p 值分别为 0.0976、0.0994 和 0.0445 均通过了检验，可以直接比较 ESG 信息披露质量对能源上市公司财务绩效的分组系数大小。

表 5-14　中介效应下基于第一大股东持股比例的回归结果

变量	融资成本中介效应		技术创新中介效应		非效率投资中介效应	
	≥40.59%	<40.59%	≥40.59%	<40.59%	≥40.59%	<40.59%
	（1）FP	（2）FP	（3）FP	（4）FP	（5）FP	（6）FP
ESG	0.0770*	0.2400***	0.0730*	0.2340***	0.0919**	0.2840***
	（1.67）	（5.12）	（1.67）	（4.69）	（2.08）	（6.28）
FC	−0.0728	−0.204***				
	（−1.52）	（−3.64）				
TI			0.0045**	0.0057**		
			（2.25）	（2.55）		
IN					−0.0864	−0.255***
					（−1.30）	（−3.44）
Size	0.0006	−0.0023	0.0007	−0.0029	0.0006	−0.0025
	（0.31）	（−1.10）	（0.38）	（−1.37）	（0.32）	（−1.19）
OC	−0.0141	0.0230	−0.0154	0.0276	−0.0134	0.0244
	（−0.64）	（1.24）	（−0.70）	（1.48）	（−0.61）	（1.32）
Gro	−0.0145	−0.0033	−0.0136	−0.0021	−0.0141	−0.0010
	（−0.97）	（−0.75）	（−0.92）	（−0.49）	（−0.94）	（−0.23）
Constant	0.0144	0.0265**	0.0150	0.0257**	0.0136	0.0254**
	（0.98）	（2.36）	（1.02）	（2.27）	（0.91）	（2.26）
Year	控制	控制	控制	控制	控制	控制
Ind	控制	控制	控制	控制	控制	控制
组间系数	0.0976		0.0994		0.0445	

注：括号内为相应的 t 值；*、** 和 *** 分别表示在 10%、5% 和 1% 的水平上显著。

从分组回归结果上看，表 5-14 第（1）列和第（2）列表示加入融资成本（FC）中介变量后，能源上市公司 ESG 信息披露质量对财务绩效的回归结果。其中，第（1）列为第一大股东持股比例 ≥40.59% 组的回归结果，第（2）列为第一大股东持股比例 <40.59% 组的回归结果。可以看出，ESG 信息披露质量（ESG）对第一大股东持股比例 ≥40.59% 的企业财务绩效（FP）回归系数为 0.0770，ESG 信息披露质量（ESG）对第一大股东持股比例 <40.59% 的企业财务绩效（FP）回归系数为 0.2400。说明在融资成本的中介效应下，ESG 信息披露

质量对能源上市公司财务绩效的影响，在第一大股东持股比例<40.59%时更显著。

第（3）列和第（4）列表示加入技术创新（TI）中介变量后，能源上市公司 ESG 信息披露质量对财务绩效的回归结果。其中，第（3）列为第一大股东持股比例≥40.59%组的回归结果，第（4）列为第一大股东持股比例<40.59%组的回归结果。可以看出，ESG 信息披露质量（ESG）对第一大股东持股比例≥40.59%的企业财务绩效（FP）回归系数为 0.0730，ESG 信息披露质量（ESG）对第一大股东持股比例<40.59%的企业财务绩效（FP）回归系数为 0.2340。说明在技术创新的中介效应下，ESG 信息披露质量对能源上市公司财务绩效的影响，在第一大股东持股比例<40.59%时更显著。

第（5）列和第（6）列表示加入非效率投资（IN）中介变量后，能源上市公司 ESG 信息披露质量对财务绩效的回归结果。其中，第（3）列为第一大股东持股比例≥40.59%组的回归结果，第（4）列为第一大股东持股比例<40.59%组的回归结果。可以看出，ESG 信息披露质量（ESG）对第一大股东持股比例≥40.59%的企业财务绩效（FP）回归系数为 0.0919，ESG 信息披露质量（ESG）对第一大股东持股比例<40.59%的企业财务绩效（FP）回归系数为 0.2840。说明在非效率投资的中介效应下，ESG 信息披露质量对能源上市公司财务绩效的影响，在第一大股东持股比例<40.59%时更显著。

综上所述，无论是在总效应下还是在中介效应下，ESG 信息披露质量对能源上市公司财务绩效的影响，在第一大股东持股比例<40.59%时更显著。

第三节　稳健性检验

一、Boostrap 组间系数检验

本书参照温忠麟和叶宝娟（2022）的中介效应检验流程中 Boostrap 组间系数检验，对中介效应进行进一步的稳健性检验。分别对融资成本、技术创新以及

非效率投资的中介效应进行 500 次抽样检验，若 95% 置信区间不含 0，则表明中介效应成立。

由表 5-15 的 Bootstrap 检验结果可知，融资成本、技术创新以及非效率投资的中介效应均成立，检验结果与本书的实证分析结果一致。

表 5-15 Bootstrap 组间系数检验结果

组别	系数	Boot SE	95%置信区间	
			下限	上限
融资成本（FC）	0.7894	0.1270	0.0540	0.1038
技术创新（TI）	0.9405	0.1655	0.0616	0.1265
非效率投资（IN）	0.6136	0.0097	0.0424	0.0803

二、置换因变量的稳健性检验

为了进一步验证研究结论，本书选取可以衡量财务绩效的市场指标 Tobin's Q 替换因变量财务绩效（FP）重新带入模型进行回归，检验替换因变量后结果是否与实证分析结果一致。

1. 总效应检验

ESG 信息披露质量对 Tobin's Q（TQ）的回归结果如表 5-16 所示，结果显示，ESG 信息披露质量对 Tobin's Q（TQ）在 1% 的显著水平上有正向作用。

表 5-16 稳健性检验总效应

变量	（1）TQ	（2）TQ
ESG	2.0996***	3.2466***
	(3.84)	(5.77)
Size		-0.3066***
		(-5.80)
OC		0.3133
		(0.69)
Gro		-0.1339
		(-0.91)

变量	（1）TQ	（2）TQ
Constant	0.6318***	1.8847***
	（2.63）	（5.68）
Year	控制	控制
Ind	控制	控制

注：括号内为相应的 t 值；*、** 和 *** 分别表示在 10%、5% 和 1% 的水平上显著。

2. 中介效应检验

稳健性检验的中介效应结果如表 5-17 所示。结果显示，ESG 信息披露质量对融资成本在 1% 的显著水平上有负向作用，同时会削弱融资成本对 Tobin's Q （TQ）的负向作用，表明融资成本的中介效应显著成立。ESG 信息披露质量对技术创新在 1% 的显著水平上有正向作用，同时会增加技术创新对 Tobin's Q （TQ）的正向作用，表明技术创新的中介效应显著成立。ESG 信息披露质量对非效率投资在 1% 的显著水平上有负向作用，同时会减少技术创新对 Tobin's Q （TQ）的负向作用，表明非效率投资的中介效应显著成立。稳健性检验回归结果基本与原研究结果一致，说明可靠性较高。

表 5-17 稳健性检验中介效应

变量	（1）FC	（2）TQ	（3）TI	（4）TQ	（5）IN	（6）TQ
ESG	−0.1826***	2.6398***	6.8606***	2.3161***	−0.0702***	2.9813***
	（−8.50）	（4.55）	（14.33）	（3.75）	（−5.36）	（5.23）
FC		−3.3220***				
		（−3.91）				
TI				0.1356***		
				（3.55）		
IN						−3.7766***
						（−2.70）
Size	0.0078***	−0.2806***	0.2069***	−0.3346***	0.0017	−0.3002***
	（3.88）	（−5.31）	（4.60）	（−6.30）	（1.37）	（−5.69）
OC	−0.0725***	0.0724	0.1979	0.2865	−0.0147	0.2579
	（−4.20）	（0.16）	（0.52）	（0.64）	（−1.40）	（0.57）

变量	（1）FC	（2）TQ	（3）TI	（4）TQ	（5）IN	（6）TQ
Gro	−0.0091	−0.1642	−0.1680	−0.1112	0.0077**	−0.1047
	（−1.63）	（−1.12）	（−1.34）	（−0.76）	（2.26）	（−0.71）
Constant	0.0783***	2.1448***	−2.6881***	2.2493***	0.0263***	1.9840***
	（6.17）	（6.38）	（−9.52）	（6.51）	（3.40）	（5.96）
Year	控制	控制	控制	控制	控制	控制
Ind	控制	控制	控制	控制	控制	控制

注：括号内为相应的 t 值；*、** 和 *** 分别表示在 10%、5% 和 1% 的水平上显著。

第四节　本章小结

首先，本章实证分析了能源上市公司 ESG 信息披露质量对财务绩效影响的总效应，以及融资成本、技术创新和非效率投资三个中介效应下 ESG 信息披露质量对财务绩效影响，并基于第一大股东持股比例进行了进一步分析。其次，进行了 Boostrap 中介效应检验，以及置换因变量的稳健性检验。实证结果如下：①ESG 信息披露质量对能源上市公司财务绩效有显著的正向影响。②能源上市公司的 ESG 信息披露质量对融资成本、非效率投资有负向影响，对技术创新有显著的正向影响。③基于信息传导理论的"ESG 信息披露质量—融资成本/技术创新/非效率投资—财务绩效"的影响机制，融资成本、技术创新和非效率投资在 ESG 信息披露质量对能源上市公司财务绩效的影响中有中介效应，并通过了 Boostrap 中介效应检验和稳健性检验。④ESG 信息披露质量对能源上市公司财务绩效的影响在第一大股东持股比例小于 40.59% 时更显著。

第六章　石化上市公司 ESG 信息披露质量与企业价值评价

第一节　石化上市公司 ESG 信息披露质量评价体系的构建

一、评价方法及样本选取

1. 熵值法

熵是热力学和信息理论中的重要概念，用于描述系统的混乱程度或不确定性。在信息论中，熵被定义为对系统中信息分布的一种度量，即信息的平均度量。当系统的信息分布更加均匀时，熵的值较低；反之，当信息分布更加集中或不确定时，熵的值较高。因此，熵可以被视为对系统的有序程度的一种度量，也可以解释为系统的不确定性的度量。熵值法是一种常用的多指标综合评价方法，它利用熵的概念衡量指标之间的离散程度。在熵值法中，首先需要将指标数据进行标准化处理，其次计算每个指标的熵值。熵值越大，表明指标数据的分布越分散，反之表示数据越集中。通过计算各指标的熵值，可以得到各指标的权重，即其对整体评价结果的贡献程度。这种基于熵值的权重计算方法能够客观地反映指标之间的差异性和重要性，为多指标综合评价提供了科学的依据和方法支持。

相比于其他方法，熵值法具有以下优势：一是熵值法可以根据指标离散程度来确定它们的权重，这种方法具有高度客观、公正和准确的特点，还能够自动排除对评价贡献较小的指标，并利用其客观科学的特点，更加精准地对指标进行评价；二是熵值法能够将原本不具备可比性的数据统一计算处理，使其可以进行同企业不同时期的纵向分析，也可以进行同行业企业间的横向比较，甚至不同行业的企业的数据也可以进行比较分析，有利于全面分析不同行业、不同规模上市公司的数据。综上，本书选择熵值法作为衡量 ESG 信息披露质量的方法。

熵值法的计算步骤如下：

（1）建立初始矩阵：

$$A = \begin{pmatrix} X_{11} & \cdots & X_{1m} \\ \vdots & \vdots & \vdots \\ X_{n1} & \cdots & X_{nm} \end{pmatrix}_{n \times m} \tag{6-1}$$

式中，X_{ij} 为第 i 个上市公司第 j 个指标的数值。

（2）无量纲化处理：

因为本书所用指标及数据较多，会存在量纲的问题，因此需要采用极差法要数据进行无量纲处理。另外，为了防止数据中存在缺失值和 0 的情况，应对数据进行平移调整：

如果该变量会提升企业的 ESG 信息披露质量，则：

$$X'_{ij} = \frac{X_{ij} - \min(X_{1j}, X_{2j}, \cdots, X_{nj})}{\max(X_{1j}, X_{2j}, \cdots, X_{nj}) - \min(X_{1j}, X_{2j}, \cdots, X_{nj})} + 0.001, \quad i = 1, 2, \cdots,$$
$$n; \ j = 1, 2, \cdots, m \tag{6-2}$$

如果改变量会降低企业的 ESG 信息披露质量，则：

$$X'_{ij} = \frac{\max(X_{1j}, X_{2j}, \cdots, X_{nj}) - X_{ij}}{\max(X_{1j}, X_{2j}, \cdots, X_{nj}) - \min(X_{1j}, X_{2j}, \cdots, X_{nj})} + 0.001, \quad i = 1, 2, \cdots,$$
$$n; \ j = 1, 2, \cdots, m \tag{6-3}$$

为了方便后续计算，我们将经过非负化处理的数据记为 X_{ij}。

（3）计算在第 j 项指标中，第 i 个上市公司所占权重：

$$P_{ij} = \frac{X_{ij}}{\sum_{i=1}^{n} X_{ij}} \quad (j = 1, 2, \cdots, m) \tag{6-4}$$

（4）估计第 j 项指标熵值的结果：

$$e_j = -k \times \sum_{i=1}^{n} P_{ij} \log(P_{ij}) \tag{6-5}$$

其中 $k>0$，ln 为自然对数，$e_j \geq 0$。式中常数 k 与二级指标个数 m 有关，一般令 $k = 1/\ln m$，则 $0 \leq e \leq 1$。

（5）估计第 j 项指标差异系数的结果：

对于第 j 项指标，指标值 X_{ij} 的差异越大，熵值越小。

$g_j = 1 - e_j$，则 g_j 越大指标越重要。

（6）求权数：

$$W_j = \frac{g_j}{\sum\limits_{j=1}^{m} g_j}, \quad j=1, 2, \cdots, m \tag{6-6}$$

2. 样本选取

石油化工行业在各个国家的社会发展以及国民经济中均具有重要地位，也是许多国家的基础性产业和支柱型产业。由于该行业分类较广，分布在日常生产和生活的各个方面，如果在每个领域都对其进行深入研究，内容过于宏大，因此本书根据《国民经济行业分类：制造业（GB/T 4754-2017）》中的分类标准选择最具代表性的石油加工、炼焦及核燃料加工业和化学原料及化学制品制造业以及化学纤维制造业的上市公司作为石油化工行业的研究对象，以下简称石化行业。

在根据国家统计局组织修订的《国民经济行业分类：制造业（GB/T 4754-2017）》为标准选取石化上市公司后，通过各上市公司的年报和 ESG 报告、公司官网、国泰安数据库、Wind 资讯数据库、新浪财经等网站获得相关数据，最终选定 2015~2021 年石化上市公司数据作为样本数据。同时，为提高样本的准确性及有效性，剔除了存在以下情况的企业：①财务状况异常或运行状况异常的 ST 企业；②数据异常或缺失的企业。通过以上筛选，最终确定了 137 家石化上市企业作为样本进行研究。

二、ESG 信息披露质量评价指标选取

结合前文提及的 ESG 相关概念，本书从环境、社会、公司治理三个维度进行考量，参考国务院发展研究中心金融研究所及中国证券投资基金协会联合发布的《中国上市公司 ESG 评价体系研究报告》中的量化原则、平衡性原则、一致性原则及影响显著性原则，并结合石化行业的独特性，构建了石化上市公司 ESG 信息披露质量评价体系，本书所选取的指标如表 6-1 所示。

表 6-1　石化上市公司 ESG 信息披露质量评价指标体系

分类	一级指标	二级指标	三级指标	度量方法	代码	指标类型
环境（E）	货币化环境信息	治理废气减排情况	—	赋值 2 表示定量披露，赋值 1 表示定性披露，赋值 0 表示未披露	E1	正向
		治理废水减排情况	—	赋值 2 表示定量披露，赋值 1 表示定性披露，赋值 0 表示未披露	E2	正向
		治理粉尘、烟尘减排情况	—	赋值 2 表示定量披露，赋值 1 表示定性披露，赋值 0 表示未披露	E3	正向
		固废利用与处置情况	—	赋值 2 表示定量披露，赋值 1 表示定性披露，赋值 0 表示未披露	E4	正向
		噪声、光污染、辐射等治理	—	赋值 2 表示定量披露，赋值 1 表示定性披露，赋值 0 表示未披露	E5	正向
		清洁生产实施情况	—	赋值 2 表示定量披露，赋值 1 表示定性披露，赋值 0 表示未披露	E6	正向
	非货币化环境信息	环境管理目标	—	赋值 1 表示披露，赋值 0 表示未披露	E7	正向
		环保管理制度体系	—	赋值 1 表示披露，赋值 0 表示未披露	E8	正向
		环保教育与培训	—	赋值 1 表示披露，赋值 0 表示未披露	E9	正向
		"三同时"制度	—	赋值 1 表示披露，赋值 0 表示未披露	E10	正向

续表

分类	一级指标	二级指标	三级指标	度量方法	代码	指标类型
环境 （E)	非货币化环境信息	污染物排放达标	—	赋值 1 表示披露，赋值 0 表示未披露	E11	正向
		环境违法事件	—	赋值 1 表示披露，赋值 0 表示未披露	E12	正向
		独立环境报告	—	赋值 1 表示披露，赋值 0 表示未披露	E13	正向
社会 （S)	员工	员工保障	企业是否拥有确保员工安全和保护的相关制度措施	赋值 1 表示是，赋值 0 表示否	S1	正向
			企业人均薪酬	实际支付的员工工资总额/员工人数	S2	正向
		安全生产	企业是否公开相关安全生产内容	赋值 1 表示披露，赋值 0 表示未披露	S3	正向
	供应商与客户	供应商权益	企业是否公开与保护供应商权益相关的信息	赋值 1 表示披露，赋值 0 表示未披露	S4	正向
		客户权益	企业是否公开与保护客户及消费者权益相关的信息	赋值 1 表示披露，赋值 0 表示未披露	S5	正向
	政府与社会公众	税收	企业人均税收水平	（税金及附加+所得税）/员工人数	S6	正向
		帮扶	企业是否参与或实施帮扶投资项目	是 1，否 0	S7	正向
		社会捐赠	企业慈善捐赠额	企业进行慈善捐赠金额（万元）	S8	正向
公司治理 （G)	治理结构与行为	董事会结构	企业独立董事所占比例	独立董事数量/董事会规模（%）	G1	正向
			大股东持股比例	持股 5%以上股东持股比例（%）	G2	负向
			高级管理人员中女性占比	女性高管数量/高管总人数（%）	G3	正向
		信息披露	企业是否构建和推进 ESG 相关战略	是 1，否 0	G4	正向

续表

分类	一级指标	二级指标	三级指标	度量方法	代码	指标类型
公司治理（G）	治理结构与行为	信息披露	企业是否公开社会责任报告或ESG信息披露报告	赋值1表示披露，赋值0表示未披露	G5	正向
	治理结果	每股收益	每股收益	净利润本期值/实收资本本期期末值	G6	正向
		资产负债率	资产负债率	负债总额/资产总额	G7	负向

注："—"代表无。

1. 环境（E）维度

本书采用了 CSMAR 数据库中的环境信息披露指标，结合石化企业特性，按照是否货币化对企业环境信息的披露进行分类。对于货币化的信息，定量和定性结合披露的赋值为 2，定性的指标赋值为 1，没有披露的指标赋值为 0；对于非货币化的信息，披露的指标赋值为 1，没有披露的指标赋值为 0。

（1）货币化环境信息。货币化环境信息主要包括废气、废水等污染物减排、治理情况，以及清洁生产实施情况，共六个二级指标，具体内容如下：

1）废气减排治理情况：鼓励企业在达标排放的基础上，减少（SO_2、NO_2、VOC 等）大气污染物排放，有确定的减排目标及措施。

2）废水减排治理情况：鼓励企业在达标排放的基础上，减少（COD、氨氮等）水污染物排放，有确定的减排目标及措施。

3）粉尘、烟尘治理情况：鼓励企业在达标排放的基础上，减少粉尘、烟尘的排放，有确定的减排目标及措施。

4）固废利用与处置情况：鼓励企业在一般固体废弃物合理处置或利用的基础上，减少固体废物产生，有确定的减排目标及措施。

5）噪声、光污染、辐射等治理：鼓励企业尽量减少噪声、光污染、辐射等的情况基础上，有确定的减少目标及措施。

6）清洁生产实施情况：鼓励企业进行清洁生产审核、实施清洁生产方案及采取清洁生产措施等。

（2）非货币化环境信息。非货币化环境信息主要包括环境管理目标、环保管理体系、环保教育与培训、"三同时"制度、污染物排放达标、环境违法事件、独立环境报告共七个二级指标，并对其披露的详细程度进行打分，评分规则为披露的指标赋值为1，没有披露的指标赋值为0。

2. 社会（S）维度

上市公司的社会责任通常从利益相关者的角度涵定，一般而言，这意味着上市企业需要应对国家和社会的整体发展趋势，以及自然环境和资源的保护，同时承担对股东、债权人、员工、客户、供应商、消费者、社区以及社会等各方的责任。本书对社会评价指标的设计，不仅关注了企业创造利润、对股东和员工给予回报等经济责任和法律责任层面，更强调企业在生产过程中对人的价值的关注，对消费者和客户的利益保护、对社区和社会的责任和贡献等方面，争取更全面地评价石化上市公司的社会责任。

（1）员工层面。

1）员工保障。员工保障由以下两部分构成：

①是否有员工安全和保护的制度和措施：通过对企业是否有员工安全保护的制度及措施来衡量上市公司对员工的安全责任。

②人均薪酬：通过计算实际支付的全部员工工资总额/员工人数来衡量上市公司对员工的回报。

2）安全生产：通过对是否披露安全生产内容进行赋分，以衡量企业是否对员工安全生产的相关信息进行披露，避免企业对该项内容产生忽视。

（2）供应商与客户。供应商和与客户与企业关系较为紧密的利益相关方，分别处在企业的上游和下游，为了维护相关方利益，构建良好的利益生态圈，企业应重视对供应商与客户的权益保护。因此，本书细分了两个指标：①供应商权益指标：企业是否公开与保护供应商权益相关的信息；②客户权益指标，企业是否公开与保护客户及消费者权益相关的信息，并通过这两个指标衡量企业对供应商与客户的社会责任。

（3）政府与社会公众。企业对政府及社会的责任和贡献方面的衡量，将通过以下三个指标完成：

1）税收：通过用公式（税金及附加+所得税）/员工人数计算人均税收，来衡量石化上市公司的税收贡献。

2）帮扶：通过对是否实施帮扶投资项目定性描述，包括设立帮扶基金、帮助低收入人口建档立卡等措施，评估石化上市公司在帮扶方面的投入和成效。

3）社会捐赠：通过社会捐赠额的具体数据，来衡量石化上市公司的社会贡献。

3. 公司治理（G）维度

（1）治理结构与治理行为。治理结构涉及优化董事会的层次结构，以便实现企业资源配置的最大效益。主要包括董事会结构及信息披露情况，具体内容如下：

1）董事会结构。董事会结构由三部分构成：

①独立董事比例：即公司董事会中独立董事的数量与总董事人数的比值，被认为是评估董事会有效性的重要指标之一。根据证监会的要求，上市公司的独立董事比例应不低于董事会总人数的 1/3，以确保董事会能够有效地履行监督和决策职责，维护公司的长期利益和股东权益。

②大股东持股比例：大股东是指上市公司持股 5% 以上的股东，或出资额占有限责任公司资本总额 10% 以上的股东，出资额或者持有股份的比例达 50% 的股东为控股股东。对于一个公司来说，大股东持股比例越低，证明其资金越雄厚，实力越强。

③管理层女性占比：即管理层中女性的比例，是评估企业性别平等和多样性的重要指标之一。增加企业女性职工比例不仅有助于优化企业的劳动力结构，而且能够充分利用女性在耐心、细致等方面的优势，进一步加强企业对高水平、高层次、高能力女性管理人才的培养和吸引。

2）信息披露。企业在信息披露时，应按主管机关要求及时披露且披露信息无重大虚假性陈述，具体由以下两部分构成：

①是否推进 ESG 相关战略：公司战略中是否包含可持续发展、ESG 等相关因素，是否设立了推进 ESG 相关战略的组织机构和具体制度等。

②是否披露社会责任报告或 ESG 信息披露报告：公司是否按规定披露相关报告。

（2）治理结果。

1）每股收益：计算公式为净利润本期值/实收资本本期期末值，通常被用来反映企业的经营成果。

2) 资产负债率：计算公式为负债总额/资产总额，该指标用于评估企业利用债权人资金开展经营活动的能力，并同时反映了债权人贷款的安全性。

第二节 石化上市公司 ESG 信息披露现状的描述

一、石化上市公司环境（E）信息披露现状的描述

1. 货币化环境信息披露的现状

石化上市公司货币化环境信息披露情况如表 6-2 所示，主要是对表 6-1 中所列出的货币化环境信息的二级指标进行平均值计算，并对得到的数据进行了相关分析。从表 6-2 可知，2015~2021 年石化上市公司货币化信息披露情况整体呈上升趋势。具体分析可知，废气减排治理情况的平均值上升幅度最大，由 2015 年的 0.613 上升至 2021 年的 1.044，共上升了 0.413；废水减排治理情况的均值由 2015 年的 0.657 上升至 2021 年的 1.036；粉尘、烟尘治理情况的均值由 2015 年的 0.292 上升至 2021 年的 0.679；固废利用与处置情况的均值由 2015 年的 0.474 上升至 2021 年的 0.723；噪声、光污染、辐射等治理的均值由 2015 年的 0.153 上升至 2021 年的 0.409；清洁生产实施情况的均值由 2015 年的 0.292 上升至 2021 年的 0.380。结合国家近些年提出的节能减排政策及可持续发展战略来看，石化行业对此做出的响应还是较为积极的。

表 6-2 石化上市公司货币化环境信息披露情况

年份	废气减排治理情况	废水减排治理情况	粉尘、烟尘治理情况	固废利用与处置情况	噪声、光污染、辐射等治理	清洁生产实施情况
2015	0.613	0.657	0.292	0.474	0.153	0.292
2016	0.825	0.854	0.453	0.635	0.161	0.343
2017	0.927	0.876	0.511	0.657	0.321	0.394

续表

年份	废气减排治理情况	废水减排治理情况	粉尘、烟尘治理情况	固废利用与处置情况	噪声、光污染、辐射等治理	清洁生产实施情况
2018	1.036	1.066	0.577	0.723	0.365	0.314
2019	1.058	1.058	0.686	0.672	0.387	0.372
2020	1.015	1.000	0.562	0.657	0.365	0.328
2021	1.044	1.036	0.679	0.723	0.409	0.380

注：各指标的描述方法均为定量描述 2，定性描述 1，未描述 0。

2. 非货币化环境信息披露现状

石化上市公司非货币化环境信息的披露情况如表 6-3 所示，主要通过计算表 6-1 中列出的非货币化环境信息的二级指标的平均值，并对这些数据进行了相关分析。根据表 6-3 的数据分析，2015~2021 年，石化上市公司在非货币化信息披露方面经历了轻微的波动，但整体呈上升趋势。具体分析可知，"三同时"制度的平均值上升幅度最大，由 2015 年的 0.190 增加至 2021 年的 0.336，共增加了 0.146；环境管理目标的均值由 2015 年的 0.219 增加至 2021 年的 0.270；环保管理制度体系的均值由 2015 年的 0.496 提升至 2021 年的 0.584；环保教育与培训的均值在近七年间有小幅波动，但在 2021 年还是保持 0.168，与 2015 年持平；污染物排放达标的均值由 2015 年的 0.993 上升至 2021 年的 1.000；环境违法事件的均值由 2015 年的 0.007 上升至 2021 年的 0.022；独立环境报告的均值由 2015 年的 0.007 上升至 2021 年的 0.066。根据上述数据来看，石化上市公司非货币化环境信息披露情况在近七年间有所改善，但改善幅度较小，后期应加强对这方面的关注。

表 6-3　石化上市公司非货币化环境信息披露情况

年份	环境管理目标	环保管理制度体系	环保教育与培训	"三同时"制度	污染物排放达标	环境违法事件	独立环境报告
2015	0.219	0.496	0.168	0.190	0.993	0.007	0.007
2016	0.190	0.467	0.131	0.190	0.993	0.015	0.007
2017	0.219	0.474	0.109	0.204	1.000	0.007	0.007
2018	0.204	0.504	0.117	0.343	1.000	0.022	0.007

年份	环境管理目标	环保管理制度体系	环保教育与培训	"三同时"制度	污染物排放达标	环境违法事件	独立环境报告
2019	0.204	0.577	0.175	0.350	1.000	0.036	0.007
2020	0.212	0.547	0.117	0.336	1.000	0.015	0.022
2021	0.270	0.584	0.168	0.336	1.000	0.022	0.066

注：各指标的描述方法均为定性描述 1，未描述 0。

二、石化上市公司社会（S）信息披露现状的描述

1. 员工指标披露的现状

石化上市公司对员工责任的承担情况如表 6-4 所示，主要是对表 6-1 中员工保障的三级指标进行平均值计算，并对得到的数据进行了相关分析。可以看出，2015~2021 年，石化上市公司对员工责任的承担情况在不断变好，其中是否有员工安全和保护的制度和措施方面的均值从 2015 年的 0.745 增加至 2021 年的 0.854；人均薪酬的均值从 2015 年的 1.441 万元上升至 2021 年的 2.690 万元，共上升了 1.249 万元，涨幅还是较大的；是否披露安全生产内容的均值从 2015 年的 0.657 上升至 2021 年的 0.752。总体来看，石化上市公司对于员工保障的重视程度逐渐增强，同时把安全生产放在了更重要的位置。

表 6-4　石化上市公司对员工责任的承担情况

年份	是否有确保员工安全和保护的相关制度和措施	人均薪酬（万元）	是否公开相关安全生产内容
2015	0.745	1.441	0.657
2016	0.737	1.610	0.679
2017	0.781	2.366	0.628
2018	0.781	2.327	0.672
2019	0.796	2.107	0.591
2020	0.839	2.299	0.781
2021	0.854	2.690	0.752

注："是否有确保员工安全和保护的相关制度和措施"指标、"是否公开相关安全生产内容"指标的度量方法为是 1，否 0。

2. 供应商与客户指标披露的现状

石化上市公司对供应商和客户责任承担的情况如表 6-5 所示，主要通过计算表 6-1 中关于供应商和客户的三级指标的平均值进行分析，并对得到的数据进行了相关分析。可知，是否披露供应商权益保护的均值由 2015 年的 0.526 上升至 2021 年的 0.642；是否披露客户及消费者权益保护的均值由 2015 年的 0.628 上升至 2021 年的 0.701。尽管石化上市公司对供应商及客户的权益保护整体来说处于上升趋势，但其中不乏一些小幅波动，说明石化上市公司对供应商和客户责任的承担不够重视，应尽快加强对这方面的重视程度。

表 6-5　石化上市公司对供应商与客户责任的承担情况

年份	是否公开与保护供应商 权益相关的信息	是否公开与保护客户及消费者 权益相关的信息
2015	0.526	0.628
2016	0.518	0.613
2017	0.555	0.65
2018	0.555	0.606
2019	0.54	0.635
2020	0.606	0.672
2021	0.642	0.701

注：表中"是否公开与保护供应商权益相关的信息"指标、"是否公开与保护客户及消费者权益相关的信息"指标的度量方法为是 1，否 0。

3. 政府与社会公众指标披露的现状

石化上市公司对政府与社会公众责任的承担情况如表 6-6 所示，主要是对表 6-1 中政府与社会公众的三级指标进行平均值计算，并对得到的数据进行相关分析。从表 6-6 可知，人均税收的平均值从 2015 年的 31636.945 元上升至 2021 年的 85665.501 元，尽管近 7 年间该平均值有小幅波动，但整体来说涨幅较为明显，共增加了 54028.556 元；实施帮扶投资项目的平均值从 2015 年的 0 上升至 2021 年的 0.307，其中较为关键的年份是 2015~2016 年，对于帮扶政策的推行，石化行业也积极响应该政策，对帮扶项目的实施实现了从无到有的突破；社会捐赠额的均值从 2015 年的 13.858 万元上涨至 2021 年的 497.533 万元，整体呈上升趋势，其中 2016 年达到捐赠的峰值，主要原因是 2016 年我国首部慈善法通过并开始实施，其权威性、纲领性和指导性的法律效应迅速显现，多项具体配套政策也陆续出台，直接推动了石化行业的社会捐赠额在这一年的快速上涨。综上所述，石化上市公司对政府与社会公众责任的承担是较为积极的，总体承担情况也在不断进步。

表 6-6　石化上市公司对政府与社会公众责任的承担情况

年份	人均税收（元）	是否实施帮扶投资项目	社会捐赠额（万元）
2015	31636.945	0	13.858
2016	40534.244	0.277	1757.961
2017	52368.211	0.372	106.364
2018	58239.866	0.387	147.334
2019	47325.186	0.394	78.300
2020	54335.369	0.445	68.805
2021	85665.501	0.307	497.533

注："是否实施帮扶投资项目"指标的度量方法为赋值 1 表示披露，赋值 0 表示未披露。

三、石化上市公司公司治理（G）信息披露现状的描述

1. 治理结构与治理行为指标披露的现状

石化上市公司治理结构与治理行为的披露情况如表 6-7 所示，主要是对表 6-1 中公司治理的三级指标进行平均值计算。可以看出，独立董事占比的平均值从 2015 年的 37.213%小幅下降至 2021 年的 37.077%，大股东持股比例的平均值从 2015 年的 35.451%下降至 2021 年的 32.456%，管理层女性占比的平均值从 2015 年的 16.390%上升至 2021 年的 18.317%，这三个指标共同代表了石化上市公司董事会结构，可以看出，石化上市公司的董事会结构近七年整体呈变好趋势。是否推进 ESG 相关战略的平均值从 2015 年的 0.044 上升至 2021 年的 0.096，相比 2015 上升了 1 倍左右，涨幅较大，可以看出石化上市公司越来越重视 ESG 相关战略在公司内的布置与推进；是否披露社会责任报告、ESG 信息披露报告的平均值从 2015 年的 00.263 上升至 2021 年的 0.343，整体呈上升趋势，可以

看出石化行业不仅在战略布署上更重视 ESG 战略，在其实际的报告披露中更加关注 ESG 相关报告的披露。

表 6-7　石化上市公司治理结构与治理行为披露现状

年份	独立董事占比（％）	大股东持股比例（％）	管理层女性占比（％）	是否推进 ESG 相关战略	是否披露社会责任报告或 ESG 信息披露报告
2015	37.213	35.451	16.390	0.044	0.263
2016	37.044	33.694	16.830	0.052	0.263
2017	37.019	33.411	17.435	0.044	0.270
2018	37.071	33.785	17.672	0.059	0.255
2019	37.459	32.995	17.947	0.067	0.263
2020	37.330	33.154	18.157	0.081	0.292
2021	37.077	32.456	18.317	0.096	0.343

注："是否推进 ESG 相关战略"指标、"是否披露社会责任报告或 ESG 信息披露报告"指标的度量方法为是 1，否 0。

2. 治理结果指标披露的现状

石化上市公司在治理方面的披露情况如表 6-8 所示，主要是对表 6-1 中的公司治理三级指标进行了平均值的统计和计算。可以看出，每股收益的平均值从 2015 年的 0.079 上升至 2021 年的 0.840，整体呈上升趋势且涨幅较大，说明石化上市公司的盈利能力越来越强；资产负债率的平均值基本稳定在 0.43 左右且波动不大，说明石化上市公司负债占资产的比例较为合适，经营较为稳健。

表 6-8　石化上市公司治理结果指标披露现状

年份	每股收益	资产负债率
2015	0.079	0.454
2016	0.212	0.426
2017	0.337	0.417
2018	0.426	0.415
2019	0.182	0.436
2020	0.283	0.438
2021	0.840	0.424

第三节　石化上市公司 ESG 信息披露质量评价结果

一、ESG 信息披露质量分指标评价结果

1. 环境维度信息披露质量评分结果

石化上市公司环境指标披露质量的评分情况如表 6-9 所示，主要是对表 6-1 中环境维度的指标进行熵值法计算，并对计算结果进行描述性统计分析。可以看出，石化上市公司的环境指标披露质量评分的最小值和最大值在 2015~2021 年均有小幅上升；均值和中位数也都呈上升趋势，均值由 2015 年的 0.1166 上升至 2021 年的 0.1489，中位数由 2015 年的 0.0717 上升至 2021 年的 0.1155，但对比每一年的均值和中位数看，中位数均低于均值，说明尽管石化上市公司环境指标披露质量在逐年上升，但仍有超过一半的样本公司环境指标披露质量低于平均质量；标准差基本保持在 0.133 左右波动且变化不大，说明各石化上市公司环境指标信息披露质量存在较大差异，不能保持在一个较为统一的水准上。综合全部样本公司看，有过半数公司环境指标披露质量低于平均质量，同时，其披露质量差异较大且整体质量不高。

表 6-9　石化上市公司 2015~2021 年环境指标披露质量描述性统计结果

年份	样本量	最小值	最大值	均值	标准差	中位数
2015	137	0.0000	0.5878	0.1166	0.1320	0.0717
2016	137	0.0001	0.5994	0.1248	0.1339	0.0794
2017	137	0.0001	0.6144	0.1351	0.1292	0.1107
2018	137	0.0001	0.5727	0.1541	0.1282	0.1281
2019	137	0.0001	0.7023	0.1710	0.1311	0.1615
2020	137	0.0001	0.6856	0.1550	0.1220	0.1369
2021	137	0.0001	0.6856	0.1859	0.1499	0.1556
全样本	959	0.0000	0.7023	0.1489	0.1342	0.1155

2. 社会维度信息披露质量评分结果

石化上市公司社会指标披露质量的评分情况如表6-10所示,主要是对表6-1中社会维度的指标进行熵值法计算,并对计算结果进行描述性统计分析。可以看出,石化上市公司的社会指标披露质量评分的最小值和最大值在2015~2021年均有小幅上升;均值和中位数也都呈上升趋势,均值由2015年的0.0625上升至2021年的0.1084,中位数由2015年的0.0781上升至2021年的0.0899,但对比每一年的均值和中位数看,只有2015年的中位数是大于均值的,说明尽管石化上市公司环境指标披露质量在逐年上升,但除2015年外,其余年份仍有超过一半的样本公司环境指标披露质量低于平均水平;标准差基本保持在0.064左右波动且变化不大,说明各石化上市公司环境指标披露质量存在一定差异但差异不大。综合全部样本公司看,有过半数公司社会指标披露质量低于平均水平,但其披露质量差异不大,同时,相比环境指标的披露质量来说,社会披露质量整体高于环境指标。

表6-10　石化上市公司2015~2021年社会指标披露质量描述性统计结果

年份	样本量	最小值	最大值	均值	标准差	中位数
2015	137	0.0023	0.3175	0.0625	0.0416	0.0781
2016	137	0.0025	0.4822	0.0922	0.0682	0.0843
2017	137	0.0023	0.3040	0.1021	0.0627	0.0902
2018	137	0.0020	0.2927	0.1047	0.0670	0.0901
2019	137	0.0029	0.2960	0.1052	0.0672	0.0869
2020	137	0.0052	0.3106	0.1167	0.0660	0.1011
2021	137	0.0028	0.3936	0.1084	0.0703	0.0899
全样本	959	0.0020	0.4822	0.0988	0.0658	0.0866

3. 公司治理维度信息披露质量评分结果

石化上市公司社会指标披露质量的评分情况如表6-11所示,主要是对表6-1中公司治理维度的指标进行熵值法计算,并对计算结果进行描述性统计分析。可以看出,石化上市公司的公司治理指标披露质量评分的最小值和最大值在2015~

2021 年均有小幅上升；均值和中位数也都呈上升趋势，均值由 2015 年的 0.1418 上升至 2021 年的 0.1904，中位数由 2015 年的 0.0273 上升至 2021 年的 0.0305，但对比每一年的均值和中位数看，中位数均低于均值，说明尽管石化上市公司的公司治理指标披露质量在逐年上升，但仍有超过一半的样本公司的公司治理指标披露质量低于平均水平；标准差基本保持在 0.252 左右波动且变化不大，说明各石化上市公司的公司治理指标披露质量存在较大差异，不能保持在一个较为统一的水准上。综合全部样本公司来看，有过半数公司的公司治理指标披露质量低于平均水平，同时，相比环境指标和社会指标的披露质量来说，公司治理指标的披露质量整体高于这两个指标。

表 6-11　石化上市公司 2015-2021 年公司治理指标披露质量描述性统计结果

年份	样本量	最小值	最大值	均值	标准差	中位数
2015	137	0.0111	0.9692	0.1418	0.2379	0.0273
2016	137	0.0115	0.9686	0.1468	0.2473	0.0285
2017	137	0.0110	0.9642	0.1450	0.2316	0.0289
2018	137	0.0117	0.9642	0.1497	0.2382	0.0282
2019	137	0.0122	0.9714	0.1569	0.2542	0.0292
2020	137	0.0119	0.9645	0.1751	0.2766	0.0293
2021	137	0.0124	0.9697	0.1904	0.2770	0.0305
全样本	959	0.0110	0.9714	0.1580	0.2522	0.0285

二、ESG 信息披露质量评价综合得分

1. 熵值法权重计算

通过应用之前描述的熵值法公式，可以根据表 6-1 中的 ESG 信息披露质量评价体系得出各指标的权重、熵值和差异系数。具体数值如表 6-12 所示。

表 6-12　权重、熵值及差异系数得分

代码	权重	熵值	差异系数
E1	0.014	0.9377	0.0623

代码	权重	熵值	差异系数
E2	0.0140	0.9379	0.0621
E3	0.0300	0.8666	0.1334
E4	0.0246	0.8911	0.1089
E5	0.0419	0.8137	0.1863
E6	0.0375	0.8333	0.1667
E7	0.0500	0.7779	0.2221
E8	0.0214	0.9053	0.0947
E9	0.0641	0.7153	0.2847
E10	0.0418	0.8142	0.1858
E11	0.0001	0.9997	0.0003
E12	0.1304	0.4208	0.5792
E13	0.1304	0.4208	0.5792
S1	0.0077	0.9658	0.0342
S2	0.0157	0.9306	0.0694
S3	0.0128	0.9430	0.0570
S4	0.0191	0.9151	0.0849
S5	0.0148	0.9346	0.0654
S6	0.0040	0.9822	0.0178
S7	0.0382	0.8306	0.1694
S8	0.1521	0.3247	0.6753
G1	0.0026	0.9882	0.0118
G2	0.0011	0.9951	0.0049
G3	0.0053	0.9761	0.0239
G4	0.0841	0.6267	0.3733
G5	0.0418	0.8142	0.1858
G6	0.0001	0.9997	0.0003
G7	0.0002	0.9990	0.0010

表 6-12 中的数据显示，社会捐赠额（S8）、环境违法事件（E12）、独立环境报告（E13）以及是否推进 ESG 相关战略（G4）四个指标被赋予较高的权重。主要是由于这些指标具有较大的信息熵和明显的差异性，因此，对于这些在指标

上较为关注且投入较高的公司，评分会比其他公司高一些。

2. 熵值法得到ESG信息披露质量结果分析

石化上市公司ESG信息披露质量的评分情况如表6-13所示，主要是对表6-1三个维度的指标通过熵值法计算得到的结果，然后进行描述性统计分析。可知，2015~2021年石化上市公司ESG信息披露质量总评分的最小值从0.0035上升至0.0046，最大值从0.4541经历了一系列波动后下降至0.4341，说明样本公司ESG信息披露质量的最低点在不断提升，但最高点却有所下降；均值由2015年的0.1005上升至2021年的0.1597，中位数由2015年的0.0619上升至2021年的0.1262，两项指标的上升幅度均较大，同时对比每一年的均值和中位数看，中位数均低于均值，说明尽管石化上市公司的ESG信息披露质量在逐年上升，但仍有超过一半的样本公司的ESG信息披露质量低于平均水平；标准差基本保持在0.098左右波动且总体呈上升趋势，说明各石化上市公司的ESG信息披露质量存在较大差异，不能维持在一个较为统一的水准上，且这种差异还在扩大。综合全部样本公司来看，有超过一半的样本公司的ESG信息披露质量低于平均水平，且石化上市公司ESG信息披露质量的差异仍在扩大。因此，尽管石化上市公司的ESG信息披露质量在逐年上升，但其披露质量差异过大的问题仍需解决。

表6-13 石化上市公司2015-2021年ESG信息披露质量描述性统计结果

年份	样本量	最小值	最大值	均值	标准差	中位数
2015	137	0.0035	0.4541	0.1005	0.0957	0.0619
2016	137	0.0041	0.4244	0.1159	0.1042	0.0797
2017	137	0.0037	0.4706	0.1246	0.0967	0.1024
2018	137	0.0047	0.4223	0.1361	0.0945	0.1261
2019	137	0.0044	0.5143	0.1461	0.0967	0.1235
2020	137	0.0046	0.3843	0.1439	0.0885	0.1281
2021	137	0.0046	0.4341	0.1597	0.1095	0.1262
全样本	959	0.0035	0.5143	0.1324	0.0996	0.1125

第四节　石化上市公司企业价值评价
方法及其适用性分析

一、EVA 估值法内涵

从概念上说，EVA 估值法的英文全称为 Economic Value Added（经济增加值）。根据 EVA 估计法的公式，EVA 估值法主要基于企业的税后净利润，并将资本成本纳入考虑范围后的企业价值，即 EVA 价值＝税后净营业利润－企业的资本成本，其中，资本成本主要包括两种成本，即债务资本成本和权益资本成本。从 EVA 考虑企业资本成本的角度看，EVA 度量了企业为获得利润所必须投入的成本后所剩余的利润水平，因此，EVA 本质上度量的是企业的"剩余利润"或"超额利润"。当 EVA 为大于 0 时，意味着企业的净利润大于资本成本，股东财务会随之增加；反之，当 EVA 小于 0 时，表示企业的净利润不足以弥补资本成本，从而导致企业价值降低。EVA 的计算方法通常涉及净利润、资本成本和资本的投入量等因素，其精确的计算能够为企业提供重要的经营绩效指标，帮助管理者更好地评估企业的盈利能力和价值创造能力。

根据 Ehrbar（1999）的观点，所有用来评估企业价值的指标中，经济增加值（EVA）被认为是最精确、最有用的之一，他指出，大多数采用 EVA 作为财务管理和激励薪酬框架的公司的表现相比于竞争对手来说更优异。张晓薇和张春美（2015）研究了农业上市公司的 EVA 价值创造及驱动因素，结果表明 EVA 值对企业价值最为敏感，相较于其他传统财务评价指标更能解释企业价值的波动，而 EVA 核心的价值创造驱动因素是营业利润、资本结构和资本成本。此外，ROE、BEPS、OPR 等价值驱动因素与 EVA 正向相关性较强，但其中最敏感的价值创造驱动因素是 ROE。贾海英（2016）认为，企业内外部因素在经济增加值（EVA）指标均得到了综合考虑，具有指导性和结果导向性。相比其他评估指标，企业的价值和绩效状况在 EVA 中能得到更客观地反映。Uyemura 等（1996）通过大约美国 100 家银行控股企业进行分析，发现 EVA 相对于传统财务指标更准确地揭示了企业的价值。根据这一发现，高绍福、王瑾（2018）将研究对象选定为国内医药上市公司，对 EVA 评估方法对企业真实价值的有效性进行了重新验证。结合本书具体内容，可以发现选用 EVA 法评价企业价值较为适当。

二、EVA 的计算方法

根据国务院国资委对 EVA 使用的要求，EVA 值等于企业税后净营业利润减去全部投入资本成本之后余额，计算公式为：

$$EVA = NOPAT - TC \times WACC \tag{6-7}$$

其中，NOPAT 为税后营业净利润，TC 为投入资本总额，WACC 为加权平均资本成本。本书综合了国务院国资委的实践经验以及学术界的理论观点，并结合了相应的会计调整内容，下面对涉及公式的各个组成部分进行详细计算和解释，以确保方法的准确性和透明度。具体来说，本书在计算企业税后净营业利润时主要选取的指标包括营业利润（profit）、所得税费用（tax）、利息支出（interests）、资产减值损失（reduction）、开发支出（develop）、企业所得税税率（rate）、递延所得税负债增加额（increase_lib）、递延所得税资产增加额（increase_ass），具体计算方法为：

（1）税后净营业利润（NOPAT）。

$$NOPAT = profit - tax + (interests + reduction + reduction + develop) \times (1 - rate +$$
$$increase\_lib - increase\_ass) \tag{6-8}$$

（2）资本总额（TC）。

本书在计算企业税后净营业利润时主要选取的指标包括：所有者权益（equity）、资产减值准备（impairment_ass）、在建工程减值准备（impairment_cons）、在建工程净额（net_cons）、递延所得税负债（tax_lib）、递延所得税负债（tax_ass）、短期借款（short）、交易性金融负债（trading financial liabilities）、一年到期的非流动负债（short_non-current）、长期借款（long）、应付债券（bond）、长期应付款（long_payable），具体计算方法为：

$$TC = equity + impairment\_ass - impairment\_cons - net\_cons + tax\_lib - tax\_ass + short +$$

trading financial liabilities+short_non-current+long+bond+long_payable

$$(6-9)$$

（3）加权平均资本成本（WACC）。

本书在计算企业税后净营业利润时主要选取的指标包括：债券资本成本（bond capital cost）、企业所得税税率（rate）、债务资本（lib）、总资本（asset）、股权资本成本（stock capital cost）、股权资本（stock）、总资本（asset），具体计算方法为：

$$WACC = bond\ capital\ cost \times (1-rate) \times (lib/asset) + stock \times (lib/asset) \qquad (6-10)$$

股权资本成本（stock）计算方法为：

无风险利率+风险因子×市场风险溢价 $\qquad (6-11)$

式中，债券资本成本使用一年期银行贷款利率；无风险收益率使用银行一年期存款利率；风险因子使用沪深市场股票 250 交易日流通市值加权的 BETA 值；考虑到中国股票市场波动率过大的特点，计算时市场风险溢价使用 4%。

三、EVA 估值法的会计项目调整

（1）调整原因。传统会计利润与 EVA 关注的经济利润之间存在的本质区别，是对 EVA 指标的会计条目进行调整的根本原因。传统会计利润通常侧重于会计准则下的收入和费用的核算，而 EVA 更关注企业实际创造的经济价值。因此，为了更准确地评估企业的经济绩效和真实价值，在运用 EVA 模型评价企业价值前，调整相关会计条目是必要的步骤，这样可以确保 EVA 指标能够准确且全面地描绘出企业的经济状况和其价值创造的真实能力。

在评估企业的实际价值创造能力时，关键是在考虑企业权益资本及债务资本成本的基础上，测量企业真实的创造能力。这种方法涉及对企业资本结构的全面考量，确保能够精确评估其产生价值的能力。因此使用 EVA 法进行评估是一个合理的方法。简单来说，EVA 评估法是在剔除企业的投资成本后，企业所获得的真实利润，能够更为有效和准确地评估企业价值。一般来说，如果使用传统的会计利润对企业价值进行衡量，那么企业价值很容易受到会计准则和管理层行为等的影响，这种失真现象使得企业的实际盈亏状况无法准确反映在会计利润中。因此，在对企业价值应用 EVA 模型评估的过程中，必须调整相关会计项目，以

确保 EVA 计算结果的真实性和可靠性。这一调整过程有助于消除会计利润与经济利润间的偏差,更准确地评估企业的价值创造能力和经济绩效。

(2) 调整原则。在使用 EVA 法对企业价值进行计算时,首要步骤是对相关会计项目进行必要的调整。以获得准确、合理和可靠的财务数据。一般来说,主要包括以下原则:一是重要性,即对具有重大影响的项目进行调整;二是可影响性,指管理层可以影响或控制选择调整的会计项目;三是可获得性,要求调整数据数量尽可能少且简单易得;四是易理解性,目的是将项目调整至容易被理解的程度,确保即便是非财务专业人士也能够理解;五是保持连续性,调整项目应持续存在,以确保计算结果的可比性和连续性;六是现金收支原则,调整项目应反映企业实际的现金收支情况,避免利润操纵的出现。这些原则的遵循有助于保证EVA 估值结果的准确性和可靠性,为企业提供可靠的财务评估和决策支持。

(3) 基于现行会计准则对主要科目进行调整。使用美国思腾斯特公司列举的调整方法,会降低调整效率,因为其对超过 160 项的会计项目进行了调整,在实际操作中不宜进行大量项目的调整。鉴于此,企业在进行会计调整时,应结合其自身具体情况和行业特征,根据会计调整原则,选择性地识别并调整 5~10 个关键会计项目,此举旨在确保计算出的经济增加值(EVA)能够较为准确地反映企业的经济状况。通过此种精选的调整,企业可以更有效地应用 EVA 模型评估自身的经济绩效,从而为决策提供更可靠的依据。综合当前实践经验和石化行业的特性,本书建议对特定的会计项目进行调整(见表 6-14),这些调整是基于对该行业操作特点的全面考虑,目的是提高会计项目处理的相关性和准确性,具体如下:

表 6-14　会计项目调整

会计项目名称	调整内容
研发费用	将研发费用视为长期资产,并将未资本化的开发支出以及原本计入当期损益的研究支出一并资本化,同时将企业的税后净营业利润进行调增,接着,根据企业的具体情况确定受益年限并将资本化的研发费用进行摊销处理,摊销额计入当期损益并冲减资本总额
财务费用	将当期发生的利息支出和汇兑损益分别加回到税后净营业利润中
递延税款	将递延所得税负债的增加额和递延所得税资产的减少额加回到税后净营业利润;将递延所得税负债的贷方余额加回到资本总额,递延所得税资产的借方余额冲减资本总额
营业外收支	在计算税后净营业利润时,应该将营业外支出加入,同时减去营业外收入,以计算出营业外收支的净额,然后将其资本化,并纳入到企业的资本总额中

会计项目名称	调整内容
各项减值准备	将当期增加的资产减值准备加回到企业税后净营业利润中，并相应地把资产减值准备科目余额调增企业的资本总额
无息负债	在计算资本总额时，将无息负债扣除
在建工程	在计算资本总额时，将在建工程扣除

1）研发费用。按照中国当前的企业会计规定，针对研发费用的处理通常分为研究和开发两个不同的阶段。企业需采用费用化及资本化的方法来准确记录和披露研发费用，以确保财务报告的透明度和精确性。然而，企业也可能使用这条规定对其经营利润进行操纵，以实现"粉饰"报表的目的。具体来说，由于研发投入的回报往往需要经过一段时间才可以获得。因此，企业可以通过减少研发支出，以实现短期利润的提升。企业过度重视短期价值，导致了企业丧失了长期发展的机会。为了能够获得准确和合理的企业 EVA 价值，需要对企业的研发支出进行调整，以反映企业真实的研发投入。具体来说，本书采取的调整方式如下：首先，将企业研发费用视为长期资产，同时资本化企业为资本化的开发支出和被计入当期损益部分的研究支出。其次，本书调增企业的税后净利润。最后，根据企业研发支出的受益年限，将上述资本化的研发费用进行摊销处理，并同时考虑将获得的摊销金额计入当期损益中。经过此三步骤，年报中所披露的研发支出剔除了短期利润的负面影响，能够更加真实地反映企业的研发费用。

2）财务费用。从财务报告方面看，财务费用是一项较为综合的科目，该科目包含了利息支出、汇兑损益以及利息收入等的披露和计算，其中，利息支出是用来衡量企业债务成本的主要指标，这些元素共同构成了企业财务费用的总额，反映了企业在融资活动中的财务负担。但在估计企业的 EVA 价值时，本书在资本成本中考虑了权益资本成本和债务资本成本。因此，需要将利息支出项目加回税后净营业利润，以规避重复计算债务成本对企业利润的低估。除此之外，税后净营业利润实质上表示企业从常规业务活动中获得的收益。所以，为了确保其准确性，应从净营业利润中消除非经营性收益，包括外汇损益和利息收入等因素，以防止过高估计税后净营业利润的，这样的调整有助于更真实地展示企业从主营业务中获得盈利的水平。

3）递延税款。递延税款的形成源于中国企业会计准则与税法之间的不一致性，这种不一致导致企业的应纳税所得额通常与会计利润不匹配，从而产生暂时性的税务差异，这些暂时性差异是企业产生递延税款的主要原因。递延所得税负债表示企业在当前期间尚未支付的税款，而递延所得税资产表明企业已经预付的税款。从经济学的视角看，由于递延所得税资产已经支付，因此在计算资本总额时应予以扣除。在计算税后净营业利润时，应减去企业当前期间递延所得税资产的增加额。相反，递延所得税负债推迟了企业履行当期纳税义务的时间，实际上相当于给予了企业一笔资本，因此，企业的资本成本总额中应包括递延所得税负债的余额，并用递延所得税负债的增加额来调节企业的税后净营业利润。这一做法有助于确保企业的资本成本和盈利状况的精确表述，从而提供更准确的财务分析。这一调整过程有助于确保税后净营业利润的准确性和可比性，从而提高 EVA 计算结果的精确性和可靠性。

4）营业外收支。在企业的会计处理过程中，营业外收支科目主要记录了非日常经营活动产生的收益或损失，如出债务重组带来的利得或售非流动资产产生的收益等，这些项目通常不属于常规业务活动，而是偶发事件的财务影响。然而，EVA 关注的是企业正常经营活动所带来的收益。因此，在计算 EVA 时，排除非经常性损益的影响是必须的。为了精确反映企业的实际运营盈利，对税后净营业利润进行计算时，需要考虑将营业外支出加上，并减去营业外收入，以得到营业外收支的净额，最终将这个净额纳入企业的资本总额中。这种处理营业外收支的方法使得所得的营业利润更能真实地代表企业的经营成果，是一种较为理性的计算做法。

5）各项减值准备。根据我国的会计准则，企业需要设立准备金以应对潜在的资产减值损失，如固定资产减值准备和坏账准备等。尽管这些准备金会影响当期利润，但它们并不涉及实际的资金流出。从经济附加值（EVA）的角度看，假设资产不会减值且没有物价变动，则这些减值准备可能会导致对当期利润的低估。为了保证 EVA 计算的准确性，对这些减值准备进行调整是必要的。具体操作包括将当期新增的资产减值准备重新加入到税后净营业利润中，并根据资产减值损失科目的余额数对企业的资本总额进行调整，从而更准确地反映企业的盈利能力。

6）无息负债。无息负债指企业所承担的债务，其在借款期间不需要支付任何利息。通常情况下，无息负债可能是出于特殊安排或协议，或者是出于信任关系而提供的贷款，借款人在一定期限内可以免除支付利息。因此，无息负债在财务报表上不会反映利息支出。在计算 EVA 时，应注意对无息负债的处理，需对其进行调整。具体操作方法是，从企业的总负债中扣除有息负债部分，从而得到无息流动负债的准确数额，并在资本总额汇总将其扣除，以确保了在估算企业的经济价值时，资本成本可以得到准确的反映。

7）在建工程。在建工程是指一个项目已经开始，但尚未完成的阶段，即项目已经启动，但尚未投入使用或交付。在建工程的价值通常包括直接成本（如劳动力、材料和设备）、间接成本（如管理费用和间接材料费用）以及资本化的利息费用（如果适用）。然而，这些支出所反映的价值无法在当前期间为企业带来收益，并且在资产投入使用前没有相应的收益科目予以匹配。为了确保 EVA 计算结果的准确性和可靠性，需要对在建工程科目进行调整。具体操作是将在建工程科目净额从资本总额中剔除，这样可以避免它对资本占用的影响，进而更好地反映出企业的真实经营情况。

四、EVA 估值法在石化上市公司的适用性分析

首先，在评估企业价值的传统方法中，权益资本成本常常未得到充分的考虑。相比之下，用 EVA 评估企业价值时通过将股东权益与企业的财务绩效直接关联，提供了一种创新性的解决方案。这种做法使股东与企业管理层的目标更加一致，进而减少代理成本并提升激励与监督的有效性。这一点在资本密集、风险较高的石化行业尤为重要，在石化行业中，对权益成本的忽略会导致企业的经营结果无法真实显示其盈亏状况，可能会对企业的经营决策产生误导，进而影响企业的长期发展。因此，采用 EVA 方法对于评估石化行业企业的价值和经营绩效具有重要意义。

其次，石化行业的企业，通常面临高投资需求、高风险及潜在的高收益情况。这种情况要求企业应格外重视其创造长期价值的能力，但企业经营者可能会采取一些措施，如调整折旧、延后入账时间等方式，以操纵短期业绩，这可能会导致财务分析结果的失真，无法充分反映企业的核心盈利能力和竞争力，进而产生不利于企

业的持续发展和对股东利益的保护的结果。通过实施会计调整，EVA 提供了一种更真实的方法来反映企业的经营成果，并鼓励管理层增强对长期资本的投入。这样做有助于减少短期行为可能引起的负面影响，从而维护企业的长期稳定发展。

最后，EVA 指标在企业应用中展现出了极强的灵活性。企业可以根据其自身的特点和重要性，选择适合的会计调整项目进行计算，以满足针对性和行业需求的贴合。尤其在资本密集型的石油行业中，在用 EVA 估值法对企业价值进行计算时进行恰当的调整和会计分摊，可以增加计算结果的精确性并减少评估的波动性。这种定制化的会计调整不仅能够提高 EVA 计算的可信度，还能更好地反映企业在复杂经营环境中的真实盈利能力。

第五节　石化上市公司企业价值的评价结果分析

在选取了企业价值评价的恰当方法和适用性分析后，本节将对石化上市公司 EVA 价值进行评价并展开描述性统计，分析石化上市公司的 EVA 价值均值、最小值、最大值、中位数和标准差，以了解石化上市公司 EVA 价值的具体分布情况及变化趋势。进一步地，本节将依照石化上市公司的企业性质、地理位置和其董监高是否具有海外背景分组对其 EVA 价值进行描述，从而在异质性视角下分析石化行业上市企业的 EVA 价值是否存在差异。

一、企业价值的分组评价结果分析

1. 按产权性质分组

石化上市公司 2015～2021 年国有企业的企业价值计算结果如表 6-15 所示，主要是用 EVA 值对企业价值进行表示，并对其结果进行统计性描述。可以看出，石化上市公司中国有企业企业价值的最大值在 2015～2021 年呈先上升后下降再上升的趋势，且与最小值差距较大；均值、标准差和中位数的波动也较为明显，对比每一年的均值和中位数来看，只有 2016 年和 2021 年的中位数大于均值，说明石化上市公司中国有企业的企业价值分布较为不平均，除 2016 年和 2021 年外，其余年份仍有超过一半国有企业的企业价值低于平均水平。

表 6-15　石化上市公司 2015~2021 年国有企业企业价值描述性统计结果

单位：百万元

年份	样本量	最小值	最大值	均值	标准差	中位数
2015	69	-1444.54	3001.79	-50.19	545.55	-41.90
2016	69	-3519.51	4643.99	-25.04	949.48	-40.31
2017	69	-3140.77	11158.79	293.21	1603.60	8.27
2018	68	-1864.52	10948.79	566.05	1519.89	102.54
2019	67	-62136.02	9366.22	-790.72	7706.20	-25.80
2020	69	-4271.67	7002.68	80.89	1102.67	-11.43
2021	69	-531.18	17838.67	979.79	2401.88	296.49
全样本	480	-62136.02	17838.67	153.63	3208.41	3.04

石化上市公司 2015~2021 年非国有企业企业价值的计算结果如表 6-16 所示，主要是用 EVA 值对企业价值进行表示，并对其结果进行统计性描述。可以看出，石化上市公司中非国有企业企业价值的最大值在 2015~2021 年总体呈上升趋势，而最小值呈现先上升再下降之后再上升的波动趋势；均值、标准差和中位数的波动较为明显，对比每一年的均值和中位数看，每年的中位数均小于均值，说明石化上市公司中非国有企业的企业价值分布较为不平均，且在 2015~2021 年，每年都有超过一半非国有企业的企业价值低于平均水平。

表 6-16　石化上市公司 2015~2021 年非国有企业企业价值描述性统计结果

单位：百万元

年份	样本量	最小值	最大值	均值	标准差	中位数
2015	68	-1045.73	1909.10	9.83	423.82	-19.02
2016	68	-1005.41	1538.47	59.79	365.88	-27.18
2017	68	-428.52	2487.46	210.99	461.54	39.01
2018	69	-443.71	2557.47	351.07	598.23	136.07
2019	70	-2301.85	8843.91	239.70	1229.74	14.12
2020	68	-1775.83	14059.60	491.72	2198.56	20.34

续表

年份	样本量	最小值	最大值	均值	标准差	中位数
2021	68	-1694.99	18145.94	1113.90	2738.27	152.80
全样本	479	-2301.85	18145.94	353.37	1479.99	37.24

综合表 6-15 和表 6-16 看，石化上市公司中非国有企业的最小值、最大值及均值均高于国有企业，可以看出石化上市公司中非国有企业表现出更高的企业价值和发展势头。其原因可能是：首先，非国有企业在经营决策和市场适应性方面往往表现出更大的灵活性和创新能力，由于缺少国家背书，这些企业更加依赖于市场机制来优化资源配置，促进技术创新和业务模式的创新，从而提升企业竞争力和市场份额；其次，非国有石化企业在 ESG 实践方面表现得更为积极，这不仅有助于提升企业的社会形象和品牌价值，也为企业吸引了更多的绿色投资和社会责任投资，进一步增强了企业的财务表现和企业价值。

2. 按地理位置分组

石化上市公司 2015~2021 年东部地区企业企业价值的计算结果如表 6-17 所示，主要是用 EVA 值对企业价值进行表示，并对其结果进行统计性描述。可以看出，石化上市公司中东部地区企业企业价值的最大值和最小值在 2015~2021年总体呈上下波动趋势，较为不稳定；均值、标准差和中位数的波动也较为明显，对比每一年的均值和中位数来看，2015~2021 年每年的中位数均小于均值，说明石化上市公司中东部地区企业的企业价值分布较为不平均，且每年都有超过一半东部地区企业的企业价值低于平均水平。

表 6-17 石化上市公司 2015~2021 年东部地区企业企业价值描述性统计结果

单位：百万元

年份	样本量	最小值	最大值	均值	标准差	中位数
2015	75	-1314.17	3001.79	81.72	570.03	-2.47
2016	74	-1119.47	4643.99	171.84	804.22	-24.87
2017	74	-428.52	11158.79	450.42	1464.06	50.68
2018	74	-443.71	10948.79	612.33	1456.16	161.03
2019	74	-2301.85	9366.22	361.29	1608.36	12.20

续表

年份	样本量	最小值	最大值	均值	标准差	中位数
2020	74	-4271.67	14059.60	407.34	2278.37	1.83
2021	74	-1694.99	18145.94	1340.94	3319.57	185.71
全样本	519	-4271.67	18145.94	488.63	1880.23	41.56

石化上市公司 2015~2021 年西部地区企业企业价值的计算结果如表 6-18 所示，主要是用 EVA 值对企业价值进行表示，并对其结果进行统计性描述。可以看出，石化上市公司中西部地区企业企业价值的最大值和最小值在 2015~2021 年总体呈波动趋势，较为不稳定；均值、标准差和中位数的波动也较为明显，对比每一年的均值和中位数看，2016 年、2018 年及 2021 年的中位数均大于均值，其余年份的中位数均小于均值，说明石化上市公司中西部地区企业的企业价值分布较为不平均，且除这三年外，每年都有超过一半西部地区企业的企业价值低于平均水平。

表 6-18 石化上市公司 2015~2021 年西部地区企业企业价值描述性统计结果

单位：百万元

年份	样本量	最小值	最大值	均值	标准差	中位数
2015	28	-1158.09	494.84	-105.20	340.12	-20.49
2016	29	-1310.41	496.56	-124.15	368.22	-41.04
2017	29	-3140.77	1189.18	-55.44	658.49	-11.13
2018	29	-167.62	2113.86	303.96	548.34	124.18
2019	29	-1109.85	453.40	-129.59	355.75	-26.04
2020	29	-984.96	619.45	-39.15	311.97	30.66
2021	29	-424.33	3788.88	488.35	868.62	222.35
全样本	202	-3140.77	3788.88	49.16	570.24	0.51

石化上市公司 2015~2021 年中部地区企业企业价值的计算结果如表 6-19 所示，主要是用 EVA 值对企业价值进行表示，并对其结果进行统计性描述。可以看出，石化上市公司中中部地区企业企业价值的最小值在 2015~2021 年呈先下降后上升再下降的波动趋势，而最大值呈现先下降后上升的趋势；均值、标准差和中位数的波动也较为明显，对比每一年的均值和中位数来看，2015 年、2016

年及 2019 年的中位数均大于均值,其余年份的中位数均小于均值,说明石化上市公司中中部地区企业的企业价值分布较为不平均,且除这三年外,每年都有超过一半中部地区企业的企业价值低于平均水平。

表 6-19　石化上市公司 2015~2021 年中部地区企业企业价值描述性统计结果

单位:百万万元

年份	样本量	最小值	最大值	均值	标准差	中位数
2015	34	-1444.54	449.78	-175.84	322.06	-112.19
2016	34	-3519.51	712.43	-199.34	686.75	-77.78
2017	34	-2826.52	1558.99	83.98	654.59	8.41
2018	34	-1864.52	1815.11	252.57	641.95	105.58
2019	34	-62136.02	1950.59	-1740.51	10680.17	-25.56
2020	34	-613.73	3792.07	294.45	895.98	-4.06
2021	34	-192.80	4967.42	881.15	1271.55	341.40
全样本	238	-62136.02	4967.42	-86.22	4121.64	3.49

综合表 6-17、表 6-18 及表 6-19 可知,石化上市公司中东部企业企业价值的最大值和均值均超过西部和中部企业,说明石化上市公司中东部企业的企业价值较高,发展较好,其原因不是单一的,可能有以下几个方面:首先,东部地区作为中国经济最发达的区域,拥有更为成熟的市场体系、更完善的基础设施、更丰富的人才资源和更高的技术,这些因素共同为东部地区石化企业的发展提供了有力支撑;其次,东部地区的地理位置和物流优势为石化产品的销售和分销提供了便利,有利于企业拓展市场和提高市场占有率;最后,东部地区密集的产业链布局和高水平的产业集群效应,能够为石化企业提供更多的上下游合作机会,降低生产成本,提高产业链的整体竞争力。这些因素的综合作用,使得东部地区的石化企业在企业价值和发展水平上领先于西部和中部地区。

3. 按董监高是否具有海外背景分组

石化上市公司 2015-2021 年董监高具有海外经历的企业的企业价值计算结果如表 6-20 所示,主要是用 EVA 值对企业价值进行表示,并对其结果进行统计性描述。可以看出,石化上市公司中董监高具有海外经历企业的企业价值的最小值和最大值的变化均呈现出较为波动的趋势;均值、标准差和中位数的波动也较为明显，对比每一年的均值和中位数来看，只有 2019 年的中位数大于均值，其余年份的中位数均小于均值，说明石化上市公司中董监高具有海外经历的企业的企业价值分布较为不平均，除 2019 年外，其余各年份都有超过一半董监高具有海外经历的企业的企业价值低于平均水平。

表 6-20　石化上市公司 2015~2021 年董监高具有海外经历的企业的企业价值描述性统计

单位：百万元

年份	样本量	最小值	最大值	均值	标准差	中位数
2015	62	−1314.17	3001.79	19.84	646.98	−27.10
2016	58	−3519.51	4643.99	−32.05	1012.97	−73.83
2017	63	−2826.52	11158.79	356.48	1605.30	26.65
2018	64	−1864.52	10948.79	567.40	1547.81	107.85
2019	69	−62136.02	9366.22	−696.00	7605.25	−9.29
2020	71	−4271.67	14059.60	279.17	2031.31	−4.96
2021	72	−1694.99	18145.94	1173.47	3183.08	227.23
全样本	459	−62136.02	18145.94	249.30	3457.26	18.20

石化上市公司 2015~2021 年董监高不具有海外经历的企业的企业价值计算结果如表 6-21 所示，主要是用 EVA 值对企业价值进行表示，并对其结果进行统计性描述。可以看出，石化上市公司中董监高不具有海外经历企业的企业价值的最小值和最大值的变化呈现出较为波动的趋势，且波动趋势较为一致；均值、标准差和中位数的波动也较为明显，对比每一年的均值和中位数看，只有 2015 年的中位数均大于均值，其余年份的中位数均小于均值，说明石化上市公司中董监高不具有海外经历的企业的企业价值分布较为不平均，且除 2015 年外，其余各年份都有超过一半董监高不具有海外经历的企业的企业价值低于平均水平。

表 6-21　石化上市公司 2015~2021 年董监高不具有海外经历的企业的企业价值描述性统计

单位：百万元

年份	样本量	最小值	最大值	均值	标准差	中位数
2015	75	−1444.54	532.88	−53.67	300.44	−39.36

年份	样本量	最小值	最大值	均值	标准差	中位数
2016	79	-1142.01	2045.42	53.13	388.73	-17.37
2017	74	-3140.77	2487.46	163.79	622.98	8.41
2018	73	-443.71	2557.47	361.66	627.16	126.81
2019	68	-2301.85	8843.91	173.89	1228.49	-5.20
2020	66	-822.33	10078.37	290.87	1378.26	38.27
2021	65	-1202.01	9006.33	905.55	1646.31	257.78
全样本	500	-3140.77	10078.37	257.15	1013.95	14.93

综合表 6-20 和表 6-21 看，石化上市公司中董监高具有海外经历的企业的企业价值最小值、最大值及均值均高于董监高不具有海外背景的企业，说明石化上市公司中董监高具有海外背景的企业表现出更高的企业价值和发展势头，其原因可能是，首先，具有海外背景的董监高往往带来更加国际化的治理观念和实践，这不仅能提高公司治理的透明度和效率，还能更好地应对环境和社会责任的挑战，从而提升企业的 ESG 表现，这种国际化视角使得企业能够更有效地融入全球市场，吸引国际投资者和合作伙伴，提高企业的国际竞争力和品牌价值；其次，拥有海外背景的董监高能够为企业搭建更广阔的国际合作网络，促进与国际市场的对接和资源的有效整合，这不仅有利于企业获取国际资本市场的支持，还能增强企业的品牌国际化程度，提高企业在全球市场中的竞争力，进而提升企业价值。

二、企业价值整体评价结果分析

全样本的石化上市公司企业价值的计算结果及其统计性描述情况如表 6-22 所示。可以看出，石化上市公司的企业价值的最小值和最大值相差较大，其中最小值在 2015~2021 年呈上下波动趋势，从 -14.45 亿元变动至 -16.95 亿元，而最大值在 2015~2021 年基本呈大幅上升趋势，从 30.02 亿元变动至 181.46 亿元，仅在 2019 及 2020 年有小幅下降；均值也在 2015~2021 年呈现先上升后下降再上升的趋势，基本与最小值及最大值的变化保持一致；中位数由 2015 年的 -0.278 亿元上升至 2.42 亿元，但对比每一年的中位数和均值看，所有年份的中位数均小于均值，说明石化上市公司的企业价值分布非常不平均。标准差从 2015 年的 4.88 亿元变为 2021 年的 25.66 亿元，说明石化上市公司的企业价值的差异显著，但石化行业的企业价值整体呈上升趋势。

表 6-22　石化上市公司 2015~2021 年企业价值描述性统计结果

单位：百万元

年份	样本量	最小值	最大值	均值	标准差	中位数
2015	137	-1444.54	3001.79	-20.40	488.07	-27.81
2016	137	-3519.51	4643.99	17.07	720.08	-29.24
2017	137	-3140.77	11158.79	252.40	1180.01	18.20
2018	137	-1864.52	10948.79	457.77	1152.66	124.18
2019	137	-62136.02	9366.22	-264.23	5463.88	-7.45
2020	137	-4271.67	14059.60	284.81	1741.19	-0.49
2021	137	-1694.99	18145.94	1046.36	2565.73	241.82
全样本	959	-62136.02	18145.94	253.40	2499.97	16.67

第六节　本章小结

本章主要介绍了企业价值的评估方法以及对企业价值计算结果的分析，并对我国石化上市公司的 EVA 价值进行了测算。主要包括三个部分：

（1）介绍了 EVA 估值法及其计算公式，并说明了该方法在石化行业的适用性。具体来说，本章根据国务院国资委对 EVA 使用的要求，使用企业税后净营业利润减去全部投入资本成本之后余额以计算石化行业企业的 EVA 价值。

（2）对用 EVA 估值法计算出的企业价值进行分组分析。从国有企业和非国有企业看，石化上市公司中非国有企业的最小值、最大值及均值均高于国有企业，可以看出，石化上市公司中非国有企业表现出更高的企业价值和发展势头；从地区看，石化上市公司中东部企业的企业价值的最大值和均值均超过西部和中部企业，说明石化上市公司中东部企业的企业价值较高，发展较好。从董监高是否具有海外背景看，石化上市公司中董监高具有海外经历的企业的企业价值最小值、最大值及均值均高于董监高不具有海外背景的企业，说明石化上市公司中董监高具有海外背景的企业表现出更高的企业价值和发展势头。

（3）总体上看，石化上市公司的企业价值的最小值和最大值相差较大，其中最小值在 2015～2021 年呈上下波动趋势，从－14.45 亿元变动至－16.95 亿元，而最大值在 2015～2021 年整体呈大幅上升趋势，从 30.02 亿元增长至 181.46 亿元，均值与最小值及最大值的变化趋势保持一致；但对比每一年的中位数和均值看，所有年份的中位数均小于均值，说明石化上市公司的企业价值分布非常不平均。标准差从 2015 年的 4.88 亿元变为 2021 年的 25.66 亿元，说明石化上市公司的企业价值的差异显著，但石化行业的企业价值整体呈上升趋势。

第七章　石化上市公司 ESG 信息披露质量对企业价值影响的实证

在本书的前面章节中，我们已经全面构建了 ESG 信息披露质量评价体系，利用 EVA 估值法对石化公司的企业价值进行评价，并对 ESG 信息披露质量如何影响石化公司的企业价值进行了理论上的详细探讨。基于这些理论探讨和统计分析，深入研究 ESG 信息披露质量如何通过中介变量影响企业价值的实证分析至关重要。基于此，本章将技术创新、企业声誉以及绿色信贷作为中介变量，详细分析 ESG 信息披露质量对石化上市公司企业价值的作用机制。

第一节　研究设计

一、变量选取与定义

1. 被解释变量

本章的被解释变量为第六章计算的石化公司企业价值（见表 6-22）。由于企业价值 EVA 中存在负数，无法进行对数变化，参考 Bellemare 和 Wichman（2020）的研究，本书对企业价值 EVA 进行反双曲正弦变换（AsEVA），并将其作为被解释变量进行分析。使用反双曲正弦变换能够使得数据满足正态分布，进而满足线性回归的假设，对于线性回归参数推断与参数检验具有较好的表现。本书对 EVA

数据实施了 1% 和 99% 分位数的 Winsorize 缩尾处理方法，原因是需消除极端异常值对分析结果的影响。

2. 解释变量

本书的解释变量为第六章中基于熵值法得到的企业 ESG 信息披露质量得分（见表 6-13），为了消除极端异常值对结果的干扰，本书对所有解释变量采取了1% 和 99% 分位数的 Winsorize 缩尾处理，以确保数据的稳健性。

3. 控制变量

参考已有研究（Acemoglu 等，2014），本书对可能影响企业价值的变量进行控制，主要包括：①企业财务特征，企业规模（Size，公司固定资产占比）、托宾 Q（Tobins' Q，账目价值/市值）总资产收益率（ROA，净利润/（（总资产期末余额+总资产期初余额）/2））、成长性（Growth，营业收入增长率）；②公司治理结构，股权集中度（Top，第一大股东持股比例）、独立董事比例（Indratio，独立董事占董事会比例）、董事会规模（Board，董事会人数）、两职合一（Duality，总经理兼任董事长时取值为 1，否则为 0）；③其他控制变量，包括企业年龄（lnFirmAge，企业成立年数取自然对数）。此外，考虑到不同行业和年度中企业 EVA 的差异，本书还控制了两位数行业的固定效应和时间固定效应。为了消除极端异常值的干扰，本书对所有连续性变量进行了 1% 和 99% 分位数的 Winsorize 缩尾处理。本书所采用的变量及其定义如表 7-1 所示。

表 7-1　变量及其定义

变量	名称	定义
AsEVA	企业价值	经过双曲正弦变换的企业价值
ESG	企业 ESG 总得分	基于熵值法计算的企业 ESG 信息披露质量总得分
Size	公司规模	上市公司固定资产占比（%）
lnFirmAge	公司年龄	年份减去上市公司成立年份，加 1 后取自然对数
Growth	公司成长性	公司营业收入年度增长率（%）
ROA	总资产收益率	净利润/（（总资产期末余额+总资产期初余额）/2））（%）
Tobins' Q	托宾 Q	账目价值/市值（%）
Top	股权集中度	公司第一大股东持股比例（%）
Duality	两职合一	公司董事长和 CEO 是否是同一人，是则取 1，否则取 0

续表

变量	名称	定义
Indratio	独立董事占比	独立董事占董事会人数比例（%）
Board	董事会规模	董事会人数取自然对数
$\ln(1+R\&D)$	企业研发投入	企业研发投入（亿元）加 1 取自然对数
$\ln(1+Patent)$	企业专利授权量	企业专利授权量加 1 取自然对数
Rep	企业声誉	企业声誉得分
Rep_Rank	企业声誉排名	企业声誉得分排名
Green Loans	绿色信贷	企业注册地所在地级市的环保项目信贷占总贷款比重数（%）
Risk	企业风险	公司三年 ROA 的波动率（%）

4. 中介变量

由前文理论分析可知，本书认为，石化行业企业 ESG 信息披露对于企业价值的提升主要通过促进企业研发创新、提升企业声誉和促进企业获取绿色信贷，进而提高了企业价值。因此，本章将从企业技术创新、企业声誉和绿色信贷三个角度对中介效应进行实证检验。具体来说，本书选取衡量企业研发创新的变量为企业创新研发投入加 1 后取自然对数（ln（1+R&D））和企业专利授权数量加 1 后取自然对数（ln（1+Patent））。本书中所选用的企业声誉评估方法参考了官考磊和张蕊（2019）的研究成果。该方法综合考虑了企业在行业内的地位、财务指标如收入、资产、净利润，以及从债权人、股东和企业自身的不同视角对企业声誉的影响因素。其中，从消费者和社会的角度考虑了企业的排名和业绩表现，而从债权人的角度关注资产负债率、长期负债比和流动比率等指标。此外，股东的利益被纳入考虑，包括每股股利、每股收益等。通过因子分析，可以得到企业声誉（Rep）得分，并根据所得到的声誉得分将企业从低到高划分为十组，分别标注为 1 至 10（Rep_Rank）。关于企业绿色信贷的情况，由于企业并不会披露其获得绿色信贷情况，本书考虑两个变量对企业获取信贷的能力进行识别。一个变量是企业注册地所在地级市的绿色信贷规模（Green Loans），即环保项目信贷占总贷款比重，该数值越高，表明当地绿色金融发展程度越高，企业获取绿色信贷的能力越强。另一个变量是企业风险，考虑到银行在给企业贷款时，企业的风险承担水平是其主要考虑的因素。一般来说，企业风险越低，其获得绿色信贷的概率越大，因此，本书选取企业的风险水平（Risk）识别企业获得绿色信贷的概率，参考吴颖宣、施建军（2018）的研究，本书选择企业前三年（［-2，0］）的 ROA 标准差衡量企业的风险。

二、模型构建

首先，构建模型（7-1）检验 ESG 信息披露质量对企业价值的影响：

$$AsEVA_{it} = \alpha + \beta ESG_{i,t} + \gamma \sum Controls_{it} + \mu_i + \mu_t + \varepsilon_{it} \qquad (7-1)$$

式中，i 代表第 i 家企业，t 代表第 t 个年度，α 是模型的截距项，ε 是随机扰动项。ESG 信息披露质量由 ESG 表示，是自变量；企业价值由 $AsEVA$ 表示，作为因变量；而 Controls 为本书选取的控制变量，μ_i 为行业固定效应，μ_t 为时间固定效应，以剔除随时间变动随行业不变的不可观测异质性的影响，以及随行业变动但随时间不变的不可观测异质性的影响。β 即为企业 ESG 信息披露对公司价值影响的系数，若其显著为正，说明 ESG 信息披露将显著提升公司价值。

其次，本书参考温忠麟等（2022）的中介效应检验流程，构建模型（7-2）和（7-3）以检验中介效应是否成立。先将中介变量（Mediator）作为因变量加入回归中，如模型（7-2）所示：

$$Mediator_{it} = \alpha + \theta ESG_{i,t} + \gamma \sum Controls_{it} + \mu_i + \mu_t + \varepsilon_{it} \qquad (7-2)$$

式中，i 表示第 i 个企业，t 表示第 t 个年份，$Mediator$ 为中介变量，包括衡量企业创新的变量(ln(1+R&D)和 ln(1+Patent))、衡量企业声誉的变量（Rep 和 Rep_Rank）、衡量企业绿色信贷获取能力的变量（GreenLoan 和 Risk）。Controls 为本书选取的控制变量，μ_i 为行业固定效应，μ_t 为时间固定效应，以剔除随时间变动随行业不变的不可观测异质性的影响，以及随行业变动但是随行业不变的不可观测异质性的影响。

之后，将中介变量加入模型 7-1 中，如模型 7-3 所示，

$$AsEVA_{it} = \alpha + \rho ESG_{i,t} + \omega Mediator_{it} + \gamma \sum Controls_{it} + \mu_i + \mu_t + \varepsilon_{it} \qquad (7-3)$$

式中，i 表示第 i 个企业，t 表示第 t 个年份，$Mediator$ 为中介变量，包括衡量企业创新的变量[ln(1+R&D)和 ln(1+Patent)]、衡量企业声誉的变量（Rep 和 Rep_Rank）、衡量企业绿色信贷获取能力的变量（GreenLoan 和 Risk）。Controls

为本书选取的控制变量，μ_i 为行业固定效应，μ_t 为时间固定效应，以剔除随时间变动随行业不变的不可观测异质性的影响，以及随行业变动但是随时间不变的不可观测异质性的影响。

结合模型（7-2）和模型（7-3）的结果对中介变量进行分析，如果模型（7-2）中的 ESG 的系数 θ 显著，且模型（7-3）中 ESG 的系数 ρ 相较于模型（7-1）中的 β 系数变小，或者显著性减弱，则说明中介效应成立。

第二节　实证结果分析

一、描述性分析

首先，对被解释变量、解释变量等相关变量的描述性统计进行分析，结果如表 7-2 所示。对 2015~2021 年所有石化上市公司的数据进行统计后，有效样本数量达到 959 个。在这些石化上市公司中，企业价值的表现有所不同。样本期间企业价值的最小值为 -21.78，最大值为 23.36，平均值约为 2.182，标准差为 19.40，显示出了样本企业间在规模上存在着较大的差异。而在 ESG 信息披露质量方面，企业的 ESG 信息披露质量（ESG）的均值约为 0.132，最小值约为 0.005，最大值约为 0.409，标准差约为 0.099，说明样本企业在 ESG 信息披露质量方面存在较大的差异。从企业规模上看，其均值为 0.342，最小值为 0.031，最大值为 0.715，标准差为 0.158，显示了样本公司间 ESG 信息披露质量存在较为显著的差异。从资产收益率（ROA）看，其均值为 0.040，最小值为 -0.227，最大值为 0.235，标准差为 0.066，表明尽管样本公司之间的资产收益率差距不是特别大但有部分公司存在亏损状况。

表 7-2　石化上市公司 ESG 信息披露质量对企业价值影响的变量描述性统计分析

变量	观测值	均值	标准差	最小值	中位数	最大值
ESG	959	0.132	0.099	0.005	0.113	0.409

续表

变量	观测值	均值	标准差	最小值	中位数	最大值
AsEVA	959	2.182	19.40	−21.78	17.32	23.36
Size	959	0.342	0.158	0.031	0.342	0.715
ln*FirmAge*	959	3.033	0.257	2.303	3.045	3.714
Growth	959	0.181	0.522	−0.558	0.080	3.727
ROA	959	0.040	0.066	−0.227	0.038	0.235
Tobins' Q	939	1.861	1.161	0.840	1.472	7.687
Top	959	32.62	13.30	11.83	30	76.16
Duality	959	37.21	5.054	33.33	33.33	55.56
Indratio	959	2.123	0.193	1.609	2.197	2.565
Board	959	0.182	0.386	0	0	1
ln（1+*R&D*）	959	17.13	4.166	0	18.170	22.090
ln（1+*Patent*）	959	2.592	1.335	0	2.773	5.236
Rep	805	0.136	0.615	−1.743	0.098	2.650
Rep_Rank	805	5.891	2.798	1	6	10
Green Loans	959	0.052	0.019	0.0120	0.053	0.098
Risk	959	0.041	0.057	0.001	0.024	0.553

二、相关性分析

本节进行 Pearson 相关性检验，旨在确认不同变量间的有效性，结果如表 7-3 所示。检验结果显示，被解释变量（即调整后的经济增加值，AsEVA）与解释变量（ESG）之间的相关系数大约为 0.158，且在 1% 的置信水平上显著为正，从统计角度支持了 ESG 信息披露质量对企业价值的正面影响，说明提高 ESG 信息披露质量有助于提升企业价值。此外，相关系数的分析指出，研究中的变量间存在的共线性较低，说明选定的控制变量是适宜的，在变量选择上较为合理。

三、总效应分析

为了验证假设 1 的正确性，本书对 ESG 信息披露质量与企业价值进行了回归分析，具体结果如表 7-4 所示。在表 7-1 中，第（1）列展示了未考虑控制变量

表7-3　石化上市公司ESG信息披露质量对企业价值影响的变量相关系数

变量	AsEVA	ESG	Size	FirmAge	Growth	ROA	Tobins'Q	Top	Duality	Indratio	Board	Ln (1+R&D)	Ln (1+Patent)	Rep	Rep_Rank	Green Loans	Risk
AsEVA	1																
ESG	0.158***	1															
Size	-0.002	0.060*	1														
lnFirmAge	-0.108***	0.015	0.036	1													
Growth	0.225***	-0.014	0.016	0.013	1												
ROA	0.624***	0.139***	-0.074**	-0.065**	0.294***	1											
Tobins'Q	-0.055*	-0.211***	-0.149***	-0.051	-0.044	0.032	1										
Top	0.056*	0.135***	0.046	0.027	0.184***	0.095***	-0.122***	1									
Duality	-0.047	-0.050	-0.006	0.061*	-0.013	-0.081**	-0.018	-0.011	1								
Indratio	0.026	0.196***	0.118***	0.006	-0.031	0.04	-0.035	-0.089***	-0.530***	1							
Board	0.082**	-0.023	-0.067**	-0.088***	0.032	0.057*	0.021	-0.073**	0.088***	-0.073**	1						
ln (1+R&D)	0.160***	0.228***	0.071**	-0.020	-0.026	0.108***	-0.236***	-0.026	-0.006	0.039	0.048	1					
ln (1+Patent)	-0.025	0.069**	0.015	0.040	-0.053	0.005	-0.079**	-0.026	-0.034	0.033	0.009	0.024	1				
Rep	0.613***	0.305***	-0.008	0.012	0.234***	0.733***	-0.214***	0.189***	0.031	0.167***	0.091***	0.296***	0.006	1			
Rep_Rank	0.634***	0.287***	-0.004	-0.033	0.236***	0.673***	-0.243***	0.223***	0.033	0.143***	0.061*	0.280*	-0.004	0.930***	1		
Green Loans	0.075**	0.069	-0.144***	0.100***	-0.01	0.058	-0.081*	0.022	0.062*	-0.103***	-0.100***	0.129***	0.007	0.164***	0.124***	1	
Risk	-0.018	-0.020	0.039	0.158***	0.007	-0.088***	0.246***	-0.047	0.008	-0.008	0.020	-0.157***	0.013	-0.133***	-0.138***	-0.017	1

注：***、**和*分别表示在1%、5%和10%的水平上显著。

表 7-4　ESG 信息披露质量对企业价值影响的回归结果

变量	(1)	(2)
	AsEVA	AsEVA
ESG	22.773 ***	10.947 **
	(6.484)	(5.479)
Size		6.936 **
		(3.275)
LnFirmAge		−9.205 ***
		(1.957)
Growth		0.884
		(0.984)
ROA		173.412 ***
		(8.595)
Tobins' Q		−0.233
		(0.489)
Top		−0.005
		(0.040)
IndRate		0.022
		(0.122)
LnBoard		−0.787
		(3.272)
Duality		2.234 *
		(1.242)
Constant	−0.769	20.402 *
	(1.043)	(11.379)
Year fixed-effect	YES	YES
Industry fixed-effect	YES	YES
Obs.	956	936
Adj_R^2	0.098	0.439

注: ***、** 和 * 分别表示在 1%、5% 和 10% 的水平上显著；括号内为异方差稳健标准误。

时的回归结果，结果显示 ESG 信息披露质量（ESG）系数为 22.773，在 1% 的显著水平上显著为正，说明企业 ESG 信息披露对于企业价值（EVA）具有显著的促进作用。在第（2）列中，我们加入了一系列控制变量，如公司规模（Size）、公司年龄（Age）、公司成长性（Growth）以及总资产收益率（ROA），然后观察 ESG 信息披露质量对企业价值的回归结果。加入控制变量后，ESG 信息披露质量（ESG）的系数为 10.947，在 5% 的显著水平上呈正相关，表明 ESG 信息披露对企业价值（EVA）具有显著促进作用。以上结果表明，无论是否加入控制变量，ESG 信息披露质量对企业价值（EVA）都有显著正向影响，即 ESG 信息披露质量越高，企业价值越高，从而验证了假设 1。企业通过 ESG 信息披露，展现了在环境、社会和公司治理方面的努力，其中包括大部分非经济效益以及企业价值所代表的经济效益。高水平的 ESG 信息披露质量意味着更高水平的非财务信息披露，这将积极推动其经济效益。因此，ESG 信息披露质量在平衡企业的非经济效益和经济效益方面发挥着关键作用，企业可以通过提高 ESG 信息披露质量来促进这两方面的共同协调发展。

四、中介效应分析

1. 技术创新的中介效应

由前文可知，本书认为企业 ESG 信息披露质量可能通过企业的技术创新，进而对企业价值产生了正向的促进作用，即企业的技术创新为 ESG 表现与企业价值的中介变量。为了验证中介效应是否成立，本书使用如下步骤进行分析：首先，将中介变量作为因变量与自变量进行回归；其次，将中间变量加入到基准回归中。在两步回归之后，对中介变量和自变量前的系数进行讨论，以此确定本书选取的变量是否为中介变量。

关于技术创新中介效应的检验如表 7-5 所示。本书选取企业研发投入（ln（1+R&D））和企业专利授权量（ln（1+Patent））作为衡量企业技术创新的变量，其中，第（1）列和第（2）列展示了使用企业研发投入衡量企业技术创新的结果。第（1）列为使用研发创新作为因变量的结果，可以看到 ESG 总得分的系数在 1% 的显著性水平下显著为正，说明 ESG 得分越高，企业研发投入越高。第（2）列将企业研发创新加入回归中，此时 ESG 总得分的系数不显著了，但企业研发创新的系数仍旧显著为正，说明企业研发创新作为中介变量是合理的，即 ESG 得分通过促进企业创新，进而提升了企业的价值。

表7-5　技术创新的中介效应检验结果：使用企业研发投入和专利授权数衡量

变量	(1) ln（1+R&D）	(2) AsEVA	(3) ln（1+Patent）	(4) AsEVA
ESG	6.415***	8.738	0.858*	11.238**
	(1.077)	(5.540)	(0.483)	(5.501)
ln（1+R&D）		0.344**		
		(0.143)		
ln（1+Patent）				0.339**
				(0.159)
Size	−0.075	6.962**	0.166	6.992**
	(0.733)	(3.255)	(0.305)	(3.275)
lnFirmAge	−0.888*	−8.899***	0.109	−9.168***
	(0.483)	(1.972)	(0.185)	(1.960)
Growth	−0.061	0.905	−0.124	0.842
	(0.326)	(0.990)	(0.090)	(0.984)
ROA	4.627**	171.819***	0.304	173.515***
	(1.884)	(8.528)	(0.700)	(8.599)
Tobins' Q	−0.819***	0.049	−0.064	−0.255
	(0.185)	(0.495)	(0.047)	(0.490)
Top	−0.013	−0.000	−0.002	−0.006
	(0.010)	(0.040)	(0.004)	(0.040)
IndRate	0.031	0.011	−0.013	0.018
	(0.026)	(0.121)	(0.011)	(0.121)
lnBoard	0.773	−1.053	0.086	−0.758
	(0.649)	(3.250)	(0.303)	(3.265)
Duality	0.883***	1.930	0.093	2.266*
	(0.259)	(1.232)	(0.110)	(1.239)
Constant	17.871***	14.248	2.383**	21.209*
	(2.467)	(11.722)	(1.052)	(11.361)
Obs.	936	936	936	936
Adj_R^2	0.287	0.442	0.039	0.439

注：***、**和*分别表示在1%、5%和10%的水平上显著；括号内为异方差稳健标准误。

第（3）列和第（4）列展示了使用企业专利授权量衡量企业技术创新的结

果。第（3）列为使用企业专利授权量作为因变量的结果，可以看到 ESG 总得分的系数在 10%的显著性水平下显著为正，说明 ESG 得分越高，企业专利授权量越高。第（4）列将企业专利授权量加入回归中，此时 ESG 总得分的系数在 5%的显著性水平下显著为正，说明 ESG 得分通过提升了企业专利授权数量，进而提升了企业的价值。

综上所述，可以认为企业技术创新是 ESG 与企业价值之间的中介变量，即 ESG 通过提升企业创新，进而提高了企业价值。

2. 企业声誉的中介效应

关于企业声誉中介效应的检验如表 7-6 所示。本书选取企业声誉得分（Rep）和企业声誉得分（Rep_Rank）排名作为衡量企业声誉的变量。如表 7-6 所示，其中，第（1）列和第（2）列展示了使用企业声誉得分衡量企业声誉的结果。第（1）列为使用企业声誉作为因变量的结果，可以看到，ESG 总得分的系数在 1%的显著性水平下显著为正，说明 ESG 得分越高，企业声誉得分越高；第（2）列将企业声誉加入回归中，此时 ESG 总得分的系数不显著了，但企业声誉的系数仍旧显著为正，说明企业声誉作为中介变量是合理的，即 ESG 得分通过提升企业声誉，进而提升了企业的价值。

表 7-6　企业声誉的中介效应检验结果：使用企业声誉得分和排名衡量

变量	（1） *Rep*	（2） *AsEVA*	（3） *Rep_Rank*	（4） *AsEVA*
ESG	0. 641 ***	1. 211	2. 699 ***	0. 184
	(0. 131)	(5. 719)	(0. 680)	(5. 446)
Rep		11. 416 ***		
		(1. 409)		
Rep_Rank				3. 090 ***
				(0. 279)
Size	−0. 097	5. 335	−0. 520	5. 836 *
	(0. 085)	(3. 361)	(0. 431)	(3. 152)
ln*FirmAge*	−0. 014	−7. 653 ***	−0. 432	−6. 473 ***
	(0. 053)	(2. 072)	(0. 291)	(2. 028)

变量	(1)	(2)	(3)	(4)
	Rep	AsEVA	Rep_Rank	AsEVA
Growth	−0.026	−0.176	0.006	−0.492
	(0.033)	(1.251)	(0.151)	(1.259)
ROA	6.732***	101.002***	28.553***	89.624***
	(0.310)	(12.476)	(1.441)	(11.402)
Tobins' Q	−0.095***	0.863	−0.525***	1.396**
	(0.014)	(0.574)	(0.067)	(0.578)
Top	0.006***	−0.053	0.030***	−0.082*
	(0.001)	(0.043)	(0.005)	(0.042)
IndRate	0.026***	−0.232*	0.115***	−0.287**
	(0.003)	(0.136)	(0.016)	(0.130)
LnBoard	0.817***	−9.403**	3.295***	−10.256***
	(0.097)	(3.820)	(0.476)	(3.601)
Duality	0.114***	0.799	0.328*	1.093
	(0.036)	(1.254)	(0.180)	(1.140)
Constant	−2.878***	46.945***	−5.448***	30.925***
	(0.295)	(12.947)	(1.466)	(11.816)
Obs.	802	802	802	802
Adj_R^2	0.677	0.476	0.603	0.512

注：***、**和*分别表示在 1%、5%和 10%的水平上显著；括号内为异方差稳健标准误。

第（3）列和第（4）列展示了使用声誉排名得分衡量企业技术创新的结果。第（3）列为使用企业声誉排名得分作为因变量的结果，可以看到 ESG 总得分的系数在 1%的显著性水平下显著为正，说明 ESG 得分越高，企业声誉排名得分越高。第（4）列将企业声誉排名得分加入回归中，此时 ESG 总得分的系数不显著了，但企业声誉排名得分的系数仍旧显著为正，说明企业声誉排名作为中介变量是合理的，即 ESG 得分通过提升了企业声誉排名，进而提升了企业的价值。

综上所述，可以认为企业声誉是 ESG 与企业价值之间的中介变量，即 ESG 通过提升企业声誉，进而提高了企业价值。

3. 绿色信贷的中介效应

关于绿色信贷中介效应的检验如表 7-7 所示。本书选取上市公司所在地级市绿色信贷占比（Green Loans）和企业风险（Risk）作为衡量企业绿色信贷获取能力的变量，其中第（1）列和第（2）列展示了使用绿色信贷衡量企业技术创新的结果。第（1）列为使用绿色信贷作为因变量的结果，可以看到 ESG 总得分的系数在 10% 的显著性水平下显著为正，说明 ESG 得分越高，企业越容易得到绿色信贷。第（2）列将企业绿色信贷加入回归中，此时 ESG 总得分的系数在 10% 的显著性水平下显著为正，说明绿色信贷作为中介变量是合理的，即 ESG 得分通过提升获取绿色信贷的能力，进而提升了企业的价值。

表 7-7　企业绿色信贷的中介效应检验结果：使用绿色信贷占比和风险衡量

变量	(1)	(2)	(3)	(4)
	Green Loans	*AsEVA*	*Risk*	*AsEVA*
ESG	0.009*	10.651*	−0.030**	10.974**
	(0.004)	(5.490)	(0.013)	(5.515)
Green Loans		32.289*		
		(18.316)		
Risk				0.885*
				(0.436)
Size	−0.018***	7.525**	0.008	6.929**
	(0.004)	(3.310)	(0.008)	(3.275)
ln*FirmAge*	0.005**	−9.373***	0.008	−9.212***
	(0.002)	(1.973)	(0.005)	(1.958)
Growth	−0.002*	0.949	−0.002	0.886
	(0.001)	(0.984)	(0.003)	(0.983)
ROA	0.015	172.942***	0.015	173.399***
	(0.010)	(8.598)	(0.025)	(8.614)
Tobins' Q	−0.000	−0.226	0.007***	−0.239
	(0.001)	(0.484)	(0.002)	(0.495)
Top	0.000	−0.006	0.000***	−0.005
	(0.000)	(0.040)	(0.000)	(0.041)
IndRate	0.000	0.019	−0.001**	0.022
	(0.000)	(0.121)	(0.000)	(0.122)
ln*Board*	−0.005	−0.626	−0.023***	−0.767
	(0.004)	(3.276)	(0.007)	(3.281)

变量	（1）	（2）	（3）	（4）
	Green Loans	*AsEVA*	*Risk*	*AsEVA*
Duality	0.005 ***	2.089 *	−0.001	2.235 *
	(0.001)	(1.245)	(0.003)	(1.242)
Constant	0.046 ***	18.918 *	0.069 ***	20.341 *
	(0.014)	(11.429)	(0.022)	(11.429)
Obs.	936	936	936	936
Adj_R^2	0.116	0.440	0.072	0.439

注：***、**和*分别表示在1%、5%和10%的水平上显著；括号内为异方差稳健标准误。

第（3）列和第（4）列展示了使用企业风险衡量绿色信贷的结果。第（3）列为使用企业风险作为因变量的结果，可以看到 ESG 总得分的系数在 5% 的显著性水平下显著为正，说明 ESG 得分越高，企业风险越低。第（4）列将企业风险加入回归中，此时的系数仍旧在 5% 的显著性水平下显著为正，说明企业风险作为中介变量是合理的，即 ESG 得分通过降低企业风险，提升了企业获取绿色信贷的能力，进而提升了企业的价值。

综上所述，可以认为绿色信贷是 ESG 与企业价值之间的中介变量，即 ESG 通过提升企业获取绿色信贷的能力，进而提高了企业价值。

五、异质性分析

为进行异质性分析，将样本基于企业性质（国有企业与非国有企业）、地理位置（东中西部）及董监高背景是否具有海外背景三个指标进行分类，进一步探究 ESG 信息披露质量对企业价值的影响。

1. 基于企业性质的回归结果

（1）总效应下基于企业性质的回归结果。在总效应下，基于企业性质分组的石化上市公司 ESG 信息披露质量对企业价值的回归结果如表 7-8 所示。第（1）列展示了国有企业的回归结果，而第（2）列则呈现了非国有企业的回归结果。从回归结果来看，ESG 信息披露质量（ESG）对国有企业的企业价值（EVA）的回归系数为 5.015，这一结果并不显著，而 ESG 信息披露质量（ESG）

对非国有企业的企业价值（EVA）回归系数为 17.824，在 5% 的显著性水平上显著为正，说明对于非国有企业来说，其 ESG 信息披露质量显著提升了其公司企业价值，但在国有企业中，ESG 信息披露质量并不会对企业价值产生显著影响。主要原因在于两者在资本结构、市场敏感度以及社会责任感知方面的差别。国有企业通常获得资源配置上的优先权和更稳定的资金支持，使其对 ESG 信息披露引发的市场反应相对不敏感。此外，国有企业在公众和投资者心中往往承担更多的社会责任，其 ESG 表现被视为履行国家战略的一部分，而非直接影响其企业价值的关键因素。相比之下，非国有企业在竞争更为激烈的市场环境中运作，面临更高的资金成本和市场压力，使得这些企业更加依赖良好的 ESG 表现来吸引投资、降低融资成本并提升品牌形象，从而在市场中获得竞争优势。因此，ESG 信息披露质量对非国有石化上市企业的企业价值产生了更为明显的影响，而在国有企业中这种影响并不明显。

表 7-8   总效应下基于企业性质的回归结果

变量	(1)	(2)
	国有企业	非国有企业
	AsEVA	AsEVA
ESG	5.015	17.824**
	(8.244)	(7.786)
Size	6.628	6.096
	(4.767)	(5.195)
lnFirmAge	−12.347***	−6.258**
	(3.627)	(2.592)
Growth	1.075	0.705
	(1.521)	(1.202)
ROA	172.495***	177.040***
	(12.238)	(12.735)
Tobins' Q	−0.292	0.004
	(0.652)	(0.889)
Top	−0.018	0.031
	(0.062)	(0.057)

变量	(1)	(2)
	国有企业	非国有企业
	AsEVA	AsEVA
IndRate	0.188	−0.250
	(0.151)	(0.229)
lnBoard	−0.440	−2.487
	(4.412)	(5.949)
Duality	1.175	3.030*
	(2.084)	(1.616)
Constant	24.456	23.403
	(17.548)	(20.865)
Year fixed−effect	YES	YES
Industry fixed−effect	YES	YES
Obs.	467	466
Adj_R²	0.423	0.440

注：＊＊＊、＊＊和＊分别表示在1%、5%和10%的水平上显著；括号内为异方差稳健标准误。

（2）中介效应下基于企业性质的回归结果。进一步地，本书将在国有企业和非国有企业中对中介效应进行分析。首先，关于技术创新中介效应的检验如表7-9所示。本书分别选取企业研发投入（ln（1+R&D））和企业专利授权量（ln（1+Patent））作为衡量企业技术创新的变量，第（1）列和第（2）列为使用企业研发投入（ln（1+R&D））的结果，可以看到，ESG 信息披露质量（ESG）对国有企业 EVA 价值系数为 2.738，但是并不显著，而对于非国有企业 EVA 价值的系数为 15.857，在 1%的显著性水平上影响显著为正。第（3）列和第（4）列为使用企业专利授权量（ln（1+Patent））的结果，可以看到，ESG 信息披露质量（ESG）对国有企业 EVA 价值系数为 5.345，但并不显著，而对于非国有企业 EVA 价值的系数为 14.040，在 5%的显著性水平下影响显著为正。说明在企业创新的中介效应下，ESG 信息披露质量对石化行业国有上市公司 EVA 价值不会产生显著影响，而对于非国有上市公司 EVA 价值产生显著的正向促进作用。

表 7-9 技术创新的中介效应检验：国有企业与非国有企业结果

变量	（1）	（2）	（3）	（4）
	国有企业	非国有企业	国有企业	非国有企业
	AsEVA	AsEVA	AsEVA	AsEVA
ESG	2.738	15.857**	5.345	14.070**
	（8.291）	（7.842）	（8.271）	（7.845）
ln（1+R&D）	0.438**	0.371		
	（0.208）	（0.240）		
ln（1+Patent）			−0.606	−0.143
			（0.518）	（0.511）
Size	6.678	6.174	6.449	6.215
	（4.715）	（5.206）	（4.754）	（5.223）
lnFirmAge	−11.839***	−5.830**	−12.423***	−6.227**
	（3.642）	（2.616）	（3.628）	（2.597）
Growth	0.915	0.793	1.065	0.665
	（1.556）	（1.178）	（1.523）	（1.206）
ROA	171.119***	174.722***	172.850***	177.051***
	（12.007）	（12.691）	（12.234）	（12.748）
Tobins' Q	0.296	−0.039	−0.341	−0.009
	（0.708）	（0.883）	（0.652）	（0.894）
Top	−0.025	0.044	−0.021	0.031
	（0.062）	（0.057）	（0.062）	（0.057）
IndRate	0.176	−0.251	0.180	−0.248
	（0.151）	（0.227）	（0.151）	（0.230）
lnBoard	−1.407	−2.171	−0.568	−2.350
	（4.376）	（5.908）	（4.370）	（5.989）
Duality	0.839	2.784*	1.289	3.040*
	（2.062）	（1.606）	（2.070）	（1.617）
Constant	17.456	15.163	26.905	23.261
	（17.905）	（21.620）	（17.511）	（20.900）
Year fixed-effect	YES	YES	YES	YES
Industry fixed-effect	YES	YES	YES	YES

注：***、**和*分别表示在1%、5%和10%的水平上显著；括号内为异方差稳健标准误。

关于企业声誉中介效应的检验如表 7-10 所示。本书分别选取企业声誉得分（Rep）和企业声誉排名（Rep_Rank）衡量企业的声誉，第（1）列和第（2）列为使用企业声誉得分（Rep）的结果，可以看到，ESG 信息披露质量（ESG）对国有企业 EVA 价值系数为-3.001，但是并不显著，而对于非国有企业 EVA 价值的系数为-0.569，同样也不显著。第（3）列和第（4）列为使用企业专利授权量企业声誉排名（Rep_Rank）的结果，可以看到，ESG 信息披露质量（ESG）对国有企业 EVA 价值系数为-4.028，但并不显著，而对于非国有企业 EVA 价值的系数为-0.450，同样也不显著。说明在企业声誉的中介效应下，ESG 信息披露质量对石化行业国有上市公司 EVA 价值和非国有上市公司 EVA 价值均不会产生显著影响。

表 7-10　声誉的中介效应检验：国有企业与非国有企业结果

变量	（1）	（2）	（3）	（4）
	国有企业	非国有企业	国有企业	非国有企业
	AsEVA	*AsEVA*	*AsEVA*	*AsEVA*
ESG	-3.001	-0.569	-4.028	-0.450
	(8.742)	(8.088)	(8.483)	(7.406)
Rep	9.110 ***	16.696 ***		
	(1.739)	(2.591)		
Rep_Rank			2.538 ***	4.077 ***
			(0.394)	(0.407)
Size	2.910	8.866 *	2.822	9.223 *
	(4.956)	(5.376)	(4.769)	(4.966)
ln*FirmAge*	-11.126 ***	-4.506	-9.737 ***	-4.427
	(3.719)	(2.796)	(3.638)	(2.700)
Growth	-1.093	0.688	-1.871	1.029
	(2.116)	(1.210)	(2.109)	(1.148)
ROA	106.276 ***	82.667 ***	101.114 ***	68.134 ***
	(18.415)	(18.320)	(16.971)	(15.409)
Tobins' Q	0.963	0.842	1.365	1.469 *
	(0.827)	(0.911)	(0.836)	(0.864)

变量	(1)	(2)	(3)	(4)
	国有企业	非国有企业	国有企业	非国有企业
	AsEVA	*AsEVA*	*AsEVA*	*AsEVA*
Top	−0.035	−0.066	−0.047	−0.135**
	(0.065)	(0.057)	(0.063)	(0.055)
IndRate	−0.060	−0.377	−0.141	−0.324
	(0.177)	(0.234)	(0.176)	(0.223)
ln*Board*	−5.804	−12.292*	−6.903	−11.876*
	(5.098)	(6.374)	(4.950)	(6.056)
Duality	1.328	−0.400	2.466	−0.480
	(2.187)	(1.652)	(1.960)	(1.517)
Constant	43.853**	49.541**	31.491*	25.653
	(19.383)	(21.403)	(18.315)	(20.182)
Year fixed-effect	YES	YES	YES	YES
Industry fixed-effect	YES	YES	YES	YES

注：***、**和*分别表示在1%、5%和10%的水平上显著；括号内为异方差稳健标准误。

关于绿色信贷中介效应的检验如表7-11所示。企业所在地级市绿色信贷占比（Green Loans）和企业风险（Risk）衡量企业获取绿色信贷的可能性，第（1）列和第（2）列为使用企业所在地级市绿色信贷占比（Green Loans）衡量企业获取绿色信贷的可能性的结果，可以看到，ESG信息披露质量（ESG）对国有企业EVA价值系数为5.227，但并不显著，而对于非国有企业EVA价值的系数为16.174，在5%的显著性水平下显著。第（3）列和第（4）列为使用企业风险（Risk）衡量企业获取绿色信贷的可能性的结果，可以看到，ESG信息披露质量（ESG）对国有企业EVA价值系数为4.445，但并不显著，而对于非国有企业EVA价值的系数为17.672，在5%的显著性水平上显著。说明在企业绿色信贷的中介效应下，ESG信息披露质量对石化行业国有上市公司EVA价值不会产生显著影响，而对于非国有上市公司EVA价值产生显著的正向促进作用。

表 7-11　绿色信贷的中介效应检验：国有企业与非国有企业结果

变量	（1）	（2）	（3）	（4）
	国有企业	非国有企业	国有企业	非国有企业
	AsEVA	AsEVA	AsEVA	AsEVA
ESG	5.227	16.174**	4.445	17.672**
	(8.246)	(7.857)	(8.212)	(7.811)
Green Loans	20.585	47.582		
	(40.494)	(43.957)		
Risk			24.003*	20.137
			(13.089)	(20.702)
Size	6.959	7.054	4.980	5.737
	(4.818)	(5.220)	(4.867)	(5.208)
lnFirmAge	−12.851***	−6.021**	−13.711***	−6.569**
	(3.790)	(2.608)	(3.633)	(2.583)
Growth	1.155	0.711	1.126	0.527
	(1.533)	(1.182)	(1.514)	(1.210)
ROA	171.457***	178.077***	174.192***	180.805***
	(12.348)	(12.775)	(11.185)	(12.418)
Tobins' Q	−0.260	−0.104	−0.812	−0.163
	(0.652)	(0.884)	(0.682)	(0.901)
Top	−0.021	0.035	−0.023	0.032
	(0.063)	(0.056)	(0.063)	(0.057)
IndRate	0.182	−0.236	0.195	−0.236
	(0.151)	(0.229)	(0.153)	(0.229)
lnBoard	−0.340	−2.337	−0.163	−2.375
	(4.408)	(5.971)	(4.462)	(5.919)
Duality	1.090	2.817*	1.113	2.939*
	(2.093)	(1.623)	(2.075)	(1.613)
Constant	24.905	19.382	28.536	23.189
	(17.606)	(21.161)	(17.561)	(20.778)
Year fixed-effect	YES	YES	YES	YES
Industry fixed-effect	YES	YES	YES	YES

注：***、** 和 * 分别表示在 1%、5% 和 10% 的水平上显著；括号内为异方差稳健标准误。

2. 基于地理位置的回归结果

（1）总效应下基于地理位置的回归结果。在总效应下，根据地理位置分组的石化上市公司 ESG 信息披露质量对企业价值影响的回归结果如表 7-12 所示。本书根据上市公司注册地所在省份将企业划分为东部、中部、西部地区企业，根据国家统计局的划分，东部地区包括广东、广西、北京、辽宁、天津、山东、河北、江苏、浙江、上海、福建、海南；中部地区包括内蒙古、山西、黑龙江、吉林、江西、安徽、河南、湖南、湖北；西部地区包括陕西、青海、甘肃、新疆、宁夏、重庆、四川、西藏、云南、贵州。在本书的样本中，东部地区有 74 家企业，中部地区有 34 家企业，而西部地区有 29 家企业。

表 7-12　总效应下基于地理位置的回归结果

变量	（1）	（2）	（3）
	东部地区	西部地区	中部地区
	AsEVA	*AsEVA*	*AsEVA*
ESG	23.092 ***	-4.813	5.041
	(7.028)	(11.908)	(12.892)
Size	7.601 *	3.812	11.986 *
	(4.228)	(9.242)	(7.218)
ln*FirmAge*	-9.357 ***	9.593 *	-22.795 ***
	(2.379)	(5.576)	(5.078)
Growth	3.282 ***	-6.219 **	0.812
	(0.953)	(2.490)	(1.889)
ROA	158.803 ***	227.685 ***	169.508 ***
	(9.712)	(31.655)	(23.025)
Tobins' Q	-0.923	0.102	1.254
	(0.771)	(1.611)	(1.025)
Top	-0.030	-0.072	0.049
	(0.056)	(0.090)	(0.090)
IndRate	-0.043	-0.166	-0.004
	(0.166)	(0.230)	(0.261)
ln*Board*	-3.926	11.838 *	-8.289
	(4.906)	(6.118)	(6.458)

续表

变量	（1） 东部地区 AsEVA	（2） 西部地区 AsEVA	（3） 中部地区 AsEVA
Duality	2.740* （1.481）	−3.272 （4.026）	0.188 （2.931）
Constant	30.786* （16.038）	−52.063** （22.444）	73.063*** （25.099）
Year fixed-effect	YES	YES	YES
Industry fixed-effect	YES	YES	YES
Obs.	507	199	228
Adj_R^2	0.477	0.414	0.435

注：***、**和*分别表示在 1%、5%和 10%的水平上显著；括号内为异方差稳健标准误。

第（1）列为东部地区企业的回归结果，第（2）列为西部地区企业的回归结果，第（3）列为中部地区企业的回归结果。从回归结果上看，ESG 信息披露质量（ESG）对东部地区企业的企业价值（EVA）回归系数为 23.092，且在 1%的显著性水平下显著为正。ESG 信息披露质量（ESG）对西部地区企业的企业价值（EVA）回归系数为 −4.813，其结果并不显著，ESG 信息披露质量（ESG）对中部地区企业的企业价值（EVA）回归系数为 5.041，也并不显著。因此，可以认为，对于东部地区的企业而言，ESG 信息披露质量其企业价值有显著促进作用，但对于西部和中部地区的企业来说，这种影响则不显著。关于 ESG 信息披露对企业绩效的相关研究也发现了类似的结论。其原因可能有四点：

第一，在本书的样本选择中，东部地区的企业数量显著多于西部和中部地区，故东部地区的观测值数量多于西部和中部地区，样本观测数量的差异可能导致了西部和中部地区的结果不显著。

第二，东部地区的经济较为发达，企业的利益相关者可能更容易接收到企业 ESG 信息披露中的相关内容，社会公众等利益相关者给予此类行业企业的社会责任表现关注度更高，如投资者可能能够更加准确地从企业 ESG 信息披露中了解投资的机会，这也导致了企业 ESG 信息披露对公司价值的影响更加显著。

第三，东部地区的经济发达也同时带来了相对充足的资金，市场也更加活跃，这就导致了 ESG 表现良好的企业能够从利益相关者处更为充足的投资，ESG 信息披露质量带来的正向影响也就更加充分，进而导致了企业 ESG 信息披露对公司价值的影响更加显著。

第四，东部地区企业 ESG 信息披露质量要显著高于其他地区。根据中国公司治理 50 人论坛、中新经纬和中国上市公司协会学术顾问委员会发布的《2023 年度中国非金融业上市公司 ESG TOP 50》① 中显示东部地区上市公司 ESG 指数最高，具有最好的 ESG 信息披露质量。较高的 ESG 信息披露质量对企业价值的影响更加显著。

（2）中介效应下基于地理位置的回归结果。进一步地，本书将基于企业所在地理区域按照东部、西部、中部划分进行中介效应分析。

首先，基于地理位置的技术创新中介效应的检验结果如表 7-13 所示。本书分别选取企业研发投入（ln（1+R&D））和企业专利授权量（ln（1+Patent））作为衡量企业技术创新的变量，其中表 7-13 的第（1）列和第（4）列展示了在东部企业中的结果，第（2）列和第（5）列展示了在西部企业中的结果，第（3）列和第（6）列展示了在中部企业中的结果。第（1）列、第（2）列和第（3）列为使用企业研发投入（ln（1+R&D））的结果。可以看到，ESG 信息披露质量（ESG）对东部企业 EVA 价值系数为 22.654，在 1% 的显著性水平上影响显著为正，对于西部企业 EVA 价值的系数为-6.013，但并不显著，对于中部企业 EVA 价值的系数为-1.632，同样也不显著。第（4）列、第（5）列和第（6）列为使用企业专利授权量（ln（1+Patent））的结果。可以看到，ESG 信息披露质量（ESG）对东部企业 EVA 价值系数为 23.285，在 1% 的显著性水平上影响显著为正，对于西部企业 EVA 价值的系数为-1.782，但是并不显著，对于中部企业 EVA 价值的系数为 4.977，同样也不显著。说明在企业创新的中介效应下，ESG 信息披露质量对石化行业东部地区上市公司 EVA 价值会产生显著影响，而对于西部地区和中部地区上市公司 EVA 价值不会产生显著影响。

---

① https://www.sohu.com/a/746037075._561670.

表 7-13 技术创新的中介效应检验：东部、西部和中部企业结果

变量	(1) 东部 AsEVA	(2) 西部 AsEVA	(3) 中部 AsEVA	(4) 东部 AsEVA	(5) 西部 AsEVA	(6) 中部 AsEVA
ESG	22.654***	−6.013	−1.632	23.285***	−1.782	4.977
	(7.183)	(12.360)	(12.739)	(7.054)	(12.028)	(12.946)
ln（1+R&D）	0.057	0.200	0.871***			
	(0.204)	(0.437)	(0.265)			
ln（1+Patent）				−0.140	−1.461*	−0.109
				(0.475)	(0.837)	(0.754)
Size	7.697*	4.004	9.649	7.643*	3.359	11.940
	(4.223)	(9.234)	(7.059)	(4.249)	(9.244)	(7.247)
lnFirmAge	−9.304***	9.549*	−21.320***	−9.355***	9.555*	−22.746***
	(2.393)	(5.596)	(5.227)	(2.384)	(5.596)	(5.096)
Growth	3.252***	−5.894**	0.572	3.273***	−6.547**	0.795
	(0.953)	(2.696)	(1.919)	(0.955)	(2.516)	(1.898)
ROA	158.613***	226.374***	173.475***	158.813***	228.408***	169.371***
	(9.705)	(31.854)	(22.319)	(9.732)	(30.965)	(23.127)
Tobins' Q	−0.878	0.187	1.751*	−0.932	0.053	1.244
	(0.798)	(1.636)	(1.042)	(0.771)	(1.544)	(1.030)
Top	−0.029	−0.076	0.068	−0.030	−0.068	0.048
	(0.056)	(0.092)	(0.085)	(0.056)	(0.089)	(0.089)
IndRate	−0.049	−0.163	0.050	−0.047	−0.148	−0.006
	(0.166)	(0.229)	(0.251)	(0.167)	(0.217)	(0.262)
lnBoard	−4.124	11.882*	−7.588	−3.949	13.052**	−8.350
	(4.931)	(6.126)	(6.266)	(4.920)	(6.068)	(6.425)
Duality	2.674*	−3.290	−0.194	2.761*	−3.442	0.182
	(1.497)	(4.022)	(2.667)	(1.482)	(3.868)	(2.934)
Constant	30.210*	−55.617**	51.011*	31.293*	−51.891**	73.507***
	(16.259)	(23.796)	(26.352)	(16.255)	(21.433)	(25.099)
Year fixed-effect	YES	YES	YES	YES	YES	YES
Industry fixed-effect	YES	YES	YES	YES	YES	YES

注：***、**和*分别表示在1%、5%和10%的水平上显著；括号内为异方差稳健标准误。

其次，基于地理位置的企业声誉中介效应的检验结果如表 7-14 所示。本书分别选取企业声誉得分（Rep）和企业声誉排名（Rep_Rank）衡量企业的声誉。其中，表 7-14 的第（1）列和第（4）列展示了在东部地区企业的结果，第（2）列和第（5）列展示了在西部企业的结果，第（3）列和第（6）列展示了在中部企业的结果。第（1）列、第（2）列和第（3）列为使用企业声誉得分（Rep）的结果，可以看到，ESG 信息披露质量（ESG）对东部企业 EVA 价值系数为 12.623，在 10% 的显著性水平上影响显著为正，对于西部企业 EVA 价值的系数为 -16.769，但并不显著，对于中部企业 EVA 价值的系数为 4.164，同样也不显著。第（4）列、第（5）列和第（6）列为使用企业专利授权量企业声誉排名（Rep_Rank）的结果。可以看到，ESG 信息披露质量（ESG）对东部地区企业 EVA 价值系数为 9.338，并不显著，对于西部地区企业 EVA 价值的系数为 -17.360，并不显著，对于中部地区企业 EVA 价值的系数为 5.785，同样也不显著。说明在企业声誉的中介效应下，ESG 信息披露质量对东部地区、西部地区和中部地区的石化上市公司 EVA 价值均不会产生显著影响。

表 7-14　企业声誉的中介效应检验东部、西部和中部企业结果：使用企业声誉得分衡量

变量	（1） 东部 AsEVA	（2） 西部 AsEVA	（3） 中部 AsEVA	（4） 东部 AsEVA	（5） 西部 AsEVA	（6） 中部 AsEVA
ESG	12.623* (7.562)	-16.769 (12.290)	4.164 (12.700)	9.338 (7.165)	-17.360 (11.750)	5.785 (12.496)
Rep	11.303*** (1.704)	13.083*** (4.057)	21.336*** (4.295)			
Rep_Rank				3.407*** (0.380)	3.030*** (0.692)	3.594*** (0.707)
Size	5.296 (4.359)	5.723 (10.232)	4.743 (7.260)	6.310 (3.961)	7.710 (9.624)	3.772 (7.242)
ln*FirmAge*	-7.963*** (2.512)	9.725 (6.116)	-7.344 (5.388)	-6.635*** (2.418)	10.448* (5.910)	-5.747 (5.492)
Growth	2.716** (1.357)	-6.539** (2.902)	0.132 (1.721)	2.335* (1.398)	-6.430** (3.246)	-0.986 (1.662)

变量	(1)	(2)	(3)	(4)	(5)	(6)
	东部	西部	中部	东部	西部	中部
	AsEVA	AsEVA	AsEVA	AsEVA	AsEVA	AsEVA
ROA	83.969***	156.296***	40.336	66.865***	150.692***	75.907***
	(15.166)	(40.645)	(33.001)	(14.811)	(35.769)	(25.252)
Tobins' Q	−0.108	1.597	3.756**	0.598	2.262	3.319**
	(0.863)	(1.675)	(1.449)	(0.908)	(1.603)	(1.406)
Top	−0.070	−0.217**	0.018	−0.096	−0.257***	0.011
	(0.061)	(0.100)	(0.092)	(0.058)	(0.096)	(0.091)
IndRate	−0.373**	−0.393	−0.592*	−0.404**	−0.464*	−0.519
	(0.180)	(0.248)	(0.348)	(0.166)	(0.239)	(0.340)
lnBoard	−13.766**	2.234	−27.105***	−13.720***	0.369	−23.659***
	(5.466)	(7.635)	(7.390)	(4.846)	(7.482)	(7.040)
Duality	1.613	0.919	−0.425	1.914	2.367	−0.329
	(1.517)	(4.221)	(2.714)	(1.371)	(4.034)	(2.461)
Constant	62.626***	−18.717	92.454***	41.239**	−30.728	58.488**
Year fixed-effect	YES	YES	YES	YES	YES	YES
Industry fixed-effect	YES	YES	YES	YES	YES	YES

注：***、**和*分别表示在1%、5%和10%的水平上显著；括号内为异方差稳健标准误。

最后，基于地理位置的绿色信贷中介效应的检验结果如表7-15所示。企业所在地级市绿色信贷规模占比（Green Loans）和企业风险（Risk）衡量企业获取绿色信贷的可能性。其中，表7-15的第（1）列和第（4）列展示了在东部企业中的结果，第（2）列和第（5）列展示了在西部企业中的结果，第（6）列展示了在中部企业中的结果。第（1）列、第（2）列和第（3）列为用企业所在地级市绿色信贷占比（Green Loans）衡量企业获取绿色信贷的可能性的结果，可以看到，ESG 信息披露质量（ESG）对东部企业 EVA 价值系数为23.204，在1%的显著性水平上影响显著为正，对于西部企业 EVA 价值的系数为−4.598，但并不显著，对于中部企业 EVA 价值的系数为5.088，同样也不显著。第（4）列、第（5）列和第（6）列为使用企业风险（Risk）衡量企业获取绿色信贷的可能性的结果，可以看到，ESG 信息披露质量（ESG）对东部企业

EVA 价值系数为 23.071，在 1% 的显著性水平上影响显著为正，对于西部企业 EVA 价值的系数为 -4.158，并不显著，对于中部企业 EVA 价值的系数为 4.814，同样不显著。说明在企业绿色信贷的中介效应下，ESG 信息披露质量对石化行业东部地区上市公司 EVA 价值会产生显著影响，而对于西部地区和中部地区上市公司 EVA 价值不会产生显著影响。

表 7-15　绿色信贷的中介效应检验东部、西部和中部企业结果：使用绿色信贷占比衡量

| 变量 | (1) | (2) | (3) | (4) | (5) | (6) |
| | 东部 | 西部 | 中部 | 东部 | 西部 | 中部 |
	AsEVA	AsEVA	AsEVA	AsEVA	AsEVA	AsEVA
ESG	23.204***	-4.598	5.088	23.071***	-4.158	4.814
	(7.093)	(12.074)	(12.899)	(7.041)	(11.809)	(12.842)
Green Loans	-6.446	-5.599	1.919			
	(59.325)	(77.822)	(57.889)			
Risk				17.232	59.642	17.800
				(14.086)	(43.514)	(19.836)
Size	7.550*	3.790	12.052	6.514	3.591	10.991
	(4.240)	(9.287)	(7.698)	(4.300)	(8.900)	(7.365)
lnFirmAge	-9.324***	9.636*	-22.794***	-10.050***	8.835	-22.778***
	(2.390)	(5.649)	(5.089)	(2.368)	(5.601)	(5.079)
Growth	3.271***	-6.220**	0.814	3.391***	-6.751***	0.637
	(0.964)	(2.496)	(1.891)	(0.955)	(2.513)	(1.886)
ROA	158.791***	227.546***	169.490***	160.105***	241.110***	173.782***
	(9.717)	(31.676)	(23.064)	(9.343)	(26.274)	(20.529)
Tobins' Q	-0.922	0.105	1.260	-1.114	-0.501	0.790
	(0.772)	(1.616)	(1.050)	(0.776)	(1.547)	(1.098)
Top	-0.029	-0.070	0.050	-0.039	-0.060	0.049
	(0.056)	(0.093)	(0.091)	(0.057)	(0.087)	(0.090)
IndRate	-0.041	-0.164	-0.002	-0.024	-0.141	-0.015
	(0.166)	(0.233)	(0.268)	(0.166)	(0.233)	(0.264)
lnBoard	-3.913	11.948*	-8.231	-3.422	13.009**	-8.776
	(4.909)	(6.224)	(6.690)	(4.937)	(6.137)	(6.535)

续表

变量	（1）	（2）	（3）	（4）	（5）	（6）
	东部	西部	中部	东部	西部	中部
	AsEVA	AsEVA	AsEVA	AsEVA	AsEVA	AsEVA
Duality	2.740*	−3.252	0.197	2.680*	−2.354	−0.013
	(1.483)	(4.055)	(2.959)	(1.480)	(4.047)	(2.892)
Constant	30.956*	−52.324**	72.743***	31.340*	−54.841**	74.957***
	(16.185)	(22.753)	(26.566)	(15.985)	(22.663)	(25.655)
Year fixed−effect	YES	YES	YES	YES	YES	YES
Industry fixed−effect	YES	YES	YES	YES	YES	YES

注：***、**和*分别表示在1%、5%和10%的水平上显著；括号内为异方差稳健标准误。

3. 基于董监高是否具有海外背景的回归结果

（1）总效应下基于董监高是否有海外背景的回归结果。考虑到如果公司的董监高具有海外背景，其本身会更加注重ESG。已有研究发现，当高管具有海外经历时，可以显著促进企业ESG表现和促进企业环保投资。因此，本书将验证董监高具有海外背景是否对ESG和企业价值的关系产生影响。具体来说，如果董监高具有海外工作和求学经历，则认为公司高管具有海外经历，否则认为公司高管不具有海外经历。在两类公司中，分别使用模型（7-1）进行分析。

在总效应下，基于高管是否具有海外经历分组的石化上市公司ESG信息披露质量对企业价值的回归结果如表7-16所示。第（1）列为高管具有海外经历企业的回归结果，第（2）列高管不具有海外经历的回归结果。可以看到，对于高管具有海外经历的企业来说，ESG信息披露质量（ESG）对企业价值（EVA）回归系数为15.066，且在5%的显著性水平上显著，而对于高管不具有海外经历的企业来说，ESG信息披露质量（ESG）对企业价值（EVA）回归系数为1.277，但并不显著，说明ESG信息披露质量对于高管具有海外经历的企业的价值影响更为显著。原因可能是，当高管具有海外经历时，其对于企业ESG会更加重视，其对于企业ESG的信息披露会更加充分，也能为市场提供更多更为有效的ESG信息，进而对企业价值的影响更加显著，刘追等（2021）研究发现，具有从军经历的高管能够显著提升价值。

表 7-16　总效应下基于董监高是否具有海外背景分组的回归结果

变量	(1)	(2)
	高管具有海外经历	高管不具有海外经历
	AsEVA	AsEVA
ESG	15.066**	1.277
	(7.383)	(8.523)
Size	1.056	10.355**
	(5.377)	(4.510)
lnFirmAge	−8.696***	−9.181***
	(3.052)	(2.722)
Growth	−1.501	2.247*
	(1.659)	(1.169)
ROA	167.958***	175.655***
	(13.232)	(11.638)
Tobins' Q	−0.370	−0.335
	(0.971)	(0.619)
Top	0.056	−0.060
	(0.057)	(0.059)
IndRate	0.088	−0.019
	(0.185)	(0.172)
lnBoard	3.455	−3.547
	(5.040)	(4.398)
Duality	1.073	3.323**
	(1.945)	(1.678)
Constant	7.838	28.876*
	(17.700)	(15.758)
Year fixed-effect	YES	YES
Industry fixed-effect	YES	YES
Obs.	446	490
Adj_R^2	0.432	0.444

注：***、**和*分别表示在 1%、5%和 10%的水平上显著；括号内为异方差稳健标准误。

（2）中介效应下基于董监高是否具有海外背景的回归结果。进一步地，本书将在董监高具有海外背景的企业和董监高不具有海外背景的企业中对中介效应进行分析。

首先，关于技术创新中介效应的检验如表 7-17 所示。本书分别选取企业研发投入（ln（1+R&D））和企业专利授权量（ln（1+Patent））作为衡量企业技术创新的变量，其中，表 7-17 的第（1）列和第（3）列展示了在董监高具有海外背景的企业中的结果，第（2）列和第（4）列展示了在董监高不具有海外背景的企业中的结果。第（1）列和第（2）列为使用企业研发投入（ln（1+R&D））的结果，可以看到，ESG 信息披露质量（ESG）对董监高具有海外背景的企业 EVA 价值系数为 12.110，但是并不显著，而对于董监高不具有海外背景的企业 EVA 价值的系数为-0.013，同样也不显著。第（3）列和第（4）列为使用企业专利授权量（ln（1+Patent））的结果，可以看到，ESG 信息披露质量（ESG）对董监高具有海外背景的企业 EVA 价值系数为 14.918，在 5% 的显著性水平上影响显著为正，而对于董监高不具有海外背景的企业 EVA 价值的系数为 1.980，并不显著。说明在企业创新的中介效应下，ESG 信息披露质量对董监高具有海外背景的石化上市公司 EVA 价值会产生显著影响，而对于董监高不具有海外背景的石化上市公司 EVA 价值不会产生显著影响。

表 7-17 技术创新的中介效应检验：高管是否具有海外经历结果

变量	(1)	(2)	(3)	(4)
	高管具有海外经历	高管不具有海外经历	高管具有海外经历	高管不具有海外经历
	AsEVA	AsEVA	AsEVA	AsEVA
ESG	12.110	-0.013	14.918**	1.980
	(7.537)	(8.524)	(7.411)	(8.527)
ln（1+R&D）	0.518**	0.278		
	(0.218)	(0.187)		
ln（1+Patent）			0.164	-0.835*
			(0.537)	(0.491)
Size	1.625	10.110**	0.985	10.193**
	(5.337)	(4.513)	(5.395)	(4.505)
lnFirmAge	-8.658***	-8.559***	-8.673***	-8.947***
	(3.038)	(2.783)	(3.053)	(2.722)

续表

变量	（1）高管具有海外经历	（2）高管不具有海外经历	（3）高管具有海外经历	（4）高管不具有海外经历
	AsEVA	AsEVA	AsEVA	AsEVA
Growth	−1.042	2.095*	−1.507	2.070*
	（1.779）	（1.182）	（1.661）	（1.173）
ROA	163.605***	176.057***	167.917***	175.515***
	（13.243）	（11.595）	（13.231）	（11.525）
Tobins' Q	−0.179	−0.089	−0.351	−0.376
	（0.961）	（0.628）	（0.974）	（0.620）
Top	0.059	−0.052	0.056	−0.062
	（0.057）	（0.059）	（0.058）	（0.059）
IndRate	0.092	−0.027	0.088	−0.033
	（0.183）	（0.172）	（0.185）	（0.171）
lnBoard	3.558	−3.985	3.393	−3.712
	（5.021）	（4.340）	（5.052）	（4.322）
Duality	1.002	2.899*	1.055	3.431**
	（1.908）	（1.673）	（1.952）	（1.670）
Constant	−1.889	23.125	7.508	31.178**
	（18.168）	（16.356）	（17.741）	（15.434）
Year fixed-effect	YES	YES	YES	YES
Industry fixed-effect	YES	YES	YES	YES

注：***、**和*分别表示在1%、5%和10%的水平上显著；括号内为异方差稳健标准误。

  其次，关于企业声誉中介效应的检验如表7-18所示。本书分别选取企业声誉得分（Rep）和企业声誉排名（Rep_Rank）衡量企业的声誉。其中，表7-18的第（1）列和第（3）列展示了在董监高具有海外背景的企业中的结果，第（2）列和第（4）列展示了在董监高不具有海外背景的企业中的结果。第（1）列和第（2）列为使用企业声誉得分（Rep）的结果，可以看到，ESG信息披露质量（ESG）对董监高具有海外背景的企业EVA价值系数为10.538，并不显著，而对于董监高不具有海外背景的企业EVA价值的系数为−12.155，同样不显著。第（3）列和第（4）列为使用企业专利授权量企业声誉排名（Rep_Rank）的结果，可以看到，ESG 信息披露质量（ESG）对董监高具有海外背景的企业 EVA 价值系数为 9.161，但并不显著，而对于非国有企业 EVA 价值的系数为 −12.842，同样不显著。说明在企业声誉的中介效应下，ESG 信息披露质量对董监高具有海外背景的企业和董监高不具有海外背景的企业 EVA 价值均不会产生显著影响。

表 7-18　声誉的中介效应检验：高管是否具有海外经历结果

变量	（1）	（2）	（3）	（4）
	高管具有海外经历	高管不具有海外经历	高管具有海外经历	高管不具有海外经历
	AsEVA	AsEVA	AsEVA	AsEVA
ESG	10.538	−12.155	9.161	−12.842
	(7.609)	(8.990)	(7.392)	(7.939)
Rep	10.232***	14.480***		
	(1.959)	(1.966)		
Rep_Rank			2.805***	3.683***
			(0.404)	(0.356)
Size	−3.692	5.700	−2.885	5.954
	(5.317)	(4.669)	(5.030)	(4.370)
lnFirmAge	−7.522**	−5.134*	−6.683**	−3.687
	(3.120)	(2.907)	(3.013)	(2.840)
Growth	−1.291	0.867	−1.418	0.403
	(1.914)	(1.500)	(1.961)	(1.454)
ROA	98.752***	86.128***	90.475***	74.714***
	(19.794)	(15.564)	(17.816)	(13.868)
Tobins' Q	0.662	0.910	0.903	1.683**
	(1.044)	(0.739)	(1.042)	(0.754)
Top	−0.024	−0.063	−0.057	−0.086
	(0.062)	(0.060)	(0.059)	(0.058)
IndRate	−0.102	−0.254	−0.114	−0.313
	(0.199)	(0.199)	(0.192)	(0.191)
lnBoard	−0.770	−16.830***	0.399	−19.024***
	(6.024)	(4.695)	(5.779)	(4.292)
Duality	−1.131	1.653	0.015	1.242
	(1.899)	(1.700)	(1.770)	(1.487)

变量	（1）	（2）	（3）	（4）
	高管具有海外经历	高管不具有海外经历	高管具有海外经历	高管不具有海外经历
	AsEVA	*AsEVA*	*AsEVA*	*AsEVA*
Constant	24.099	58.442***	5.050	41.129***
	（19.979）	（17.090）	（18.788）	（15.811）
Year fixed-effect	YES	YES	YES	YES
Industry fixed-effect	YES	YES	YES	YES

注：＊＊＊、＊＊和＊分别表示在1%、5%和10%的水平上显著；括号内为异方差稳健标准误。

最后，关于绿色信贷中介效应的检验如表7-19所示。企业所在地级市绿色信贷占比（Green Loans）和企业风险（Risk）衡量企业获取绿色信贷的可能性。其中，表7-19的第（1）列和第（3）列展示了在董监高具有海外背景的企业中的结果，第（2）列和第（4）列展示了在非国有企业中的结果。第（1）列和第（2）列为使用企业所在地级市绿色信贷占比（Green Loans）衡量企业获取绿色信贷的可能性的结果，可以看到，ESG信息披露质量（ESG）对董监高具有海外背景的企业EVA价值系数为15.444，在5%的显著性水平上显著，而对于董监高不具有海外背景的企业EVA价值的系数为2.590，并不显著。第（3）列和第（4）列为使用企业风险（Risk）衡量企业获取绿色信贷的可能性的结果，可以看到，ESG信息披露质量（ESG）对董监高具有海外背景的企业EVA价值系数为4.445，在10%的显著性水平下显著，而对于董监高不具有海外背景的企业EVA价值的系数为1.632，并不显著。说明在企业绿色信贷的中介效应下，ESG信息披露质量对董监高具有海外背景的石化上市公司EVA价值会产生显著影响，而对于董监高不具有海外背景的石化上市公司EVA价值不会产生显著影响。

表7-19　绿色信贷的中介效应检验高管是否具有海外经历结果：使用绿色信贷占比衡量

变量	（1）	（2）	（3）	（4）
	高管具有海外经历	高管不具有海外经历	高管具有海外经历	高管不具有海外经历
	AsEVA	*AsEVA*	*AsEVA*	*AsEVA*
ESG	15.444**	2.590	14.146*	1.632
	（7.417）	（8.530）	（7.407）	（8.455）

续表

变量	（1） 高管具有海外经历 *AsEVA*	（2） 高管不具有海外经历 *AsEVA*	（3） 高管具有海外经历 *AsEVA*	（4） 高管不具有海外经历 *AsEVA*
Green Loans	−27. 463 （42. 661）	85. 346 ** （39. 053）		
Risk			24. 732 （16. 002）	15. 907 （14. 398）
Size	0. 582 （5. 460）	11. 605 ** （4. 568）	0. 336 （5. 343）	9. 591 ** （4. 561）
ln*FirmAge*	−8. 608 *** （3. 050）	−9. 532 *** （2. 739）	−9. 517 *** （3. 003）	−9. 640 *** （2. 742）
Growth	−1. 611 （1. 674）	2. 263 ** （1. 149）	−1. 610 （1. 686）	2. 228 * （1. 166）
ROA	168. 832 *** （13. 374）	175. 948 *** （11. 536）	174. 176 *** （12. 738）	175. 298 *** （11. 428）
Tobins' Q	−0. 367 （0. 976）	−0. 342 （0. 598）	−1. 081 （1. 037）	−0. 495 （0. 634）
Top	0. 058 （0. 057）	−0. 061 （0. 059）	0. 051 （0. 058）	−0. 062 （0. 059）
IndRate	0. 087 （0. 186）	−0. 026 （0. 172）	0. 081 （0. 186）	−0. 004 （0. 172）
ln*Board*	3. 146 （5. 039）	−3. 577 （4. 343）	3. 089 （5. 023）	−3. 159 （4. 445）
Duality	1. 275 （1. 974）	3. 038 * （1. 684）	0. 891 （1. 952）	3. 368 ** （1. 674）
Constant	9. 751 （17. 965）	25. 634 （15. 730）	11. 880 （17. 680）	28. 866 * （15. 770）
Year fixed−effect	YES	YES	YES	YES
Industry fixed−effect	YES	YES	YES	YES

注：*** 、** 和 * 分别表示在 1%、5% 和 10% 的水平上显著；括号内为异方差稳健标准误。

第三节　稳健性检验

一、使用 ESG 排名

此外，本书使用企业 ESG 排名情况进行稳健性检验。在基准回归中，本书使用企业 ESG 得分的绝对值进行分析，而使用 ESG 排名体现了公司 ESG 得分情况的相对位置，在一定程度上能够缓解 ESG 得分分布差异性较大所产生的影响。具体来说，本书按照企业当年 ESG 得分的情况对所有企业进行排名，从低到高分为十组，并为第一组赋值 10 分，最后一组赋值 1 分，将其作为自变量带入回归中，结果如表 7-20 所示。第（1）列为使用 ESG 总得分排名的结果，可以看到，ESG 总得分排名的系数在 1% 的显著性水平下显著为正，说明 ESG 排名越高，公司的价值越高。第（2）列和第（3）列为分别使用 E、S 和 G 得分排名回归的结果，可以看到，S 和 E 得分排名对于公司价值的影响显著为正，而 G 得分排名对于公司价值的影响则不显著，说明公司对于 S 和 E 排名越高，将显著提升公司价值，而 G 排名对公司价值的影响不显著。以上结果与基准回归的结果是一致的，说明使用 ESG 排名进行分析后，本书的结果是稳健的。

表 7-20　使用 ESG 排名的稳健性检验结果

变量	（1）	（2）	（3）	（4）
	AsEVA	*AsEVA*	*AsEVA*	*AsEVA*
ESG 排名	0.526***			
	(0.183)			
S 排名		0.374**		
		(0.176)		
E 排名			0.593***	
			(0.180)	

续表

变量	（1）	（2）	（3）	（4）
	AsEVA	*AsEVA*	*AsEVA*	*AsEVA*
G 排名				0.237
				(0.183)
Size	6.528 **	6.398 *	6.655 **	7.433 **
	(3.270)	(3.290)	(3.253)	(3.315)
ln*FirmAge*	−8.898 ***	−9.019 ***	−9.064 ***	−9.471 ***
	(1.959)	(1.972)	(1.959)	(1.955)
Growth	0.964	0.877	0.802	0.770
	(0.996)	(0.980)	(1.024)	(0.970)
ROA	172.747 ***	173.252 ***	172.992 ***	174.805 ***
	(8.540)	(8.579)	(8.545)	(8.576)
Tobins' Q	−0.184	−0.216	0.014	−0.337
	(0.488)	(0.486)	(0.499)	(0.486)
Top	−0.012	−0.004	−0.009	0.005
	(0.040)	(0.040)	(0.040)	(0.040)
IndRate	0.011	0.031	0.010	0.006
	(0.121)	(0.122)	(0.120)	(0.124)
ln*Board*	−1.316	−0.452	−1.264	−0.015
	(3.256)	(3.270)	(3.170)	(3.192)
Duality	2.274 *	2.341 *	2.080 *	2.167 *
	(1.242)	(1.247)	(1.241)	(1.249)
Constant	19.838 *	18.330	19.446 *	19.994 *
	(11.310)	(11.388)	(11.204)	(11.335)
Year fixed−effect	YES	YES	YES	YES
Industry fixed−effect	YES	YES	YES	YES
Obs.	936	936	936	936
Adj_R^2	0.442	0.439	0.443	0.438

注：***、**和*分别表示在1%、5%和10%的水平上显著；括号内为异方差稳健标准误。

二、置换因变量的稳健性检验

1. 使用经行业调整的公司价值

本书在稳健性检验中将对公司价值（EVA）进行行业调整。具体来说，本书首先根据公司所处行业计算出公司当年所处行业 EVA 的均值，之后使用公司价值减去公司所处行业的行业均值，得到经过行业调整的公司价值（Adj_EVA），仍旧使用反双曲正弦变换，得到 Adj_AsEVA，将其作为因变量进行稳健性检验，结果如表 7-21 所示。其中，第（1）列显示了未加入控制变量的结果，第（2）列显示了加入控制变量的结果。值得注意的是，ESG 的系数在 1%的显著性水平上都呈显著正向关系，无论是否加入控制变量。说明在使用经过行业调整的公司价值后，本书的结果仍旧是稳健的。

表 7-21　使用经行业调整的公司价值的稳健性检验结果

变量	(1)	(2)
	Adj_AsEVA	Adj_AsEVA
ESG	35.159***	16.902***
	(6.270)	(5.300)
Size		12.156***
		(3.141)
lnFirmAge		-0.889
		(1.945)
Growth		-1.281
		(1.159)
ROA		143.499***
		(9.947)
Tobins' Q		-0.879**
		(0.437)
Top		0.208***
		(0.041)
IndRate		0.138
		(0.115)
lnBoard		9.804***
		(3.151)
Duality		7.266***
		(1.287)
Constant	-13.408***	-50.322***
	(0.899)	(11.102)

变量	(1)	(2)
	Adj_AsEVA	Adj_AsEVA
Year fixed-effect	YES	YES
Industry fixed-effect	YES	YES
Obs.	956	936
Adj_R^2	0.107	0.407

注：***、** 和 * 分别表示在 1%、5% 和 10% 的水平上显著；括号内为异方差稳健标准误。

2. 使用公司总资产规模衡量企业价值

本书在稳健性检验中将使用公司总资产衡量企业价值，因为公司总资产衡量了企业实际拥有的资产，其总资产规模越大，可以认为公司的价值越高。具体来说，本书对公司的总资产进行反双曲正弦变换（AsAsset），使用模型 7-1 进行分析，将其作为因变量进行研究，结果如表 7-22 的第（1）列和第（2）列所示，其中，第（1）列呈现了未考虑控制变量的结果，第（2）列则考虑了控制变量的影响，值得注意的是，无论是否考虑了控制变量，ESG 的系数都在 1% 的显著水平下显著为正，说明企业 ESG 信息披露将显著提升公司的总资产，即在使用公司总资产衡量企业价值后，本书的结果是稳健的。

表 7-22　使用公司总资产规模衡量企业价值的稳健性检验结果

变量	(1)	(2)
	AsAsset	AsAsset
ESG	3.891***	2.280***
	(0.387)	(0.320)
Size		0.319*
		(0.189)
lnFirmAge		-0.210*
		(0.124)
Growth		0.076
		(0.062)
ROA		2.226***
		(0.493)

续表

变量	(1)	(2)
	AsAsset	*AsAsset*
Tobins' Q		−0. 524 ***
		(0. 034)
Top		0. 015 ***
		(0. 002)
IndRate		0. 041 ***
		(0. 008)
ln*Board*		1. 408 ***
		(0. 197)
Duality		0. 304 ***
		(0. 077)
Constant	22. 761 ***	19. 346 ***
	(0. 056)	(0. 692)
Year fixed-effect	YES	YES
Industry fixed-effect	YES	YES
Obs.	956	936
Adj_R²	0. 190	0. 507

注：＊＊＊、＊＊和＊分别表示在 1%、5%和 10%的水平上显著；括号内为异方差稳健标准误。

三、内生性检验

1. 工具变量

考虑到当公司价值越高时，公司可能越有更为充足的资金提升其 ESG 表现，因此文章的结果可能受到反向因果引发的内生性问题，本书考虑使用工具变量对内生性问题进行处理。一个合理的工具变量需要满足外生性和相关性两个条件，即需要与企业 ESG 信息披露相关，但又与企业价值无关。企业参与帮扶是企业 ESG 的重要表现，与企业主动披露 ESG 信息不同，企业需要根据政策的要求强制披露其参与帮扶的信息。工具变量需要满足相关性和外生性要求。从外生性看，企业披露帮扶信息是由于政策要求，只要企业参与帮扶就需要披露相关信息，单个企业无法对此做出改变。从相关性角度看，企业参与帮扶是企业 ESG 的重要表现，二者具有较强的相关性。因此，企业参与帮扶是一个合理的工具变量。本书采用了企业参与帮扶的总金额加 1 后取自然对数（记为 ln（1+Poverty））作为企业 ESG 得分的工具变量，然后利用两阶段最小二乘法进行估计，具体结果如表 7-23 所示。其中，第（1）列是对第一阶段回归结果的显示，第（2）列是对第二阶段回归结果的显示。可以看出，ln（1+Poverty）的系数显著为正，说明企业参与帮扶对于企业 ESG 有显著正向影响，第二阶段回归的结果显示 ESG 系数显著为正，说明在考虑了内生性问题后，本书的结果仍旧是稳健的。进一步地，不可识别检验和弱工具变量检验的结果分别为 39.418 和 49.785，均拒绝原假设，表明本书选取的工具变量通过了统计检验，本书选取的工具变量是合理的。

表 7-23　内生性检验结果

变量	（1）	（2）
	ESG	$AsEVA$
ln（1+$Poverty$）	0.011 ***	
	(0.002)	
ESG		65.500 **
		(25.503)
$Size$	−0.003	6.970 **
	(0.020)	(3.444)
ln$FirmAge$	−0.032 **	−8.622 ***
	(0.013)	(2.147)
$Growth$	−0.017 ***	1.619
	(0.005)	(1.110)
ROA	0.162 ***	162.407 ***
	(0.054)	(9.221)
$Tobins' Q$	−0.008 ***	0.495
	(0.003)	(0.583)
Top	0.001 ***	−0.057
	(0.000)	(0.050)
$IndRate$	0.002 ***	−0.084
	(0.001)	(0.143)
ln$Board$	0.129 ***	−6.907
	(0.019)	(4.905)

续表

变量	（1）	（2）
	ESG	*AsEVA*
Duality	−0.002	2.698 **
	（0.008）	（1.271）
Constant	−0.139 *	40.900 **
	（0.074）	（16.831）
不可识别检验（Kleibergen−Paap rk LM statistic）	39.418	
弱工具变量检验（Cragg−Donald Wald F statistic）	49.785	
Obs.	893	893
Adj_R^2	0.188	0.378

注：*** 、** 和 * 分别表示在1%、5%和10%的水平上显著；括号内为异方差稳健标准误。

2. 安慰剂检验

鉴于本书的结果可能受到不可观测的测量误差带来内生性问题的影响，而非由上市公司 ESG 信息披露所导致，本书采用安慰剂检验对测量误差问题进行了稳健性检验。首先，将企业的 ESG 信息披露随机赋值。其次，基于这一模拟生成的样本，使用模型（7-1）对其进行分析，并重复上述过程 500 次。最后，将结果的核密度分布绘制在一张图中，具体结果如图 7-1 所示。观察发现，ESG 的系数主要集中分布在 0 附近，且分布区间约为−0.1~0.1。此外，这些值小于表 7-4 中第（2）列的真实估计值 10.947。这表明，测量误差引起的内生性并未对估计结果产生显著影响，从而验证了本书结果的稳健性。

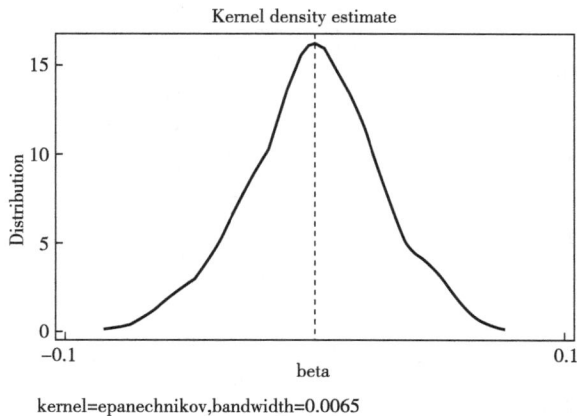

kernel=epanechnikov,bandwidth=0.0065

图 7-1　安慰剂检验结果

第四节　本章小结

本章基于前文的理论分析和指标构建，使用我国 137 家石化上市公司 2015～2021 年的数据，首先，实证分析了 ESG 信息披露质量对石化上市公司企业价值影响的总体效应，同时还考察了技术创新、企业声誉和绿色信贷三个中介效应下 ESG 信息披露质量对企业价值的影响。其次，针对样本中企业的性质、地理位置以及董监高是否具有海外背景三个指标进行了异质性分析。最后，进行了稳健性检验和内生性检验，以确保结果的可靠性，最终得到的结果如下：①实证发现 ESG 信息披露质量对石化上市公司企业价值具有显著的正向影响，该结论支持了假设 8。②技术创新、企业声誉和绿色信贷在 ESG 信息披露质量对石化上市公司企业价值的影响中扮演着中介角色，即 ESG 信息披露质量通过促进企业技术创新、提高企业声誉和绿色信贷获取产生影响，进而提升了石化上市公司的价值，支持了本书提出的假设 9、假设 10 和假设 11。③进一步地，本书考虑了石化行业企业公司所有权异质性、地区异质性和董监高海外背景异质性，结果发现，对于非国有企业来说，其 ESG 信息披露质量显著提升了其公司企业价值，但在国有企业中，ESG 信息披露质量并不会对企业价值产生显著影响。对于东部地区的企业而言，ESG 信息披露质量其企业价值有显著促进作用，但对于西部和中部地区的企业来说，这种影响则不显著；ESG 信息披露质量对于高管具有海外经历的企业的价值影响更为显著，而对于高管不具有海外经历的企业价值没有显著影响。即在非国有企业、东部企业及董监高具有海外背景的企业中，ESG 信息披露质量对石化上市公司企业价值的影响更为显著。④为了得到稳健的结论，本章还进行了稳健性检验，对本书的结果进行进一步验证，包括使用石化行业企业 ESG 排名、置换因变量、使用工具变量法和安慰剂检验对内生性进行分析，结果发现在使用了多种稳健性检验后，本书的结论仍旧成立，说明本书的结果是稳健、可靠的。

第八章 ESG 信息披露质量和
企业绩效的提升建议

高质量的 ESG 信息披露是企业实现可持续发展、提高市场透明度和增强投资者信心的重要手段。企业绩效是衡量企业经营成果、效率和企业价值的关键指标，它对企业的发展和成功至关重要。随着全球对 ESG 绿色治理问题的日益重视和监管政策的不断完善，ESG 信息披露将成为企业不可或缺的一部分。那么该如何提高企业绩效和 ESG 信息披露质量呢？本章以前文研究为基础，结合国内外相关研究，提出相关建议，以全面增强企业绩效和 ESG 信息披露质量，提高企业核心竞争力，从而推动国家可持续发展战略有效实施。

第一节 国家层面推动 ESG 信息披露质量提升的建议

一、加快完善强制性 ESG 信息披露制度，建立激励约束机制

进行 ESG 信息披露是社会和企业实现绿色治理、绿色产业的具体体现，是绿色发展观的重要一环。政府要想为社会和企业的绿色发展赋能，将绿色发展理念深入人心，则应为社会和企业营造良好的 ESG 信息披露制度环境。

首先，要完善强制性 ESG 信息披露制度。纵观各国 ESG 信息披露制度进程，其显著的共同点是由政府率先进行 ESG 政策扶持，交易平台、专业服务机构紧

随其后，各行各业积极响应，协同推动 ESG 信息披露活动有序开展。因此，政府和监管部门应发挥其引领作用，广泛听取社会各界的意见建议，全面梳理现行环境信息披露制度和社会信息披露制度的问题及不足，在现有制度的基础上结合中国国情丰富信息披露框架，制定 ESG 信息披露制度新规，推动企业自主提升 ESG 披露水平。同时，加快完善强制性 ESG 信息披露制度。当 ESG 信息披露制度建立了足够的社会共识，逐步转向强制性披露时，可以提高企业透明度和 ESG 信息披露质量。

其次，建立 ESG 激励约束机制。对 ESG 信息披露质量高的企业可以给予适当的税收减免、信贷优惠、ESG 补贴等奖励；对 ESG 信息造假或质量差的企业建立负面清单，给予惩戒。但是，国家在立法和政策制定过程中应考虑到行业特有的挑战和需求，以确保法律和政策的有效性和实施的可行性，包括与行业协会和企业进行广泛的磋商，以及考虑国际最佳实践和标准等，以此确保法律政策既符合国际趋势，又能够有效地解决能源行业和石化行业的问题。

二、建立行业差异化的 ESG 信息披露质量评价标准，协同推进 ESG 生态圈共建

当前国际上已有不少成熟的 ESG 信息披露标准和评价体系，如 SASB（Sustainability Accounting Standards Board）以可持续发展会计准则为参考制定行业导向的 ESG 框架和标准、GRI（Global Reporting Initiative）的可持续发展报告指南等。这些标准和发展体系虽然为不同行业建立行业差异化的 ESG 信息披露质量评价标准时提供了丰富的经验和参考，但必须结合各国各行业发展实际情况进行创新和优化。

首先，不同行业由于其行业的独特性在环境、社会和公司治理方面有不同的侧重，应在融入中国特色的行业指标以及遵守国际行业导向 ESG 框架和标准的前提下，系统完整、重点突出地构建中国式行业差异化 ESG 评价标准。

其次，打造 ESG 信息披露"政府及监管机构—企业—消费者—第三方"生态圈。一方面，鼓励 ESG 信息披露质量评级专业机构的发展，包括 ESG 评级及指数机构、ESG 科研课题组、鉴定机构、ESG 管理咨询机构等。另一方面，加强与社会组织和独立学术机构等组织的协同，分阶段、分步骤实现 ESG 生态链共

建的伟大使命。

最后，培育消费者 ESG 理念，充分发挥消费者监察的主观能动性，促进企业信息透明化。

三、加快完善激励企业技术创新、加快绿色治理的专项优惠政策和服务体系

从政策支持上激励企业技术创新、降低融资成本并缓解企业非效率投资，是一个综合性的政策目标，旨在促进企业的绿色、低碳、持续长效高质量发展。

首先，加快完善企业技术创新的相关政策，营造良好的技术创新环境，激励企业技术创新。一方面，加大对企业科研经费的投入，优化税费优惠政策，建立统一的企业技术创新信息平台，精准对接企业技术创新需求，同时实现企业创新绩效考评信息的公开。另一方面，加大知识产权行政保护力度，提升知识产权公共服务效能，加快建设国家知识产权保护信息平台，强化知识产权数据开放共享。

其次，加强对 ESG 信息披露相关项目的政策支持力度，降低企业的融资成本，缓解非效率投资。一方面，发展 PPP 模式，鼓励社会资本参与企业绿色项目建设；为 ESG 信息披露质量较高的企业提供融资担保。另一方面，拓宽融资渠道，完善金融服务体系。发展多层次资本市场，支持符合条件的企业通过股票、债券等方式融资，推动创业投资、风险投资等私募股权基金发展，为企业提供股权融资支持。同时，健全全国一体化融资信用服务平台网络，扩大涉企信用信息共享范围。优化征信市场布局，推动征信机构增加征信有效供给。

第二节　行业层面推动 ESG 信息披露质量提升的建议

一、提高 ESG 评级精准度和透明度，搭建企业 ESG 信息披露大数据平台

首先，搭建企业 ESG 信息披露大数据平台，可以通过人工智能为 ESG 信息披露评价数字赋能，提高评级机构数据处理和分析能力，减少评价专员的人为主

观性，使评价更客观、精准；还可以提高 ESG 信息披露透明度，解决市场中的信息不对称风险。当评级机构获得有关企业 ESG 管理负面事件信息来源而企业并未在 ESG 报告中披露时，可以经核实确认后直接将企业转移入大数据平台的"负面名单"并公开披露，在一段时间内禁止参与评级，倒逼企业积极参与 ESG 信息披露机制的完善和落实，进而通过良性互动提升 ESG 信息披露机制的运行效率。

其次，通过 ESG 信息披露大数据平台，定期公布和表扬 ESG 信息披露透明度高、信息完善的企业名单，实时发布参与 ESG 评级企业获得的融资支持、税收优惠等情况，鼓励企业主动、积极参与并提升信息披露质量。例如，能源石化企业主动披露 ESG 相关信息，包括但不限于环境绩效、社会责任和公司治理情况，以及可能存在的风险和挑战。同时，确保信息披露的独立性，避免受到管理层或其他利益相关方的干扰，以提高信息的可信度。

二、制定行业 ESG 信息披露标准和指南，建立健全产业内部控制体系

首先，行业协会要制定行业 ESG 信息披露质量评价框架和指标规范指南，鼓励并指导企业编制高披露水平的 ESG 报告，帮助企业构建有效的 ESG 信息披露管理制度，明确信息披露遵旨、目标、内容、格式、方法和时间要求等，提升行业整体 ESG 信息披露水平。例如，可以参考已发布的《中国石油和化工行业上市公司 ESG 评价指南》制定更广泛适用的标准。同时，参考国际通用的 ESG 信息披露标准，如 TCFD（气候相关财务信息披露工作组）框架，确保国内标准与国际接轨，提高信息的可比性和可信度。

其次，建立健全行业内部控制体系，确保 ESG 信息的采集、整理和披露过程规范、透明和准确。例如，企业可以设立专门的 ESG 管理部门，负责 ESG 信息的日常管理和披露工作，提高信息披露的质量和效率。

三、强化公众监督与媒体曝光，推动行业 ESG 信息披露持续发展

社会公众和媒体要充分发挥监督作用，对于企业是否及时开展 ESG 信息披露及其 ESG 信息披露是否基于主观意愿给予评价，以此推动企业乃至行业 ESG 信息披露报告持续完善和发展。

首先，提升公众对企业和行业 ESG 信息披露问题意识，不仅可以增加对企业的公众压力，促使其提高 ESG 信息披露的质量和积极性，而且能促进行业整体向更加可持续和社会责任担当的方向发展。公众参与 ESG 意识提升的策略可以通过多种途径实现，一方面，通过教育和宣传活动实现，包括组织研讨会、讲座和工作坊，目的是向公众普及 ESG 信息披露的重要性；另一方面，学校和大学可以将 ESG 信息披露问题纳入其教学活动和课程体系中，ESG 意识培养从娃娃抓起，培养青年人对可持续发展的认识和社会责任的使命担当。社会公众具有 ESG 问题意识后，对于 ESG 表现不佳、具有违法乱纪表现的企业，就会更积极向有关政府部门举报或向媒体曝光，进而推动企业和行业提升 ESG 质量管理持续提升。

其次，媒体对于企业 ESG 事实进行及时、客观地报道，对于 ESG 的负面事件要客观还原发挥教育作用；对于积极的、正面的 ESG 事件要发挥媒体的宣传功能，引导更多的企业自觉进行积极的 ESG 管理，督促行业监管部门和第三方机构定期公布行业 ESG 信息披露报告，促进行业可持续绿色治理与发展。

第三节　企业治理层面推动 ESG 信息披露质量提升的建议

一、深化 ESG 绿色治理理念，科学制定企业 ESG 信息披露管理体系

企业应深化 ESG 理念，科学制定 ESG 发展战略，建设 ESG 信息数据库，健全 ESG 管理体系。

一是要把 ESG 理念贯穿到公司的各项工作中。公司应通过培训教育、学习宣传等各种途径，在全体员工特别是管理人员中牢固树立 ESG 理念，形成企业的 ESG 管理文化。

二是企业应主动关注并学习相关国际、国内和行业政策，持续关注 ESG 信息披露要求，做好有关 ESG 发展战略规划和年度计划。

三是利用大数据手段，建设 ESG 信息数据库，做好对于 ESG 相关信息的统计和报告工作。基于大数据获取的信息，参考国际公认的 ESG 报告标准和指标，如全球报告倡议（GRI）、可持续发展会计标准委员会（SASB）准则等，企业在收集并完成其 ESG 信息披露报告时，可以确保其信息披露质量完整性、客观性和可比性，便于投资者和其他利益相关者横向、纵向比较企业的 ESG 表现，帮助企业更加准确衡量和报告其 ESG 信息，帮助企业识别和管理与其运营活动相关的 ESG 风险和机会，从而在市场竞争中获得优势。

四是通过定期发布全面的 ESG 信息报告，公司可以有效地与各方利益相关者沟通，完善信息透明度、增强企业信誉，提升企业 ESG 信息披露管理体系。

二、全面完善企业 ESG 信息披露评价体系，稳步提高 ESG 信息披露质量

企业要结合自身的实际情况出发，对照行业 ESG 信息披露要求及主流评级机构 ESG 指标体系，严格按照法律法规对企业 ESG 信息进行全面披露，如节能减排、社会捐赠、公司治理等投入信息，使得企业利益相关者可及时参照企业 ESG 表现，降低信息不对称程度。

在环境维度上，完善环境表现管理机制，增加环保和生态修复投入，提高资源利用效率。

在社会维度上，企业可以通过增加员工福利、提高产品质量、积极进行公益捐赠、按时及时纳税、积极承担扶贫责任等方式，担负对利益相关者的责任。

在公司治理维度上，强化公司治理水平，完善董事会制度建设和董事会多元化，保障独立董事的客观性，深入推进 ESG 相关战略，积极披露 ESG 报告，加强权力的约束和制衡，鼓励经理人更多地关注企业的长远发展，推动企业健康高效运作。

三、创新企业管理水平，畅通企业获取技术创新、绿色信贷等关键渠道

由本书中介效应检验结果可知，技术创新、融资成本、绿色信贷、非效率投资、企业信誉等因素在能源石化行业上市公司 ESG 信息披露质量对企业财务绩效和企业价值影响中具有中介作用，意味着要实现高质量的 ESG 信息披露与促进企业财务绩效和企业价值协同提升，就必须要创新企业管理水平，畅通企业获取技术创新、减少融资成本、缓解非效率投资、绿色信贷和企业声誉等关键因素渠道。

首先，提升企业技术研发和产品创新管理能力，积极开展技术创新，提高节能减排能力与高质量的 ESG 信息披露，是能源石化企业实现可持续、高质量发展的基石。企业通过提高对创新项目研发投入、产出等方面的披露频率，一方面可以增强企业创新信息透明度，另一方面也可以吸引更多研发资金予以支持。

其次，高质量的 ESG 信息披露与减少融资约束必须"两手抓，两手都要硬"。提高企业融资效率、降低融资交易费用、提升企业融资信誉、获取绿色信贷支持是积极进行高质量的 ESG 信息披露减少融资约束的具体表现。因此，企业不仅可以通过进行高质量的 ESG 信息披露来提高财务绩效，也可以通过拓宽多元化的融资渠道，更快更好地提高企业财务绩效和企业价值。

最后，抑制非效率投资与高质量的 ESG 信息披露要"齐步走"。企业在投资时要创新风险识别、评价和控制管理机制，做好充足的投资准备，深入分析市场环境，合理规划投资计划，减少过度投资和投资不足的非效率投资现象；要及时、真实、准确地进行 ESG 信息披露，提高 ESG 信息披露的质量，减少信息不对称。

四、提升企业数据管理能力，强化内部员工的 ESG 培训和教育

第一，企业应投资于先进的数据管理系统，构建集中的数据仓库，实现数据的整合与标准化，确保数据的准确性和一致性。

第二，企业需要制定全面的 ESG 培训计划，涵盖环境、社会和公司治理的关键概念和实践，确保所有员工都能理解 ESG 的重要性及其对企业的影响。通过在线和线下课程、研讨会和工作坊，提高员工对 ESG 绿色治理的认识，并鼓励他们在日常工作中应用所学知识。

第三，建立跨部门协作机制，促进知识共享和最佳实践的传播。为了确保培训效果，企业应建立反馈机制，根据员工的反馈不断改进培训内容和方法。

第四，将 ESG 培训成果与员工的绩效考核和晋升机制相结合，以激励员工积极参与。通过内部沟通和活动，如开展"ESG 信息披露月"或 ESG 绿色挑战，强化 ESG 绿色治理在企业文化中的地位。

第五，企业应确保培训内容符合相关法律法规和国际标准，如 GRI、SASB 等，以提升 ESG 信息披露的质量和透明度。通过这些综合性措施，企业能够提升数据管理能力，培养员工的 ESG 意识和能力，为企业的长期成功和社会责任实践打下坚实基础。

第四节　利益相关者层面推动能源石化企业绩效提升的建议

一、提高利益相关者参与度，强化企业 ESG 信息披露能力，提升企业绩效

首先，利益相关者参与度的提高有助于公司更准确地确定其 ESG 披露报告的重点领域，确保这些报告能够反映出企业在最受关注的环境和社会问题上所取得的进展。

其次，利益相关者参与过程促进了企业内部对 ESG 价值和实践的深入理解和认可，从而驱动了从高层管理到基层员工的全面参与和公司治理能力提升，为实现可持续发展目标和企业绩效提升奠定了坚实基础。更进一步来说，通过与利益相关者的持续交流和合作，公司可以在其 ESG 实践中识别改进的机会，如通过创新技术减少对环境负面影响、通过承担更多社会责任和贡献增强企业声誉和形象，或者通过完善治理结构提高运营效率和透明度。这种互动不仅有助于建立和维护与利益相关者的正面关系，还能够提升企业的市场竞争力和长期价值。此外，积极地与利益相关者沟通和交流，意味着企业能够更早地预见和识别到潜在的 ESG 风险和机会，从而提前做出响应或调整策略，以避免可能的负面影响或实现最大化利益。这种前瞻性的管理方法不仅减少了企业面临的不确定性，也为公司在不断变化的市场中稳健成长提供了支持。

二、将 ESG 标准纳入投资考量，有利于提升企业长期价值

投资者和金融机构应将 ESG 标准纳入投资考量，促使公司更加注重其在环

境保护、社会责任和公司治理方面的良好表现，进而推动整个行业向更加可持续、绿色化的发展方向转型。投资者和金融机构在促进各行业上市企业 ESG 信息披露方面的作用主要体现在以下两个方面：

第一，通过在投资决策过程中积极考虑企业的 ESG 绩效，投资者可以直接影响企业的长短期资金来源和财务成本。那些在 ESG 方面表现优异的企业往往能够吸引更多的投资，享受较低的融资成本，建立良好的企业信誉和品牌形象，从而在市场上获得竞争优势。这种机制激励企业不断改善其 ESG 表现，以满足投资者的期望和要求，进而实现企业长期价值提升。

第二，通过优先投资于 ESG 表现优异的企业，投资者和金融机构不仅能够促进环境保护、企业内部公司治理完善和社会福祉改进，还能够在长期内实现投资风险调整后的回报率最大化，助推行业稳步实现可持续、绿色化发展。

三、畅通利益相关者参与企业 ESG 信息披露决策和实施全过程渠道，有利于改善公司治理效能，提升企业财务绩效

投资者通过股东提案和直接对话的方式，可以有效地要求能源石化企业提高其 ESG 信息披露的质量和透明度。这种参与式投资策略使得投资者能够直接影响企业的管理决策，推动企业采取更加积极的措施应对 ESG 方面的挑战。通过股东提案，投资者可以在企业的年度股东大会上提出具体的 ESG 改进要求，而通过直接对话，投资者可以与企业管理层就 ESG 相关议题进行深入交流，提出改进建议。此外，金融机构，如银行和保险公司，可以通过提供与 ESG 表现挂钩的贷款和保险产品，进一步促进企业的可持续发展。例如，通过实施绿色贷款原则，金融机构可以为那些在减少环境负面影响方面做出明显努力的企业提供更优惠的贷款条件，降低企业融资成本，增强公司管理人员和员工工作积极性，进而提升企业财务绩效和管理绩效。

四、提高响应市场和社会需求的应变能力，加大企业创新力度，加快内部业务流程整合，提升企业绩效

近年来，随着国家绿色战略的推行和人民群众对美好生活愿望的热切盼望，能源和石化企业的 ESG 信息披露越来越受到来自客户、员工、经理人、供应商、

投资者、社区、政府等利益相关者重视。然而，限于 ESG 报告披露频率、篇幅及相关人员专业知识的限制，企业难以多维度、高质量、完整地披露自身的 ESG 活动，由此带来的信息不对称问题，一定程度上会导致企业可能丧失良好的投资机会、减少绿色融资额度、增加融资成本或企业税负，也可能因为负面信息披露不及时、不到位引发重大社会舆论、损害企业信誉。因此，企业要提高响应客户和社会环境需求的应变能力，首先，要借助数字化手段，构建企业 ESG 数据信息平台，实时公布企业 ESG 相关政策、资信、经营活动。其次，要持续鼓励创新培育，加大创新投资和投入，不仅要专注环境保护、节能、产品等技术创新，还要加大管理创新和文化创新等力度，以此尽可能全方位提升市场和社会需求应变能力和引领能力。最后，基于国际国内绿色发展转型的战略要求和规范、能源石化行业发展趋势以及企业面临的机遇和挑战，亟须对企业投资经营和投资的多元业务进行全局扫描和诊断，加快企业内部业务流程整合，优化企业投资和管理效率，赋能企业价值和绩效提升。

第九章　研究结论与展望

本书基于利益相关者理论、信息传导理论、财务透明理论、价值创造理论和可持续发展理论，结合文献分析法、熵权系数法、中介效应模型和 EVA 估值法，研究了 ESG 信息披露质量对企业绩效、企业价值的影响机理，实证分析了中介效应下 ESG 信息披露质量对能源上市公司财务绩效的影响以及石化上市公司 ESG 信息披露质量对企业价值的影响，并以此为基础，从国家、行业、企业和利益相关者维度提出了促进企业 ESG 信息披露质量和企业绩效提升的政策建议。本章对全书的研究结果进行归纳，同时提出对未来工作的展望。

第一节　研究结论

本书为探究 ESG 信息披露质量分别对能源上市公司财务绩效以及石化上市公司企业价值的影响，主要开展了以下工作：

首先，对现有文献进行了研究梳理，分别分析了总效应下以及在融资成本、技术创新、非效率投资的中介效应下 ESG 信息披露质量对能源上市公司财务绩效的影响机理，以及技术创新、企业声誉和绿色信贷的中介效应下 ESG 信息披露质量对石化上市公司企业价值的作用机制，并提出相关假设。

其次，利用熵权系数法基于 2015~2021 年 136 家能源上市公司的相关数据，构建了针对能源上市公司的 ESG 信息披露质量评价体系和财务绩效评价体系，实证分析融资成本、技术创新、非效率投资中介效应下 ESG 信息披露质量对能源上市公司财务绩效的影响。

再次，利用熵权系数法基于 2015~2021 年 137 家石化上市公司的数据，构建了针对石化上市公司的 ESG 信息披露质量评价体系和企业价值评价体系，实证分析了技术创新、企业声誉和绿色信贷的中介效应下 ESG 信息披露质量对企业价值的作用机制与路径。

最后，根据理论与实证分析结果，提出本书的主要研究。

一、影响机理分析的主要研究结论

本书探究了总效应下 ESG 信息披露质量对企业财务绩效和企业价值的影响机理，同时实证检验了融资成本、技术创新以及非效率投资的中介效应下 ESG 信息披露质量对财务绩效的影响路径，以及技术创新、企业声誉和绿色信贷的中介效应下 ESG 信息披露质量对企业价值的作用机制，并提出多个假设。

1. ESG 信息披露质量对企业财务绩效的影响机制与假设

（1）总效应上，提出假设 1，即 ESG 信息披露质量对企业财务绩效具有正向影响。从信息传导理论出发，高质量的 ESG 信息披露可以降低企业与投资者之间的信息不对称，增强投资者信心，进而提升企业绩效。

从利益相关者理论出发，企业优异的 ESG 信息披露质量促进了强化企业与利益相关者的联结，企业形象和声誉得到进一步的提高，进而提升企业绩效。

从财务透明理论出发，高质量的 ESG 信息披露提高了企业信息透明度，更好的评估企业经营状况以及进行风险把控，进而促进财务绩效。

（2）中介效应上，从融资成本、技术创新以及非效率投资因素出发的分析框架及假设：

1）提出假设 2：ESG 信息披露质量对抑制融资成本有积极作用。提出假设 3：融资成本在 ESG 信息披露质量对财务绩效的影响中有中介效应。即较高的 ESG 信息披露质量，可以提高企业融资效率、削减融资交易支出、提升企业融资声誉，进而减少融资成本；较低的融资成本使企业面临较低的财务风险、促进企业成长性，进而提高企业财务绩效。

2）提出假设 4：ESG 信息披露质量对提高企业技术创新有积极作用。提出假设 5：技术创新在 ESG 信息披露质量对财务绩效的影响中有中介效应。即较高的 ESG 信息披露质量，可以获取知识资源增加知识资本、促进企业产品创新和流程创新、触发创新思维、激发员工创新，进而提高企业技术创新；较高的技术创新使企业提高创新产品和升级技术的能力、增加知识资本、助推企业探求新的利润增长点，进而提高企业财务绩效。

3）提出假设 6：ESG 信息披露质量对抑制非效率投资有积极作用。提出假设 7：非效率投资在 ESG 信息披露质量对财务绩效的影响中有中介效应。即较高的 ESG 信息披露质量，可以促使谨慎的投资行为、注重利益相关者权益、加深股东与管理层之间的信任、提升员工效率，进而缓解非效率投资；非效率投资越少，可以缓解企业经营风险，把握最佳发展时机，进而提高企业财务绩效。

2. ESG 信息披露质量对石化上市公司企业价值的影响机制与假设

（1）总效应上，提出假设 8，即 ESG 信息披露质量对石化上市公司的企业价值具有正向影响。

从利益相关者理论的角度来看，高质量的 ESG 信息披露能够加强企业与利益相关者的联结，提升企业形象，使企业更容易获得所需资源，从而提升企业价值；从信息传导理论出发，拥有高质量 ESG 信息披露的企业更能传递企业具有可持续发展的经营能力的信号，降低信息不对称程度，树立积极的企业社会责任形象，从而提升企业价值。

（2）中介效应上，从技术创新、企业声誉和绿色信贷视角出发的分析框架及假设：

1）提出假设 9：ESG 信息披露质量通过促进企业技术创新，进而提升了企业价值。即，良好的 ESG 信息披露质量激发企业开展技术创新，吸引高素质人才，进而促进企业价值提升。

2）提出假设 10：ESG 信息披露质量通过提升企业声誉，进而提升了公司价值。即，企业通过公开披露高质量的 ESG 相关信息，提高利益相关者对企业的信任，提高公众对其环境责任感的认可，提高消费者对企业忠诚度，进而提升企业价值。

3）提出假设 11：ESG 信息披露质量通过促进企业获得绿色信贷，进而提升了企业价值。即，良好的 ESG 信息披露质量意味着企业经营风险较低，银行等信贷机构更愿意为其提供贷款，企业的资源获取会更加充分，进而提升了企业价值。

二、能源石化上市公司 ESG 信息披露质量评价结论

本书利用熵权系数法使用 2015~2021 年 136 家能源上市公司以及 137 家石化上市公司的相关数据，构建了针对能源石化上市公司的 ESG 信息披露质量评价体系并对其进行评价。同时，利用熵权系数法得出分指标的信息披露质量结果、ESG 信息披露质量综合得分，从分年度、分行业的角度对能源石化上市公司 ESG 信息披露质量进行了描述性统计，得到如下结论：

1. 能源上市公司 ESG 信息披露质量评价结论

（1）对比均值与中位数，超过一半的能源上市公司其 ESG 信息披露质量低于平均水平且样本间差异较大。相较而言，煤炭开采和洗选业、石油和天然气开采业的 ESG 信息披露质量最高，开采辅助活动业最低。

（2）超过一半的能源上市公司在环境、社会以及公司治理三个分指标上信息披露质量不高，特别是公司治理指标上差异较大。

（3）对 ESG 信息披露质量贡献最大的分指标是公司治理信息披露质量，但从 2019 年开始，环境维度的贡献变为最大；煤炭开采和洗选业无论分指标还是总体 ESG 信息披露质量，其行业贡献最高，开采辅助活动业最低。

2. 石化上市公司 ESG 信息披露质量评价结论

（1）从石化上市公司信息披露现状看，石化行业对节能减排政策及可持续发展战略做出的响应较为积极，在战略布署上较为重视 ESG 战略，对员工及社会公众责任的承担较为积极，但其对供应商和客户责任的承担不够重视，应加强。

（2）从石化上市公司 ESG 信息披露质量来看，石化上市公司在环境及公司治理方面的信息披露质量存在较大差异，而在社会方面差异较小。同时，有超过一半的样本公司的 ESG 信息披露质量低于平均水平。另外，相比环境指标和社会指标的披露质量来说，公司治理指标的披露质量整体高于这两个指标。

三、公司财务绩效和企业 EVA 价值评价结论

首先，本书从财务绩效的四个维度，7 个细分指标建立财务绩效评价体系，然后根据财务绩效评价体系，利用熵权系数法计算得到 2015~2021 年 136 家能源上市公司财务绩效评价的综合得分。从能源上市公司的财务绩效的来看，得到结论：①能源上市公司财务绩效均值从 2015 年的 0.0290 上升至 2021 年的 0.0376，说明能源上市公司发展势头强劲。②财务绩效总体均值为 0.0332，中位数为 0.0156，表明多数企业拥有较大的投资需求和成长空间。

其次，本书经过对企业价值评估相关方法的研究，最终选择了和石化行业较为适配的 EVA 估值法来评估样本企业的价值。经过对 EVA 估值法的会计项目进行调整后，计算得出 2015~2021 年 137 家石化上市公司的企业价值，对该结果进行分年度的描述性统计并比较后，可以发现：

（1）从企业的产权异质性看，石化公司中非国有企业的最小值、最大值及均值均高于国有企业，可以看出石化上市公司中非国有企业表现出更高的企业价值和发展势头。

（2）从企业的地区异质性看，石化上市公司中东部企业的企业价值最大值和均值均超过西部和中部企业，说明石化上市公司中东部企业的企业价值较高，发展较好。

（3）从董监高是否具有海外背景看，石化上市公司中董监高具有海外经历的企业的企业价值最小值、最大值及均值均高于董监高不具有海外背景的企业，可以看出，石化上市公司中董监高具有海外背景的企业表现出更高的企业价值和发展势头。

（4）从总体上看，石化上市公司整体企业价值呈上升趋势，发展势头强劲。就企业性质看，非国有企业表现出更高的企业价值，均值及最大值均高于国有企业，反映出非国有企业在市场中的竞争力与活力。地域上看，东部企业价值最高，超过西部和中部企业，体现了地域经济发展差异对企业价值的影响。此外，董监高具有海外背景的企业，其企业价值显著较高，表明国际化视野对企业价值提升具有积极作用。尽管石化企业价值分布不均，但总体呈上升趋势，显示出行业发展的广阔空间与潜力。

四、ESG 信息披露质量影响公司财务绩效的实证结论

本书实证分析了能源上市公司 ESG 信息披露质量对财务绩效影响的总效应，以及融资成本、技术创新和非效率投资三个中介效应下 ESG 信息披露质量对财务绩效影响，并基于第一大股东持股比例进行了进一步分析。然后，进行了 Boostrap 中介效应检验，以及置换因变量的稳健性检验。得到结果如下：

（1）ESG 信息披露质量对能源上市公司财务绩效有显著的正向影响。

（2）能源上市公司的 ESG 信息披露质量对融资成本、非效率投资有负向影响，对技术创新有显著的正向影响。

（3）基于信息传导理论的"ESG 信息披露质量—融资成本/技术创新/非效率投资—财务绩效"的影响机制，融资成本、技术创新和非效率投资在 ESG 信息披露质量对能源上市公司财务绩效的影响中有中介效应，并通过了 Boostrap 中介效应检验和稳健性检验。

（4）在异质性上，ESG 信息披露质量对能源上市公司财务绩效的影响在第一大股东持股比例小于 40.59% 时更显著。

五、ESG 信息披露质量影响公司企业价值的实证结论

通过实证分析石化上市公司 ESG 信息披露质量对企业价值影响的总效应、中介效应，以及基于样本的企业性质、地理位置及董监高是否具有海外背景特征进行了异质性分析、稳健性检验及内生性检验。最终得到的结果如下：

（1）ESG 信息披露质量对石化上市公司企业价值具有显著的正向影响。

（2）技术创新、企业声誉和绿色信贷作为中介变量，在 ESG 信息披露质量对企业价值的影响的过程中起到了中介作用，并通过了稳健性检验及内生性检验。即 ESG 信息披露质量可以激发企业进行技术创新的意愿和动力，这种改进有助于吸引有才能的创新人才，进而提升企业技术创新的能力，并最终提高创新产品和升级技术的能力，提高企业的可持续竞争力，削弱环境绩效对企业价值的负面影响方面得到提升；同时 ESG 信息披露质量有助于提升品牌价值，继而对企业声誉产生促进提升的效果，较高的企业声誉可以增强大众的投资信心，提升消费者的忠诚度，减少一些供应商对其的监管成本和契约成本，进而提高企业价

值；ESG 信息披露质量能够降低潜在的合规风险，使得银行获得更多企业关于环保、低碳等信息，从而促进银行为企业提供更多绿色信贷；企业获得更多绿色信贷意味着拥有更充足的资金流来保证企业的正常经营，提升了企业应对各类风险的能力，进而能够显著提升企业价值。

（3）在异质性上，从企业性质的角度分析，ESG 信息披露质量对石化上市公司企业价值的影响在非国有企业更显著；从地理位置的角度分析，ESG 信息披露质量对石化上市公司企业价值的影响在东部地区更显著；从企业治理的角度分析，ESG 信息披露质量对石化上市公司企业价值的影响在董监高具有海外背景时更显著。

第二节　研究展望

本书在以下几方面进行了进一步的思考，为今后的研究补充思路：

（1）丰富研究广度。本书通过实证分析得出，企业融资成本、技术创新以及非效率投资在 ESG 信息披露质量对财务绩效正向促进过程中，各自承担着部分中介作用。那么是否存在其他变量也承担着中介效应呢？今后可以进行更多的探讨，深究 ESG 信息披露质量对财务绩效产生正向或负向作用的影响因素和机制。

（2）丰富研究数据。在今后的学习与研究中，应该努力扩大数据集的范围和深度，包括收集更广泛的地理位置、不同规模的公司以及更多行业背景下的数据。通过这种方式，能够更全面地评估 ESG 信息披露质量对企业绩效和价值的影响，进一步提高研究的代表性和可靠性，使研究结果更具普遍性和适用性。

（3）在未来的研究中，对于石化上市公司 ESG 信息披露质量对企业价值影响的探讨应更加深入地考虑控制变量的选择，以克服当前研究中的不足。特别是，应当重视包括企业文化在内的深层次因素，这些因素可能对 ESG 信息披露及其对企业价值的影响产生重要的、复杂的相互作用。例如，具有积极企业文化的公司可能更加倾向于实施高标准的社会责任实践，进而影响其 ESG 信息披露的质量。未来研究应探讨这些深层次因素如何通过影响 ESG 信息披露进而影响企业价值的机制，以及它们之间的相互作用关系。此外，考虑到潜在的内生性问题，采用更加严谨的方法论，如工具变量法或双重差分法控制未观察到的混杂变量，将是提高研究质量和发现普遍性的重要步骤。通过这些方法改进，不仅能够为学术界提供更准确的参考，也为业界提供了关于如何改善 ESG 信息披露、提升企业价值的具体指导措施和策略。

参考文献

［1］Acemoglu D. , Gallego F. A. , Robinson J. A. Institutions, Human Capi-tal, and Development ［J］. Annu. Rev. Econ. , 2014, 6（1）: 875-912.

［2］Aguilera Ruth V. , Aragón Correa J. Alberto, Marano Valentina, Tashman Peter A. The Corporate Governance of Environmental Sustainability: A Review and Proposal for More Integrated Research ［J］. Journal of Management, 2021, 47（6）: 1468-1497.

［3］Al Ehrbar. Using EVA to Measure Performance and Assess Strategy ［J］. Strategy & Leadership, 1999, 27（3）: 20-24.

［4］Alareeni B. A. , Hamdan A. ESG Impact on Performance of US S&P 500-listed Firms ［J］. Corporate Governance, 2020, 20（7）: 1409-1428.

［5］Bahadori Negar, Kaymak Turhan, Seraj Mehdi. Environmental, Social, and Governance Factors in Emerging Markets: The Impact on Firm Performance ［J］. Business Strategy & Development, 2021, 4（4）: 411-422.

［6］Bellemare M. F. , Wichman C. J. Elasticities and the Inverse Hyperbolic since Transformation ［J］. Oxford Bulletin of Economics and Statistics, 2020, 82（1）: 50-61.

［7］Bradford Cornell, Aswath Damodaran. Valuing ESG: Doing Good or Sounding Good? ［J］. NYU Stern School of Business, 2020（8）: 76-93.

［8］Cao J. , Titman S. , Zhan X. T. , et al. ESG Preference, Institutional Trading, and Stock Return Patterns ［J］. Journal of Financial and Quantitative Analysis, 2022, 58 (5): 1843-1877.

[9] Chen B., Zhang A. How does Corporate Social Responsibility Affect the Cost of Equity Capital Through Operating Risk? [J]. Borsa Istanbul Review, 2021 (1): 38-45.

[10] Dennis G. Uyemura, Charles C. Kantor, Justin M. Pettit. Eva® for Banks: Value Creation, Risk Management, and Profitability Measurement [J]. Journal of Applied Corporate Finance, 1996, 9 (2): 94-109.

[11] Dewri L. V., Carayannis E. G. A Critical Assessment of Interrelationship among Corporate Governance, Financial Performance, Refined Economic Value Added to Measure Firm Value and Return on Stock [J]. Journal of the Knowledge Economy, 2022 (13): 2718-2759.

[12] Ebru Saygili, Serafettin Arslan, Ayse Ozden Birkan. ESG Practices and Corporate Financial Performance: Evidence from Borsa Istanbul [J]. Borsa Istanbul Review, 2021 (7): 37-39.

[13] Eliwa Y., Aboud A., Saleh A. ESG Practices and the Cost of Debt: Evidence from EU Countries [J]. Critical Perspectives on Accounting, 2019, 79 (3): 102097.

[14] Fahad P., Showkat Ahmad Busru. CSR Disclosure and Firm Performance: Evidence from an Emerging Market [J]. Corporate Governance, 2021, 21 (4): 553-568.

[15] Fatemi A., Fooladi I., Tehranian H. Valuation Effects of Corporate Social Responsibility [J]. Journal of Banking & Finance, 2015, 59 (C): 182-192.

[16] Galbreath J. ESG in Focus: The Australian Evidence [J]. Journal of Business Ethics, 2013, 118 (3): 529-541.

[17] Giese G., Lee L. E., Melas D., et al. Foundations of ESG Investing: How ESG Affects Equity Valuation, Risk, and Performance [J]. The Journal of Portfolio Management, 2019, 45 (5): 69-83.

[18] Gong G., Huang X., Wu, S., et al. Punishment by Securities Regulators, Corporate Social Responsibility and the Cost of Debt [J]. Journal of Business Ethics,

2020 (171): 337-356.

[19] Hidenori Suzuki, Hirofumi Nishikawa, Fumihiro Kawakita. Matricellular Proteins as Possible Biomarkers for Early Brain Injury after Aneurysmal Subarachnoid Hemorrhage [J]. Neural Regeneration Research, 2018, 13 (7): 1175-1178.

[20] Kartikasari E. , Hermantono A. , Mahmudah A. Good Corporate Governance, Devidend, Leverage, and Firm Value [J]. International Research Journal of Business Studies, 2019 (12): 301-311.

[21] Kim Sang, Li Zhichuan (Frank) . Understanding the Impact of ESG Practices in Corporate Finance [J]. Sustainability, 2021, 13 (7): 3746-3776.

[22] Lajnef K. , Ellouz S. Implement CSR to Improve Firm Performance: A Reality or a Legend Evidence from France [J]. American Journal of Finance and Accounting, 2020, 6 (2): 159-170.

[23] Li Y. , Gong M. , Zhang X. , et al. The Impact of Environmental, Social, and Governance Disclosure on Firm Value: The Role of CEO Power [J]. The British Accounting Review, 2018, 50 (1) : 167-179.

[24] Mercedes Alda. ESG Fund Scores in UK SRI and Conventional Pension Funds: Are the ESG Concerns of the SRI Niche Affecting the Conventional Mainstream? [J]. Finance Research Letters, 2020, 36 (10): 101313.

[25] Minutolo M. C. , Kristjanpoller W. D. , Stakeley J. Exploring Environmental, Social, and Governance Disclosure Effects on the S&P 500 Financial Performance [J]. Business Strategy and the Environment, 2019 (28): 1083-1095.

[26] Mohammad W. M. W. , Wasiuzzaman S. Environmental, Social and Governance (ESG) Disclosure, Competitive Advantage and Performance of Firms in Malaysia [J]. Cleaner Environmental Systems, 2021, 2 (6): 100015.

[27] Nicola Raimo, Alessandra Caragnano, Marianna Zito, et al. Extending the Benefits of ESG Disclosure: The Effect on the Cost of Debt Financing [J]. Corporate Social Responsibility and Environmental Management, 2021, 28 (4): 1412-1421.

[28] Okafor A. , Adeleye N. , Adusei M. Corporate Social Responsibility and Financial Performance: Evidence from U. S. Tech Firms [J]. Journal of Cleaner Produc-

tion, 2021. 292: 126078.

[29] On Kit Tam, et al. Do Valued Independent Directors Matter to Commercial Bank Performance? [J]. International Review of Economics and Finance, 2021 (71): 1-20.

[30] Para-González L. , Mascaraque-Ramírez C. , Cubillas-Para C. Maximizing Performance through CSR: The Mediator Role of the CSR Principles in the Shipbuilding Industry [J]. Corporate Social Responsibility and Environmental Management, 2020, 27 (6): 2804-2815.

[31] Poornima K. The Impact of Corporate Social Responsibility Activities on Corporate Value: Empirical Evidence from Listed Companies in the Chemical Industry [J]. Journal of Global Economy, Business and Finance, 2021 (3): 60-64.

[32] Qureshi Muhammad Azeem, Kirkerud Sina, Theresa Kim, et al. The Impact of Sustainability (Environmental, Social, and Governance) Disclosure and Board Diversity on Firm Value: The Moderating Role of Industry Sensitivity [J]. Business Strategy and the Environment, 2020, 29 (3): 1199-1214.

[33] Ridwan Nu. , Intan Z. Akram Wiardi. The Influence of Good Corporate Governance and Capital Structure on Firm Value: The Mediation Role of Financial Performance [J]. Media Ekonomi dan Manajemen, 2020 (35): 230-242.

[34] Ruhaya Atan, Md Mahmudul Alam, Jamaliah Said. The Impacts of Environmental, Social, and Governance Factors on Firm Performance [J]. Management of Environmental Quality, 2018, 29 (2): 182-194.

[35] Sharma Preeti, Panday Priyanka, Dangwal R. C. Determinants of Environmental, Social and Corporate Governance (ESG) Disclosure: A Study of Indian Companies [J]. International Journal of Disclosure & Governance, 2020, 17 (4): 208-217.

[36] Tosun Onur Kemal. Changes in Corporate Governance: Externally Dictated vs Voluntarily Determined [J]. International Review of Financial Analysis, 2020, 73 (1): 101608.

[37] Wahidahwati W. , Lilis A. Corporate Governance and Environmental Per-

formance：How They Affect Firm Value ［J］. The Journal of Asian Finance，Economics and Business（JAFEB），2021（8）：322-327.

［38］Xu J.，Liu F.，Shang Y. R&D Investment，ESG Performance and Green Innovation Performance：Evidence from China ［J］. Kybernetes，2021，50（3）：737-756.

［39］Xu H. F.，Xu X. D.，Yu J. L. The Impact of Mandatory CSR Disclosure on the Cost of Debt Financing：Evidence from China ［J］. Emerging Markets Finance and Trade，2019，57（8）：2191-2205.

［40］Yang Y.，Wen J.，Li Y. The Impact of Environmental Information Disclosure on the Firm Value of Listed Manufacturing Firms：Evidence from China ［J］. International Journal of Environmental Research and Public Health，2020，17（3）：916-936.

［41］Yasser Eliwa，Ahmed Aboud，Ahmed Saleh. ESG Practices and the Cost of Debt：Evidence from EU Countries ［J］. Critical Perspectives on Accounting，2021（79）：102097.

［42］Yeh C. C.，Lin F. Y.，Wang T. S.，et al. Does Corporate Social Responsibility Afect Cost of Capital in China? ［J］. Asia Pacific Management Review，2020，25（1）：1-12.

［43］Yiwei Li，Mengfeng Gong，Xiu-Ye Zhang，Lenny Koh. The Impact of Environmental，Social，and Governance Disclosure on Firm Value：The Role of CEO Power ［J］. The British Accounting Review，2018，50（1）：60-75.

［44］Zhang Q.，Loh L.，Wu W. How do Environmental，Social and Governance Initiatives Affect Innovative Performance for Corporate Sustainability? ［J］. Sustainability，2020，12（8）：1-18.

［45］白旻，王仁祥. 企业社会责任如何影响企业持续创新 ［J］. 中国科技论坛，2020（1）：107-115.

［46］卜国琴，耿宇航. 海外背景高管对企业 ESG 表现的影响——基于 A 股上市公司的实证检验 ［J］. 工业技术经济，2023，42（5）：95-104.

［47］陈家伟，陈璐，张剑伟. 基于熵权法的上市公司生物资产信息披露质量评价研究 ［J］. 海峡科技与产业，2019（5）：85-86.

［48］陈琳，刘俊．我国食品制造企业社会责任与财务绩效的关系研究［J］．生产力研究，2020（9）：142-145.

［49］陈明利，伍旭川．机构投资者参与对公司价值的影响研究——基于企业投资效率视角［J］．武汉金融，2018（3）：26-32.

［50］陈若鸿，赵雪延，金华．企业ESG表现对其融资成本的影响［J］．科学决策，2022（11）：24-40.

［51］陈莞，张烨桢．空间视角下企业社会责任与创新的关系研究——基于地理邻近和网络位置的调节作用［J］．华东经济管理，2021，35（1）：35-44.

［52］陈煦江，刘婷婷．企业社会责任管理与实践能力对公司绩效的影响［J］．技术经济，2021，40（6）：140-148.

［53］代飞．国有企业高管政治关联、公司治理与企业价值——基于董事长、总经理个人动机的视角［J］．云南财经大学学报，2018，34（2）：103-112.

［54］单春霞，仲伟周．环境保护投入对煤炭企业核心竞争力的影响研究［J］．华东经济管理，2018，32（1）：137-144.

［55］冯锋，张燕南．企业社会责任与公司绩效关系再讨论——基于上市公司企业社会责任评级数据的实证分析［J］．吉林大学社会科学学报，2020，60（6）：154-166+235.

［56］冯佳林，李花倩，孙忠娟．国内外ESG信息披露标准比较及其对中国的启示［J］．当代经理人，2020（3）：57-64.

［57］冯晓晴，文雯，靳毓．多个大股东与企业社会责任［J］．财经论丛，2020（10）：64-74.

［58］高杰英，褚冬晓，廉永辉，等．ESG表现能改善企业投资效率吗?［J］．证券市场导报，2021（11）：24-34+72.

［59］高磊，晓芳，王彦东．多个大股东、风险承担与企业价值［J］．南开管理评论，2020，23（5）：124-133.

［60］高绍福，王瑾．EVA评价医药上市公司业绩的有效性研究［J］．会计之友，2018（14）：26-29.

［61］葛菁．绿色技术创新、碳会计信息披露与重污染企业融资约束［J］．财会通讯，2019（24）：95-100.

［62］顾群，王文文，郑杨．企业社会责任会影响创新吗？基于研发异质性与产权性质视角［J］．贵州财经大学学报，2019（6）：66-75．

［63］顾湘，徐文学．基于利益相关者的社会责任与企业价值相关性研究［J］．财会通讯，2011（1）：123-125．

［64］管考磊，张蕊．企业声誉与盈余管理：有效契约观还是寻租观［J］．会计研究，2019（1）：59-64．

［65］郭倩文，徐焕章，王译．研发投入、股权结构与企业绩效［J］．财会通讯，2020（12）：50-57．

［66］韩金红，姜云燕．社会责任信息披露与企业投资效率——基于新疆上市企业的经验证据［J］．财会通讯，2020（8）：75-79．

［67］郝毓婷，张永红．ESG 表现、股权融资成本与企业价值——来自科技型上市公司的经验证据［J］．技术与创新管理，2022，43（5）：560-569．

［68］何盛宝．新形势下我国化工行业的创新与发展［J］．化工进展，2021，40（1）：1-5．

［69］扈文秀，杜金柱，章伟果．信息披露质量影响公司风险承担：治理效应抑或声誉效应？［J］．运筹与管理，2021，30（7）：210-217．

［70］黄世忠．ESG 理念与公司报告重构［J］．财会月刊，2021（17）：3-10．

［71］黄世忠．支撑 ESG 的三大理论支柱［J］．财会月刊，2021（19）：1-8．

［72］纪成君，薄洋．环境绩效、绿色技术创新与企业价值——基于重污染行业上市公司［J］．科技促进发展，2021，17（3）：446-453．

［73］季桓永，许冠南，周蓉，周源．企业社会责任、非沉淀性冗余资源与二元性技术创新［J］．科技进步与对策，2019，36（15）：69-76．

［74］贾海英．EVA 指标的主要优势及其在企业经营中的应用浅析［J］．财务与会计，2016（9）：65．

［75］贾娟娟，李健．企业社会责任与财务绩效关系分析及研究方法异质性影响——基于单臂 Meta-分析报告［J］．中国注册会计师，2022（10）：70-77．

［76］金颖颖．企业信息化、绿色技术创新与创业板企业价值链攀升［J］．财会通讯，2023（17）：53-56+75．

［77］金宇，王培林，于大智．社会责任承担与企业创新："水到渠成"还是"弄巧成拙"［J］．北京工商大学学报（社会科学版），2021，36（5）：89-101.

［78］孔东民，韦咏曦，季绵绵．环保费改税对企业绿色信息披露的影响研究［J］．证券市场导报，2021（8）：2-14.

［79］赖丹，陈海权．高管薪酬粘性、分析师关注与技术创新［J］．会计之友，2022（6）：11-18.

［80］李健，崔雪，陈传明．家族企业并购商誉、风险承担水平与创新投入——基于信号传递理论的研究［J］．南开管理评论，2021，25（1）：135-146.

［81］李江涛，潘移江．异质性视角下ESG表现对企业投资效率的影响研究［J］．中国资产评估，2022（10）：18-27.

［82］李江涛，潘移江．ESG表现对企业财务绩效的影响研究——基于媒体关注视角［J］．国土资源科技管理，2022，39（1）：96-104.

［83］李金凯．担保网络如何影响企业绩效——基于融资约束和利益输送双重视角的研究［J］．山西财经大学学报，2018，40（2）：112-124.

［84］李瑾．我国A股市场ESG风险溢价与额外收益研究［J］．证券市场导报，2021（6）：24-33.

［85］李井林，阳镇．董事会性别多元化、企业社会责任与企业技术创新：基于中国上市公司的实证研究［J］．科学学与科学技术管理，2019（5）：34-51.

［86］李井林，阳镇，陈劲，等．ESG促进企业绩效的机制研究——基于企业创新的视角［J］．科学学与科学技术管理，2021，42（9）：71-89.

［87］李莉，林钰颜．环保绩效与财务绩效——基于投资者信心的中介效应［J］．财会通讯，2021（20）：42-45.

［88］李砾．食用菌生产企业社会责任与财务绩效的互动关系分析［J］．中国食用菌，2020（3）：174-176.

［89］李瑞雪，彭灿，杨晓娜．双元创新与企业可持续发展：短期财务绩效与长期竞争优势的中介作用［J］．科技进步与对策，2019，36（17）：81-89.

［90］李寿生．创新引领、高端突破、开创新时代石油和化工行业高质量发展新局面［J］．中国石油和化工，2020（1）：4-9.

［91］李维安，邱艾超，古志辉．双重公司治理环境、政治联系偏好与公司绩效——基于中国民营上市公司治理转型的研究［J］．中国工业经济，2010（6）：85-95.

［92］梁晓琳，江春霞，王媛，马琳．高新技术企业融资约束与企业绩效关系研究——基于企业成长性的调节效应和技术创新调节中介效应［J］．会计之友，2019（18）：79-85.

［93］刘华珂，何春．绿色金融促进城市经济高质量发展的机制与检验——来自中国 272 个地级市的经验证据［J］．投资研究，2021，40（7）：37-52.

［94］刘佳林．ESG 对上市公司绩效影响的异质性分析［D］．吉林大学硕士学位论文，2024.

［95］刘楠，周谧．基于熵权 TOPSIS 法的我国保险行业上市公司财务绩效评价研究［J］．经营与管理，2021（1）：78-84.

［96］刘宇嘉．政府层级、绿色技术创新与资源型企业绩效［D］．内蒙古大学硕士学位论文，2019.

［97］刘迫，池国栋，刘嫦．董事海外经历、双元创新与企业价值［J］．科技进步与对策，2021，38（12）：79-88.

［98］鹿立阳，张静茹，崔运周．利益相关者视角下社会责任履责对企业财务绩效的影响研究——基于文化娱乐产业的实证分析［J］．商业会计，2022（3）：82-86.

［99］吕靖烨，韩珂．强环境约束下煤炭企业环境绩效对财务绩效的影响［J］．煤炭工程，2020，52（12）：188-192.

［100］马喜立．中国 ESG 投资的发展趋势研究［J］．广义虚拟经济研究，2019，10（2）：33-38.

［101］马喜立．ESG 类股票投资价值分析——基于中国 A 股上市公司的实证研究［J］．中国市场，2019（32）：1-5.

［102］马茵，李妍．上市公司内部治理结构对企业价值的影响研究［J］．价值工程，2019，38（35）：1-4.

［103］孟猛猛，陶秋燕，雷家骕．企业社会责任与企业成长：技术创新的中介效应［J］．研究与发展管理，2019，31（3）：27-37.

［104］饶淑玲，陈迎．我国金融业应对气候变化的主要障碍及对策研究
［J］．南方金融，2020，527（7）：13-22．

［105］任力，洪喆．环境信息披露对企业价值的影响研究［J］．经济管理，
2017，39（3）：34-47．

［106］任紫娴，顾书畅，杨雨竹，李婧雯．ESG表现与企业财务绩效关系实
证研究［J］．经营与管理，2021（11）：26-32．

［107］沈飞，周延，刘峻峰．专利执行保险、技术创新与企业绩效［J］．工
业技术经济，2021，40（4）：119-128．

［108］沈洪涛，黄珍，郭肪汝．告白还是辩白——企业环境表现与环境信息
披露关系研究［J］．南开管理评论，2014，17（2）：56-63+73．

［109］苏利平，魏洁．绿色技术创新对企业价值的影响研究——以G公司
为例［J］．河北企业，2021（10）：48-50．

［110］孙琦祥，王席鑫．中国化工行业现状及2020年研判［J］．中国石油
和化工标准与质量，2019，39（23）：9-10．

［111］孙瀛，张士强，廖显春．资源型企业避税对非效率投资的影响机制研
究［J］．科研管理，2022，43（5）：200-208．

［112］唐勇军，马文超，夏丽．环境信息披露质量、内控"水平"与企
业价值——来自重污染行业上市公司的经验证据［J］．会计研究，2021（7）：
69-84．

［113］唐勇军，夏丽．环保投入、环境信息披露质量与企业价值［J］．科技
管理研究，2019，39（10）：256-264．

［114］滕熙玉，李石新．基于熵权TOPSIS法的JK文化财务风险评价［J］．
湖南科技大学学报（自然科学版），2022，37（3）：104-112．

［115］童红霞．财务柔性、非效率投资与上市公司企业价值关系研究［J］．
预测，2021，40（1）：31-37．

［116］王波，杨茂佳．ESG表现对企业价值的影响机制研究——来自我国A
股上市公司的经验证据［J］．软科学，2022，36（6）：78-84．

［117］王德发，曹素文．环境责任与企业价值的共存关系研究［J］．财会通
讯，2020（17）：71-74．

［118］王贺佳．ESG 评级对企业绩效影响研究文献综述［J］．现代企业，2021（9）：86-87．

［119］王莉莉，韩道琴，张宸恺．中小板公司股权集中度、研发投入与公司绩效［J］．会计之友，2021（3）：117-123．

［120］王琳璘，廉永辉，董捷．ESG 表现对企业价值的影响机制研究［J］．证券市场导报，2022（5）：23-34．

［121］王蓉．企业 ESG 表现与非效率投资水平研究［J］．企业经济，2022，41（6）：89-100．

［122］王思薇，姜黎黎．ESG 表现对中国煤炭上市公司价值的影响研究［J］．煤炭经济研究，2021，41（3）：66-71．

［123］王文寅，贾子璇．环境绩效与财务绩效关系行业比较研究——基于造纸、化工、采掘业上市公司数据［J］．会计之友，2020（11）：79-84．

［124］王雪莉，马琳，王艳丽．高管团队职能背景对企业绩效的影响：以中国信息技术行业上市公司为例［J］．南开管理评论，2013，16（4）：80-93．

［125］王站杰，买生．企业社会责任、创新能力与国际化战略——高管薪酬激励的调节作用［J］．管理评论，2019，31（3）：193-202．

［126］魏卉，姚迎迎，马晓柯．社会责任履行能降低企业权益资本成本吗？［J］．金融与经济，2020（6）：29-36．

［127］温忠麟，方杰，谢晋艳，欧阳劲樱．国内中介效应的方法学研究［J］．心理科学进展，2022，30（8）：1692-1702．

［128］吾买尔江·艾山，艾力扎提·吐尔洪，郑惠．机构投资者持股对企业价值的影响研究——基于 ESG 绩效的中介效应分析［J］．价格理论与实践，2021（3）：79-82+167．

［129］吴利霞．ESG 表现、双元创新与企业高质量发展［J］．财会通讯，2023（20）：33-39．

［130］吴良海，胡芳芳，孙莹莹．公益性捐赠对企业价值创造的影响——基于我国慈善立法的一项准自然实验［J］．商业会计，2021（23）：4-12．

［131］吴梦云，张林荣．高管团队特质、环境责任及企业价值研究［J］．华东经济管理，2018，32（2）：122-129．

［132］吴颖宣，施建军．董事会社会资本、外部环境与企业风险［J］．山西财经大学学报，2018，40（8）：82-92.

［133］谢帮生，陈璐，刘梅娟，魏远竹．上市公司林木资产信息披露质量评价及经济后果研究——基于熵权法［J］．林业经济，2019，41（12）：69-78.

［134］谢宜章，唐辛宜，吴菁琳．环境信息披露对企业财务绩效的影响——基于沪深 A 股化工行业上市公司的经验分析［J］．湖南农业大学学报（社会科学版），2022，23（4）：115-124.

［135］徐光华，卓瑶瑶，张艺萌，张佳怡．ESG 信息披露会提高企业价值吗？［J］．财会通讯，2022（4）：33-37.

［136］徐明瑜，刘灿灿，胡益翔，等．上市公司 ESG 表现对企业价值影响的实证研究——以 A 股上市公司为例［J］．中国资产评估，2021（7）：27-37.

［137］许超然．化工行业环境会计信息披露对企业绩效的影响研究［D］．南京航空航天大学硕士学位论文，2019.

［138］许慧，张悦．企业环境绩效对财务绩效的互动性检验——基于生命周期视角［J］．财会通讯，2020（17）：75-78.

［139］薛姣．强制企业社会责任信息披露对风险承担的影响［J］．投资研究，2021（9）：105-122.

［140］薛天航，郭沁，肖文．双碳目标背景下 ESG 对企业价值的影响机理与实证研究［J］．社会科学战线，2022（11）：89-99+281.

［141］杨广青，杜亚飞，刘韵哲．环境信息披露对上市公司企业价值的影响——"组织可见度"是否起到中介作用［J］．商业研究，2020（2）：120-130.

［142］杨洪波，段钰．我国上市企业公司治理与公司价值关系的研究［J］．现代经济信息，2019（3）：125.

［143］杨蕙宇．国内外 ESG 体系的比较［J］．企业改革与管理，2020（2）：51-52.

［144］伊凌雪，蒋艺翅，姚树洁．企业 ESG 实践的价值创造效应研究——基于外部压力视角的检验［J］．南方经济，2022（9）：1-24.

［145］尹建华，王森，弓丽栋．重污染企业环境绩效与财务绩效关系研究：企业特征与环境信息披露的联合调节效应［J］．科研管理，2020，41（5）：202-212.

［146］尹美群,盛磊,李文博. 高管激励、创新投入与公司绩效——基于内生性视角的分行业实证研究［J］. 南开管理评论,2018,21（1）：109-117.

［147］袁利平. 公司社会责任信息披露的软法构建研究［J］. 政法论丛,2020（2）：149-160.

［148］臧雪晴,刘俊. 国有水上运输企业履行社会责任对财务绩效的影响研究［J］. 物流科技,2022,45（2）：36-39.

［149］曾国安,张宏强,刘轶芳,等. 企业市场表现、财务绩效及环境信息披露——基于重污染上市企业的分析［J］. 吉林大学社会科学学报,2021,61（4）：94-104+236.

［150］张弛,张兆国,包莉丽. 企业环境责任与财务绩效的交互跨期影响及其作用机理研究［J］. 管理评论,2020（2）：76-89.

［151］张多蕾,胡公瑾. 企业社会责任、投资者异质信念与融资约束［J］. 商业研究,2020（9）：132-141.

［152］张佳康. ESG 投资评估体系的启示［J］. 中国金融,2019（4）：74-75.

［153］张力派,莫一帆,夏西强,等. 财务投资均衡视角下融资约束、投资效率与企业绩效互动关系——来自 2012-2018 年沪深 A 股面板数据［J］. 技术经济,2020,39（12）：51-60.

［154］张琳,赵海涛. 企业环境、社会和公司治理（ESG）表现影响企业价值吗？——基于 A 股上市公司的实证研究［J］. 武汉金融,2019（10）：36-43.

［155］张朦,王群,褚淑贞. 我国医药上市公司的企业社会责任、融资约束与企业绩效关系分析［J］. 中国药房,2021,32（5）：518-523.

［156］张荣光,黄佳媛,陈雨心. 环境管制、市场竞争与企业价值［J］. 财经论丛,2018（10）：104-112.

［157］张晓薇,张春美,于婧. 我国农业上市公司 EVA 价值创造及驱动因素研究［J］. 中国商论,2015（10）：161-165.

［158］张璇,林友威,张红霞. 基于中国上市公司样本的企业社会责任与企业市场价值关系的实证研究［J］. 管理学报,2019,16（7）：1088-1096.

［159］张亚连,高雅伦. 环境成本内部化与当期财务绩效相关性研究——来自沪深两市 A 股采矿业上市公司的经验证据［J］. 中南林业科技大学学报（社会

科学版），2020（1）：13-19.

[160] 张亚洲．内部控制有效性、融资约束与企业价值 [J]．财经问题研究，2020（11）：109-117.

[161] 张增田，姚振玖，卢琦，等．高管海外经历能促进企业绿色创新吗？[J]．外国经济与管理，2023，45（8）：68-82.

[162] 赵莉，何朋飞．环境信息披露、政府监管与债务融资成本——基于沪深 A 股重污染企业的实证研究 [J]．武汉金融，2021（7）：44-52.

[163] 郑盛荣．企业社会责任、高管持股与非效率投资 [J]．北方经贸，2022（11）：129-131.

[164] 钟鹏，吴涛，李晓渝．上市公司企业社会责任报告、社会责任缺失与财务绩效关系的实证研究 [J]．预测，2021，40（1）：17-23.

[165] 周方召，潘婉颖，付辉．上市公司 ESG 责任表现与机构投资者持股偏好——来自中国 A 股上市公司的经验证据 [J]．科学决策，2020（11）：15-41.

[166] 朱清香，崔晓敏，邹涛．环境绩效对企业价值的影响研究——基于行业集中度与企业竞争地位的双重考虑 [J]．金融与经济，2020（1）：42-49.

后　记

在完成这本书的过程中，我经历了许多挑战和收获。此刻，当我坐在电脑前，回顾这段不平凡的旅程，心中充满了感慨。

在这个过程中，我深刻体会到了学术研究的艰辛与乐趣。每一个字词的斟酌、每一次思路的调整都是对知识的探索和对真理的追求。我深知，这部专著只是我科研旅程中的一个小站，前方还有更多的挑战等待我去面对。在未来的日子里，我将继续秉持这种精神，不断探索、不断前行。

非常感谢我的学生们，在遇到困难时都是我们共同去面对和解决。这本书的完成离不开他们的付出和努力。首先，我指导的第一届会计硕士梁桐馨，她的学术热情如同璀璨的星辰，在知识的海洋中熠熠生辉。读研三年，她勤奋刻苦，在我们的共同研究和探讨中，完成了《ESG 信息披露质量对能源上市公司财务绩效的影响研究》的论文写作，也为自己的硕士生涯交上了一份满意的答卷。其次，2024 年刚毕业的会计硕士毛羽绮也为这本书做出重要奉献，她坚持不懈的探究精神是科研路上亮丽的风景线，在我给出大体思路以及具体要求之后，最终完成《石化上市公司 ESG 信息披露质量对企业价值的影响研究》的论文撰写。最后，研三学生陈先兰、郑清云以及研一学生白雪婷对两篇论文进行整合、完善，高质量地完成本书。陈先兰主要对前三章内容进行整理，针对石化行业和能源行业的各自特点，按图书要求对研究内容、问题以及相关概念等内容进行修改，并统一了第三章中介效应机理分析的格式与思路框架。郑清云主要完成有关政策建议、研究结论和展望两章内容，尤其是有针对性地提出了提升石化上市公司和能源上市公司 ESG 信息披露质量和企业绩效路径的建议，做出巨大贡献。白雪婷认真、细致地完成了论文参考文献的排序、标注工作，并按格式要求对全文进行统稿和校对。感谢我的学生们严格按照我的要求和指导不厌其烦地进行修改和整理，并在每次组会上就本书内容展开激烈的讨论和深刻的思考与问答。你们对知识的渴望和期待进步的努力源源不断地激发了我新的研究思路和灵感，也让我在教学和科研道路上一直成长和持续进步。

对所有阅读这本书的读者表示衷心的感谢。希望我的努力能够为学术界贡献一点微薄之力，能够启发更多的思考和讨论。读者的反馈是我最宝贵的财富，我期待着与大家的交流和探讨。要感谢所有参与本书中两位学生学位论文评阅、各阶段答辩中提供宝贵修改意见的同仁和专家们，是你们的专业意见促使本书内容更加丰富、更有价值和更具实践意义。感谢我的同事和朋友们，你们的建议和帮助使我在写作过程中少走了许多弯路。希望本书能够帮助大家更好地了解 ESG 信息披露质量对能源石化行业乃至重污染行业的企业财务绩效和企业价值影响的机理与路径等相关知识，也希望这份知识能够被传递下去，帮助更多需要的人。谢谢大家！